“十三五”职业教育国家规划教材

# 酒店客房管理实务教程

主编◎王文骏　刘胜勇

中国旅游出版社

# 序 言

2014年8月，教育部印发《关于开展现代学徒制试点工作的意见》明确提出现代学徒制是一项旨在深化产教融合、校企合作，进一步完善校企合作育人机制，创新技术技能人才培养的现代人才培养模式。

江苏建筑职业技术学院（以下简称江苏建院）作为教育部遴选的第二批现代学徒制试点牵头单位，学校酒店管理专业早在2015年8月就参与到无锡江阴海澜集团有限公司牵头的现代学徒制试点项目中。同时，该专业教研室还主持了2016年教育部高教所重点课题“现代学徒制教学管理体系”研究。

一方面，在现代学徒制研究与实践的过程中，校企双方都积极地参与到人才培养全过程中，基本上实现了专业设置与产业需求对接，课程内容与职业标准对接，教学过程与生产过程对接，提高了人才培养质量和针对性。经过近五年的大胆探索实践，按照教育部现代学徒制试点实施方案及教育部课题研究的重点内容要求，江苏建院酒店管理教研室课题组基本完成了现代学徒制试点项目的教学管理体系的构建工作，获得了很多经验，也认识到了高职院校在现代学徒制试点实践中，除了有很多教学管理问题亟待解决外，最为重要的是没有适合现代学徒制教学管理体制下的专业教材。因此，江苏建院酒店管理专业教学研究团队与教育部现代学徒制试点合作单位协商，决定重点针对高职院校酒店管理专业现代学徒制建设中的核心课程撰写一套实用、适用并贴合高职特色的教材，用于现代学徒制体制下的专业教学实践。

另一方面，随着酒店业的迅猛发展，酒店业的竞争越来越激烈。提高企业竞争力的核心是提高酒店人才的竞争力，而酒店人才的培养需要一套紧跟行业发展趋势、紧跟酒店岗位专业需求、贴合现代酒店业管理实际的教学及培训系列教科书。

江苏建院2016年成立了酒店管理专业现代学徒制教材丛书编写委员会，在刘胜勇教授的带领下，筹备酒店管理专业现代学徒制教材丛书的规划编写。经过近三年的构思编撰，目前该套教材中的8门核心课程书稿基本完成。每本书的编者将酒店岗位的工作任务作为学习的目标，将真实的工作场景编入教材，在读者的学习过程里融入了工作职责、工作流程等知识，还加入了现代学徒制的核心内容——资深工作者（师傅）的引领、指导和评价，让教材的使用者既能作为主体参与学习，又可以得到更高的视角对自我的表现进行评估，以此作为有效的激励机制促进学生的学习。由此构成了本套教材的现代学徒制特色，依据工作岗位工作流程设定学习内容的特色，学做结合、讲练互融的特色。本编撰组成员力争将丛书编撰成高职院校相关专业的学生实用、企业员工培训需用、行业企业选用的参考资料。

本套教材由中国旅游出版社出版，由酒店管理专业培养方案中的“酒店心理学理论基础与实践”“酒店管理学理论基础与实践”“高星级酒店职业形象塑造”“酒店实境英语教程”“酒店前厅管理实务教程”“酒店餐饮管理实务教程”“酒店客房管理实务教程”等 8 门核心课程组成。本套教材由中国旅游出版社出版，由酒店管理专业人才培养方案中的“酒店心理学理论与实践”“酒店管理学理论基础与实践”“高星级酒店职业形象塑造”“酒店实境英语教程”“酒店前厅管理实务教程”“酒店餐饮服务管理实务教程”“酒店客房管理实务教程”等 8 门基础理论课程与核心课程组成。通过介绍酒店管理涉及的基本理论，结合酒店行业、企业岗位工作中的实践要求，每本书基本设置 5~8 个模块；每个模块含有 2~5 个学习项目；包含 20~41 个学习任务单元。学习项目主要包含师傅要求、师傅讲授、师傅指点、徒弟记忆、拓展提高等师徒互动环节，贯穿了资讯、决策、计划、实施、检查、评价 6 个工作步骤；学徒在完全真实（或模拟）学习任务工作情境中，通过师傅与学徒间的团队合作，制订计划、工作分配、角色扮演来进行，强调工作的效率和标准化要求的执行；本套书的学习情境采用结构化设计，以目标、内容要求为基础构建学习情境框架，提供多个项目、案例作为载体，教师教学及读者自学时可直接使用这些载体，也允许教师从企业和实际工作中引入新的载体；学生的创新项目也可作为学习情境的载体，并可形成创新成果；培养学生灵活应用专业知识分析和解决工作中遇到的实际问题的能力。

现代学徒制培养模式在中国还是一个新鲜事物，还有很多值得探究的问题。本套教材也是为了满足学徒制试点项目应急编撰的，还没有经过大面积的使用与完善。因为编写时间仓促，试点范围狭窄，编者水平有限等诸多因素导致本套教材疏漏之处、文字不妥之处、结构的争议之处在所难免，敬请同行专家们批评指正。

江苏建筑职业技术学院党委书记<br>孙进<br>2018 年 12 月

# 前　言

随着时代的发展，我国的经济迅速发展，旅游业也在蓬勃发展当中，自此也带动了我国酒店行业的发展。目前，中国已成为世界上最可靠的投资热土和最安全的旅游胜地。2020 年，由于全球暴发了新冠肺炎疫情，导致全球旅游业的实际收入下降了 64%，造成经济损失 9000 亿美元，多名专家预测全球旅游市场将在 2024 年或更晚才能恢复到 2019 年的水平。

2021 年的“五一”劳动节小长假，游客人数已经恢复至疫情前同期 103.2% 的水平。当前，一方面我国的酒店业新开的奢华、高端的酒店层出不穷；另一方面酒店业也面临用工难、招工难、待遇低的问题。这对酒店管理教育提出了新的要求，这种要求不仅仅体现在对于酒店业人才的巨大需求上，更突出体现在对于酒店业人才“质”的要求上。酒店业作为涉外程度极高的行业，不仅要有较高的语言能力、沟通能力和文化素养，而且要有把握市场动态及发展趋势的能力，更重要的是要有与时俱进的能力。2021 年 3 月，教育部对高职高专酒店管理专业进行了更名，更改为酒店管理与数字化运营，这为酒店管理专业的教育指明了方向。因此，培养一批抱有酒店情怀，具有较高酒店服务技能，熟悉国际酒店业行规、法规，精通酒店数字化运营的酒店专业人才队伍，已是当务之急。

酒店服务与管理的人员不仅要掌握规范的专业服务能力，还要具备良好的职业道德素养，并有能力提供专业的个性化服务，这样才能为宾客提供更加优质的服务。现有的酒店客房管理模式，由于注重技能训练却忽视了工作情境的创设，因而满足不了个性化、综合化服务的实践需要。因此，本教材在编写过程中坚持“以服务为宗旨，以就业为导向，以能力为本位”的职业院校办学方向，综合考虑学生素质和能力的培养、实际工作的需求和模块化教材的编写要求，将本教材分为认识客房部、客房部清洁工作管理、客房服务、客房部管理、客房部其他相关知识五大模块，每个模块下设二至三个项目，每个项目下设不同的任务，涵盖了工作过程的具体实施、点拨引导、过程检查、评估检测等工作步骤，便于学生立足工作岗位，牢记基础知识。

由于时间仓促、水平有限，本书在编写过程中疏漏、差错之处在所难免，敬请广大业内同行和读者不吝赐教。

王文骏

2021 年 6 月

# 目 录

# 模块一

# 认识客房部

## 项目一　认识客房部

### 【企业标准】

在本项目内容中，要求学徒认识客房部、了解客房部的组织机构设置。

### 【师傅要求】

1. 学徒掌握客房部的基本工作内容；
2. 学徒认识客房部的组织结构及具体工作内容；
3. 学徒掌握客房部人员的素质要求；
4. 师傅过程考核客房部的主要工作内容和组织机构。

## 任务一　认识客房部

### 【师傅讲授】

#### 一、客房部的工作任务

对于酒店来说，如何衡量其酒店的等级，酒店的客房服务水平是极为重要的指标之一，就目前我国的酒店水平来说，酒店的客房服务收入占据整个酒店收入的极大的比例。因此，可以说，客房部的经营关乎着整个酒店的经营管理，也可以说客房是酒店一切经济活动的枢纽。客房部又称房务部或管家部（Housekeeping），负责酒店有关客房的事务，是酒店的重要管理部门，其主要的工作内容有：

### （一）负责客房和公共区域的清洁保养

客房部的工作在酒店众多部门工作中最为复杂，其工作要求规范程度也极高。例如，就客房部的清洁保养工作来说，它的好坏会直接影响客房的出售质量和客人的满意程度，对目前还以客房收入为主要支撑的酒店来说，客房的出售数目的多少关乎着一个酒店能否继续运转下去。为客人提供整洁、舒适、温馨的环境，是赢得客人信赖的重要保证，也体现出酒店商品使用价值和服务质量的优劣，在酒店整体经营和管理中有着重要的作用。因此，客房卫生需要做到整洁、规范、舒适。而酒店公共区域是宾客到达酒店后将看到和感受到的第一个部分，所以公共区域的清洁和服务就显得尤为重要。因此，在平时工作中就要求该区域的工作人员特别注意卫生死角，通过检查发现经常性遗漏的地方卫生：楼梯门门框、闭门器卫生、电梯口的大理石线条、风口卫生、公共区域面包机卫生和开关面板卫生、消防器材卫生，以及窗帘的整理、走廊吸尘的时间控制、员工卫生间的打扫、走廊污渍的及时去除等，要增强细节卫生意识。

### （二）为酒店增收节支、降低经营成本

随着时代的发展，酒店市场的竞争压力不断增加，各个酒店的经营规模也在不断扩大，为了能在广大的市场中得有立足之地，缩减支出，也就要求客房部对人、财、物方面等加强控制和管理。客房部是酒店的重要经营部门之一，经营效果的优劣，将反映出酒店整体的管理水平，所以提高客房效率和增收节支是客房部的一项重要任务。酒店要获得良好的经济效益就要对客房部的人员费用、物品消耗的控制及管理、客房设备维护和保养等，采用科学合理的手段以降低成本、减少浪费。这也是客房部的主要任务。

### （三）做好客房接待服务

客房部的工作任务不单单是为客人提供房间清洁，还能为宾客提供各种服务。例如，洗衣服务、夜床服务、客房送餐服务、访客服务、擦鞋服务、托婴服务、叫醒服务等。除以上这些常规服务外，客房服务还需对一些特殊客人提供具有针对性的服务。例如，服务员在平时的对客服务中要仔细观察客人的习性和爱好，抓住一切服务的机会提供让客人惊喜的服务。对于商务客人，应按照客人要求及时为宾客打扫房间，保证客人的会客等其他特殊需求；对于生病宾客、醉酒宾客提供护理等，增加宾客的服务满意程度。客房服务的质量是否过硬、水准是否优劣，将对客房部的服务产生很大的影响，也直接关系着酒店的整体利益。因此，客房部各项服务质量标准和服务水平的不断提高，

是客房部赢得客人满意度的重要保证。

### （四）搞好客房原始资料的收集和整理工作，加强客房部的信息资料控制

对于每日的客房情况、客人资料等建立完善的资料库，能够帮助酒店管理人员对酒店整体的管理和对未来酒店发展进行合理的规划。因此，客房部需建立健全客房部的原始资料，包括每日客房状况表、客房服务工作记录、客房物品消耗记录、客房设施设备维修记录等。这些原始资料与信息是客房部掌握情况、发现问题、考核员工的主要依据。

### （五）保障客房和宾客的安全

客房、宾客以及酒店员工的生命与财产安全能够得到保障是客房部工作的重要内容。如果安全工作没有做好，那么客房清洁卫生与服务都将会失去意义。客房的安全工作要从严、从细抓起，督导客房楼层、各部门做好防火、防盗、防事故等管理工作，保证客人和员工的人身安全和饭店的财产安全。重点是客房楼层、各工作间、布巾室和洗衣房的防火、防盗工作。要求客房部每位员工都要做到严格按照客房部所制定的安全操作和消防制度、钥匙和房卡的管理制度、来访宾客制度等进行工作。例如，在平日的工作中遇到陌生人员要细心地询问，发现紧急或不良情况时要及时报告，房间钥匙或房卡要随身携带，为客人开门时要仔细地核对其身份等，要从多种渠道来杜绝和防止一些不安全因素的发生。只有做到有效地保证宾客及酒店员工的人身和财产安全，酒店整体才会正常地运营，从而才能提高和促进酒店的经济效益。

### （六）保持与相关部门协调沟通

客房部能否正确处理与各部门之间的关系，保持衔接和协调客房部各项业务工作的顺利进行，关乎着客房部是否能够正常运转，因此，客房部需要处理好与其他部门之间的关系。

## 二、客房部的管理目标

客房部作为酒店企业的一部分，其管理目标与酒店的总目标是一致的，即追求理想的经济效益和社会效益，在取得合理利润的同时，得到社会的认可。要想保证客房的产品质量，其中客房的清洁和安全最为关键。

客房销售是酒店获取收入的主要途径之一。客房销售的数量和价格，决定着客房销售收入的多少。客房销售的数量除了受酒店的价格政策、促销措施和销售人员的推销技巧等因素影响之外，客房产品本身的质量高低，即是否能够适应和满足客人的需求，也是至关重要的。因此，酒店必须根据市场的发展变化和客人对客房产品的需求等具体情况，不断提高对客房的管理水平，以保证客房产品的质量。根据客房产品的特点及客人对客房产品的共同需求，人们通常把客房产品的质量要素归结为以下四个方面。

### （一）特色

任何产品都应具有显著的特色。在竞争十分激烈的市场经济时代，没有特色的产品就没有竞争力和生命力。酒店客房作为产品，当然也必须具有特色。所谓特色，通俗地说就是与众不同、独具魅力的个性及风格特点。就酒店业的经营管理和客人入住的需求来看，客房在装修时尽可能有自己的民族特色或其他风格，明确自己的目标市场，使自己在经营销售中有明确的标志特色。

### （二）舒适方便

每个住客都希望在享用客房时能够获得舒适方便之感。客房能否满足住客的这种期望和要求，是由两个方面的条件决定的，即客房的硬件和软件。在硬件方面，客房的设计布局、功能安排、设备配备、用品供应等，都必须坚持以人为本、宾客至上的原则，把满足住客需要放在第一位，每一点都要考虑客人是否方便、是否舒适。在软件方面，客房的配套服务必须系统、全面且优质，保证住客的各种合理需求都能得到最大限度的满足。尤其是高档次的酒店，客人往往希望通过入住这样的酒店来提高自己在社会交往中的地位，凸显自己的身份。这时，酒店应该在客房服务上开展个性化服务，使得客人在舒适、方便的同时有一种尊贵的体验。

### （三）清洁卫生

卫生状况良好是所有住客对客房的基本要求。无论客房的类型如何、档次高低，都必须清洁卫生。在人们物质生活水平和社会文明程度大幅度提高的现代社会，客人在选择和入住客房时，无不考虑客房的卫生水准。由于现代社会交流的不断扩大，各种传染病的预防和控制建立在清洁卫生的基础之上，所以，客房的清洁质量已经成为客人选择酒店的依据之一，客房的清洁卫生应该引起我们的足够重视。

### （四）安全

安全是客人对客房产品的第一要求。对于大多数住客来说，客房是他们的家外之家、办公室之外的办公室。因此，客房必须具有极高的安全性。住客的人身、财产必须有安全保障；否则，再好的客房也没人敢住。

## 【徒弟记忆】

**客房部的工作任务：**

1. 负责客房和公共区域的清洁保养；
2. 为酒店增收节支、降低经营成本；

3. 做好客房接待服务；

4. 搞好客房原始资料的收集和整理工作，加强客房部的信息资料控制；

5. 保障客房和宾客的安全；

6. 保持与相关部门的协调沟通。

## 【师傅指点】

1. 客房和公共区域的清洁保养：在清洁客房时应先查看客房有无打开“请勿打扰”灯或挂牌，如有，服务员在下午 2 点前不可进入房间；若是客人特别交代需尽快办理事项，应首先通过电话征询客人意见，使用语言应注意规范——如“对不起，打扰了，我是客房服务员，您需要的 ×××× 东西是否现在给您送过来”。每天的日常卫生在下班前要打扫到位（特别是水池要保持明亮、无水渍，员工卫生间的马桶每天清洁到位，垃圾每天清理干净），每周的工作间大扫除工作要不折不扣地完成。

2. 做好客房接待服务工作：员工在酒店范围内路遇客人时，应主动避让，定点后微笑问候并致 15° 欠身礼；在走廊遇见客人要主动引领客人到电梯口送别，主动帮助客人提行李等。

3. 保障客房和宾客的安全：特别注意各楼层安全，如客人门锁是否关上、电梯有无未熄灭烟头以及确保电梯口印章完好。

## 【徒弟操作】

1. 徒弟实际对客房部的各个工作任务进行模拟训练；

2. 徒弟对客房部的管理目标深入了解并制作 PPT 讲授。

# 任务二 客房部组织机构设置

## 【师傅讲授】

### 一、客房部组织机构设置的基本要求

管理人员在酒店的实际管理中，如何对客房部的组织机构进行设置，要求管理人员能够充分考虑到自己酒店的实际情况，根据自己酒店的特点和酒店管理系统理论，以酒店的管理系统和运行模式为基础，遵循企业管理组织基本原理，适应酒店现代化经营管理的需要，力求科学合理。目前，随着人们管理理念的提升，追求效率和效益意识的增

强，整个酒店业都在提倡组织机构的小型化和扁平化。因此，小型化和扁平化也就是客房部机构设置的基本要求。要做到小型化和扁平化应该注意以下问题。

### （一）小型化

小型化主要针对酒店机构规模比较小的酒店，其分支机构和岗位设置应尽可能做到少而精。做到这一点，有利于强化管理、提高效率、减轻负担，从而提高经济效益。

### （二）扁平化

扁平化则更多是相对于过去传统的等级森严和多层次酒店机构形态而言的。扁平化的机构形态与高大型机构形态相比较，其最主要的特点就是机构的层次较少，管理人员在员工中的比例降低，酒店总体工资支出减少。同时，减少酒店组织机构的层次，也就减少了组织内部沟通的环节，提高了酒店内部沟通的效率。现代化的酒店管理原则上要求实行统一指挥，即组织内部的上报下达要逐层逐级，一般情况下不得越级指挥和越级请示汇报。说得通俗一些，就是每个员工只能有一个上司，“上头一根针，下头几根线”。因此，机构的层次多少与沟通的效率成反比。由于酒店客房部的工作技术含量并不是很高，多数属于简单的重复劳动，加之管理人员及基层员工的素质也在逐步提高，各级管理人员的管理幅度（一个上级可以有效地管理直接下属员工的总数）可以加大，客房部的机构设置完全可以做到扁平化。特别是现在酒店普遍采用电脑对酒店进行管理和许多先进的机器取代人力以后，可以更轻松地做到这一点。

值得注意的是，要求客房部机构设置做到小型化和扁平化（即压缩机构层次、减少分支机构和工种岗位），并非缩减整个客房部在酒店中的职能。压缩层次只是尽量不设或取消传统的或原有的一些层次。比如，取消酒店客房部的所有主管，由客房部经理直接领导客房部的各位领班，原主管层次的职能由经理和领班分担。当然，要取消客房部主管这个工作岗位，或取消某些酒店传统的机构和岗位，需要进行艰苦的探索、实验，必须将这些机构和岗位的职责加以重新整合。当然，要实行客房部组织机构的小型化和扁平化，岗位职责的制定、工作程序的设计、人员的选择与培训等也都必须同步进行和重新配套。

## 二、客房部的组织机构

### （一）客房服务中心

客房服务中心不仅是客房部的信息管理的地方，也是客房部人员对客服务的中心。它对客房部的服务工作进行统一的调度，正确显示客房状况，并负责失物招领，发放客房用品，管理楼层钥匙，接受客人的服务要求和投诉，并与其他部门进行联络协调等。不设客房服务中心的酒店，一般会设客房办公室，负责处理客房部的日常性事务及与其他部门联络、协调等事宜。

### （二）客房楼面

客房楼面主要由各类型的客房组成，与其他区域分隔开，为独立的客房区域。每一层楼面都设有工作间、储物仓，以便于服务员开展工作。客房楼面人员主要负责全部客房及楼层走廊、楼梯、电梯厅的清洁卫生，同时还负责客房内布草的更换、照明设备的检修、低值消耗品的补充、家具清洁与布置等，为住客提供必要的服务。

我国酒店客房楼面一般都设有服务台，配置专职的台班服务员，每天 24 小时对客服务，并对楼层进行安全管理。

### （三）公共区域

公共区域的人员负责酒店各部门办公室、餐厅（不包括厨房）、公共洗手间、衣帽间、大堂、电梯厅、各通道、楼梯、花园和门窗等的清洁卫生。小型酒店的公共区域，划归其他部门负责，以保证对客服务接待的质量。

### （四）制服与布草房

制服与布草房主要负责酒店所有员工的制服以及餐厅和客房所有布草的收发、分类和保管。对损坏的制服和布草及时进行修补，并储备足够的制服和布草以供周转使用。

### （五）洗衣房

洗衣房负责收洗客衣、洗涤员工制服和对客服务的所有布草、布件。洗衣房的归属，在不同的酒店有不同的管理。有的大型酒店，洗衣房设为一个独立部门，而且对外服务。有的酒店不设洗衣房，洗衣业务则委托给社会上的洗衣服务公司。但对于小型酒店，由于设施较少，客房部组织机构的层次和分支机构也都较少，各岗位工种之间往往是分工不分家，甚至很多岗位没有明确的分工，大多数岗位的职责要求是一专多能。其中某些业务，如特别的专项清洁保养工作、布草洗烫等，都可以由社会上的专业公司来承担。但对于大中型酒店来说，客房部的业务范围较大，其组织机构的规模也较大，其基本特点是分支机构多、专业化强、工种岗位全、职责分工细、用工数量大。

## 三、客房部员工的岗位职责

### （一）客房部经理

#### 1. 岗位职责

客房部经理全权负责客房部的运行与管理，督导下属管理人员的日常工作，确保为客人提供优质高效的住店服务。其直接管理对象是客房部助理经理和客房部秘书，并且对酒店的总经理或房务行政总监负责。

2. 工作内容

（1）根据酒店的经营方针和政策以及总经理室下达的任务和目标，制订客房部的工作计划并负责实施。

（2）负责制定本部门的岗位职责、规章制度和工作程序并适时评估与修改完善。

（3）负责本部门员工的招聘、培训、评估与激励，制订客房部年度培训计划，努力造就和保持一支高素质的员工队伍。

（4）负责本部门经营物资的管理与控制，在保证质量标准的前提下减少消耗、降低费用。

（5）参与客房装饰布置方案的设计和客房更新改造计划的制订。

（6）负责客房部的安全工作，保证客人与员工的人身和财产安全。

（7）合理调配和使用人力，在保证客房部工作正常运行和服务质量的前提下，努力降低人力消耗。

（8）巡视检查并督导下属的工作。

（9）做好重要客人及特殊客人的接待与服务工作。主要包括看望、慰问生病客人，拜访常住客人，处理客人的投诉。

（10）与酒店其他部门密切协作。

（11）加强与店外有关单位的沟通协作，保持和发展业务关系。

（12）努力学习，勇于创新，不断提高经营管理水平和服务质量。

### （二）客房部助理经理

1. 岗位职责

协助客房部经理完成楼面及公共区域的清洁及服务，在客房部经理的授权下，具体负责业务领域的工作。其工作对部门经理负责。

2. 工作内容

（1）当客房部经理不在时，代替执行客房部经理职责。

（2）协助主持部门例会，并参加每周由总经理主持的部门经理例会。

（3）负责部门培训工作，指导主管训练下属员工。

（4）巡视房务范围，了解、掌握客情，指导用具安全操作和设备维修保养。

（5）监察下属员工的工作表现，处理下属员工的纪律问题。

（6）察看 VIP 房，并每天抽查已清扫的房间。

（7）监察房间用品及清洁物料的消耗量。

（8）处理住客及员工的投诉事宜。

（9）慰问患病住客及常住客。

（10）试用最新清洁用品及技术。

## （三）秘书

### 1. 岗位职责

负责信息的收发传递，辅助客房经理完成统计、抄写档案等文字性案头工作。其工作对客房部经理和助理经理负责。

### 2. 工作内容

（1）处理客房部经理的一切文书工作，如代表经理对外发放通知，准备文稿，每日按时收发报纸、信件，接待客人等。

（2）参加部门例会，做好会议记录及存档工作。

（3）处理进出员工手续办理，核实单据的分类、统计。

（4）处理办公用品的领取发放，保持办公室干净、整洁。

（5）统计考勤，每月向部门经理及人事部门提供员工出勤报告表。

（6）向新来的员工讲解客房部的有关规定。

（7）接受部门经理临时指派的工作。

## （四）楼层主管

### 1. 岗位职责

负责所管客房楼层的日常管理，确保对客服务和清洁保养的质量标准，严格控制各项消耗。

### 2. 工作内容

（1）保证所负责楼层的卫生质量、服务水准。

（2）主持该负责区域的例会、当日楼层人力安排与调配。

（3）检查督导下属员工的工作，确保下属员工工作的规范化，并使员工处于良好的工作状态。

（4）巡视检查所管楼层，确保房间清洁和达到对客服务工作的质量标准。

（5）负责安排楼层房间的清洁和每月工作计划的制订。

（6）定期检查常住客的房间及征求常住客意见，并做好提供特别服务的记录。

（7）负责对所管楼层的物资、设备和用品的管理。

（8）处理客人的投诉。

（9）处理下属员工报告的特殊情况和疑难问题。

（10）对下属员工进行培训和考核。

（11）对楼层的安全和服务台的安静负责。

（12）负责员工每月的评估工作。

### （五）夜间总带班（夜间主管）

#### 1. 岗位职责

夜间总带班代表部门经理主持夜班一切房务活动。如安排检查夜间楼层的客房清扫和对客服务工作，巡视楼层做好安全防范，处理夜间突发的房务事件等。

#### 2. 工作内容

（1）检查中副班服务员夜床开始前的准备工作。

（2）检查公共区域照明灯是否按规定开关，是否完好，窗户是否按要求上锁等。

（3）安排夜间 C/O（结账离店）房的清洁整理。

（4）督导服务台的工作情况，保证夜间的服务质量，控制夜间的服务标准。

（5）检查服务班人员是否按规定开启通道门。

（6）收集、整理住客状况表并送客房服务中心。

（7）小结夜间检查情况，做好当值记录。

### （六）楼层服务员

#### 1. 台班岗位职责

（1）工作要求。具有较好的专业知识和外语对话能力，要有一定的外事知识，严格遵守外事纪律。仪表端庄，待人接物热情，反应灵敏，有房务知识和解决问题的能力及技巧，对各班种工作程序、职责有详尽的了解。

（2）职责范围。保证信息的准确传递，对楼面的安静、安全负责。核准房间转台，有权（在请示主管后）对卫生班、副班下达工作指令，其工作对所属楼层的主管负责。

（3）工作内容。

①换好工衣，到客房部（服务中心）签到，注意部门张贴的有关通知。

②交接班后，整理好服务台，保持服务台和电梯厅的整洁。

③保证电梯口的迎送质量，熟记 VIP 常住客人的姓名，见面要用姓氏来称呼客人。

④完成客人的服务要求，若本楼层有无法解决的服务项目，必须马上请示主管联系解决，不能擅自离开服务岗位。

⑤对报修工作负责，报修后半小时无人到场或到场半小时后房间仍未恢复，应立即报告主管。

⑥做好来访客人的送茶水、添座椅的工作。

⑦留意是否有异常举动和需要特别照顾的住客。

⑧一旦发现住客有换人、减人、增人或一人开两房（或以上）的情况，应立即向主管报告。

⑨住客、来访者和非本楼层工作人员的流动要有时间记录，以随时检查。

⑩严格执行“三轻”，确保楼层的安静。

2. 卫生班岗位职责

（1）工作要求。按清洁房间的标准、规格和操作规程清扫整理客房，爱护财物，责任心强，具有简单的外语对话能力。

（2）职责范围。按操作规程，具体完成对指定房间、卫生间的清洁工作，若房间有设备物品的损坏，要及时向台班报告，严格执行“三轻”，确保楼层安静。其工作对主管负责。

（3）工作程序。

①换好工衣，到客房部（服务中心）签到，领取钥匙及卫生班“清洁房间报告表”，并留意部门张贴的有关通知。

②向台班了解房态。

③检查布草车上的用品工具是否齐全。

④把布草车推到房门口指定的位置，并把吸尘机摆放在布草车的右侧。

⑤按清洁房间要求依次清理房间。

⑥在撤脏布草时应看清楚是否夹带客人物品后再运回工作间，该回收的废品应整齐地放在指定位置，垃圾袋扎好后倒进垃圾槽。

⑦把撤出的杯具进行严格的清洗消毒。

⑧清洁、整理工作车的工作要在工作间进行。

⑨吸尘机清理后要抹干净，放回指定位置。

⑩叠布草，补充布草车，并把多出的布草整齐地放进布草柜中。

3. 副班岗位职责

（1）工作要求。熟悉客房整理与开夜床的标准和程序；能用外语进行简单的对话。

（2）职责范围。保证公共场所清洁，精通日常输送工作，完成主管临时指派的任务，完成台班交代的对客人的服务要求。

（3）工作内容。

①掌握卫生班、副班、台班的工作程序。

②负责所属地段公共区域的清洁（包括走廊、电梯厅、工作间、员工卫生间、楼梯、烟灰桶卫生等工作）。

③负责加床及撤换床。

④负责完成主管指派的任务及客人的委托代办事宜。

⑤负责巡楼、查房及房间小整工作。

⑥完成晚间开夜床和派送报纸的工作，完成当天的卫生计划。

⑦做好因台班短暂离开而顶替台班的工作。

## 四、客房部各类表格填写标准

### （一）电话记录本

必须填写日期、时间、报告人、接收人、事由、交接人、备注，要求必须按照表格逐项填写完整，字迹工整，内容表达清晰。

### （二）客房中心租借物品借用 / 归还记录台账

必须填写物品名称、借用时间、借用地点、责任人、归还时间、责任人、备注，要求必须按照表格逐项填写完整，字迹工整，内容表达清晰。

### （三）租借用品申请单

必须填写宾客姓名、房号、租借物品名称、收费标准、服务员、客人签名，要求必须按照表格逐项填写完整，字迹工整，内容表达清晰。

### （四）客房报修记录表

必须填写日期、报修时间、报修人、报修项目、接报电话、接报人、报修结果，要求必须按照表格逐项填写完整，字迹工整，内容表达清晰。

### （五）房间消耗物品领用登记表

必须填写日期、房号、物品消耗情况、配房情况、领用人、领用时间，要求必须按照表格逐项填写完整，字迹工整，内容表达清晰。

### （六）客房遗留物品登记及领取表

必须填写日期、时间、宾客姓名、遗留物品明细、报告人、领取情况、备注，要求必须按照表格逐项填写完整，字迹工整，内容表达清晰。

### （七）房内鲜花配送登记表

必须填写日期、房号、入账价、进货价、鲜花店签字、经办人签字、备注，要求必须按照表格逐项填写完整，字迹工整，内容表达清晰。

### （八）客衣送洗记录表

必须填写日期、房号、宾客姓名、衣物名称、件数、送洗时间、客房检查结果、洗衣房检查结果、送客中时间、送房时间、客中、服务员，要求必须按照表格逐项填写完整，字迹工整，内容表达清晰。

### （九）遗留物品登记单

必须填写地点、物品描述、日期、时间、拾获者、签领日期、签领人，要求必须按照表格逐项填写完整，字迹工整，内容表达清晰。

### （十）杂项单

必须填写日期、宾客姓名、房号、说明、金额、付款方式、总金额、经手人、客人签名，要求必须按照表格逐项填写完整，字迹工整，内容表达清晰。

### （十一）房间免费物品发放 / 消耗物品登记表

必须填写日期、房号、物品消耗情况、配房情况、领用人、领用时间，要求必须按照表格逐项填写完整，字迹工整，内容表达清晰。

### （十二）水果配送明细表

必须填写日期、品名、调拨斤量、单价、配送房号、配送单位、总进价、总售价、备注，要求必须按照表格逐项填写完整，字迹工整，内容表达清晰。

### （十三）客房中心客史查询时间登记表

日期、入住时间、入住房号、有无客遗、有无爱好、入住人是否生日、落实情况，要求必须按照表格逐项填写完整，字迹工整，内容表达清晰，每班至少检查 3 次。

### （十四）客房部客史档案记录本

日期、房号、姓名、喜好、备注（地址）、服务员，要求必须按照表格逐项填写完整，字迹工整，内容表达清晰。

### （十五）客中物品结存表

必须填写日期、品名、上日结存、本日领用、本日消耗、本日结存、备注，要求必须按照表格逐项填写完整，字迹工整，内容表达清晰。

### （十六）客中药品结存表

日期、药品名称、上日结存、本日领用、本日消耗、本日结存、备注，要求必须按照表格逐项填写完整，字迹工整，内容表达清晰。

### （十七）客中 OA 信息检查记录表

日期、查询时间、查询情况，要求必须按照表格逐项填写完整，字迹工整，内容表达清晰。

### （十八）客房收发文件登记表

日期、房号、文件类型、领取人、部门领导确认、备注，要求必须按照表格逐项填写完整，字迹工整，内容表达清晰。

### （十九）客房参观登记表

必须填写日期、时间、带队人、参观单位、人数、房号、备注，要求必须按照表格逐项填写完整，字迹工整，内容表达清晰。

### （二十）手工房态本

日期、房号、备注，要求必须按照表格逐项填写完整，字迹工整，内容表达清晰。

### （二十一）对讲机领用登记本

日期、时间、对讲机领用情况、领取人、归还时间、归还情况、监督人，要求必须按照表格逐项填写完整，字迹工整，内容表达清晰。

## 五、房态控制与电脑操作规范

（1）客房中心的各班服务员每小时核对一次房态，电脑房态与手工房态必须保持一致。

（2）根据楼层领班报来的“OK”房情况，及时在电脑中更改房态。

（3）客房中心早班人员应认真关注电脑房态，发现预订情况，及时告知楼层，尽快打扫。

（4）接到总台客人抵达或离店的通知后，及时在电脑中核对房态、客史。

（5）接到楼层领班报来的维修房通知，经客房部经理确认后，及时书面通知工程部及总台，并在电脑中更改房态。

（6）客房中心人员要按照部门规定将预留房打上临时态。

（7）为了做好降本节资，客房每天会设定一部分房间开启空调，客房中心在房态上注明预留，方便总台出租。部门规定的预留房型和数量为：主楼 5 个标间、5 个大床、5 个单间、2 个行政房、3 个套房；会务楼 2 个行政房、2 个标间、1 个套房。

（8）每天下午 3：00 在电脑显示的房态情况中，核对“DIRTY”房数，并提醒客房清洁员尽快打扫。

（9）预留房中如果已入住一部分需及时补足数量，确保各类房型的正常出租，此工作由客中把关执行到位。

（10）中夜班客中在接到楼层服务员预做夜床的房间后应将没有做夜床的预留临时

态取消，方便总台按照房态出租。并将取消预留房态的房间做好记录（如果预做夜床的房间已入住一部分需重新在这些房间中继续补做夜床）。

中夜班预做夜床的房间一定要确保部门规定的数量，客人开掉一部分房间需要及时补足，确保每一位客人入住的客房都是做好夜床的房间。

（11）中夜班服务员需要在预留房中挑出一部分房间预先做好夜床，并与前台沟通客人入住开做好夜床的房间，部门规定的标准房型和数量：主楼标间5个、大床房2个、单人间2个、行政房2个、套房2个。

## 六、客史建立操作规范

（1）客房中心接到有关宾客喜好的信息后，要及时记录在电话本上，并登记到客史档案记录表。

（2）按照客史档案记录表上的内容逐一登记到电脑中的宾客喜好资料内。操作步骤：打开客人档案→点喜好和特要→在前台喜好中输入客人的喜好。

（3）客房中心接到前台入住的通知后，要对每房的客人档案进行查看，发现有客人喜好记录应及时通知服务员进行具有针对性的服务；发现有客遗记录及时归还客人，归还后要及时删除记录。

（4）客中每一个班均要在每班至少查询客史档案三次：接班一次、班中一次、下班前一次。发现有重要客人信息，及时反馈给上级。

（5）服务工作落实后要做好记录，跟踪客人反馈意见。

## 【徒弟记忆】

1. 客房部的组织机构；
2. 客房部各岗位的职责内容；
3. 客房部岗位的职责要求。

## 【徒弟操作】

1. 徒弟对客房部所涉及的各种表格进行正确填写；
2. 徒弟对住房宾客进行客史建立操作；
3. 徒弟在房态控制时能正确操作电脑；
4. 徒弟对客房部各个工作岗位及其工作内容进行整理，制作成 PPT 汇报。

# 项目二　客房基本知识

## 【企业标准】

在此项目中，要求学徒熟记酒店客房类型和功能布局，掌握客房的用品划分，对酒店客房的设计装修有所了解。

## 【师傅要求】

1. 学徒熟记酒店的客房类型和每种类型的功能布局；
2. 学徒能够对客房用品进行准确的划分；
3. 学徒了解酒店客房设计装修原则。

## 任务一　酒店客房类型与功能布局

### 【师傅讲授】

客房是酒店最主要的产品之一。不同类型、档次的酒店，是为了满足不同需求的客人的用房要求。一般来说，档次高的大型酒店客房的种类多且齐全、讲究；小型酒店的客房种类少且其设备以实用为主。

### 一、酒店客房的种类

#### （一）常见客房类型

**1. 单间**

单间指提供给一个人居住的客房。一般房间内设规格为 2 米 ×1.2 米或 2 米 ×1.5 米的单人床一张，较经济实惠。根据其设备档次，单人间又可以细分为无浴室单人间、带浴室单人间、带淋浴单人间。酒店单人间一般数量不是很多，并且从经济上考虑，多把位置偏僻和面积较小的房间作为单人间。所以单人间的优点是隐私性强，相对来说价格便宜，但是其不足之处是装备设施较差、面积狭小、数量有限。

2. 双人间

双人间是供两个人居住的客房。一般房内设规格为 2 米 ×1.2 米或 2 米 ×1.5 米的单人床两张。供两位客人同时使用，或只供一位客人使用即标准间单人住，适合两个人或一个家庭使用，通常提供给旅游团体和会议客人。两张单人床的称为双床间，双床间能够满足不同层次客人的需要，所以一般这类客房占酒店客房数的绝大部分，不仅适合旅游团体和会议客人，普通散客也经常选择此类客房。酒店配备两张单人床时通常用床头柜将两张床隔开，可供两位客人居住，也叫作“标准间”。

一张双人床的双人间叫作大床间，主要适合夫妻旅行者居住。新婚夫妇使用时，通常称作“蜜月客房”。大床间的宽敞舒适也能吸引很多高档商务客人，所以他们也是这种房间的适用对象。现在高星级酒店经常会在商务客房配备双人床和先进办公通信设备，以提高商务间的档次和舒适度。很多商务型酒店大床间的比例逐渐增加，数量多的可以占到客房总数的 50%~60%。双人间的面积大、设施完善，其居住条件相对单人间提高了很多。

3. 三人间

房间内设三张规格为 2 米 ×1.2 米或 2 米 ×1.5 米的单人床，有的酒店也称为家庭房。有的酒店还有四人间，房间内设四张规格为 2 米 ×1.2 米或 2 米 ×1.5 米的单人床，或设两张规格为 2 米 ×1.8 米的双人床。目前星级酒店中该类房型较少或没有，多在度假型酒店中设置。除此以外，也有些中低档酒店或青年旅社会有按照床位收费的多人间。

4. 商务间

商务间是专门为商务人士设立的客房，在商务酒店很常见。房内设两张单人床或一张双人床，房内可以提供上网等服务，有的酒店配备有打印机和传真机等办公设备，装潢和服务都较好，布局和设备都是为了满足商务客人的需求，因此，这种客房的价格会明显比标准间高。

5. 套间

套间是指客房由两间或两间以上的房间（内部设有卫生间以及其他附属设施）组成。

（1）按照构成套房的房间数量及其档次可分为普通套间、豪华套间和总统套间。

①普通套间连通的两个房间（又称双连客房），分别为卧室和会客室。卧室中有一张大床或两张单人床，同时附有卫生间。

②豪华套间可以是双套间，或者是三至五间，包括卧室、客厅、书房、餐室，其档次较高。

③总统套房：通常由 5 间以上房间组成，设有男女卧室、客厅、书房、会议室、娱乐室、警卫室、厨房、餐室、酒吧等，设施设备奢华。

（2）直接根据客房所包含的房间数目划分为双套间、组合套间、多套间、高级套间和复式套间。

①双套间：通常是相互连通的两个房间，也就是之前说到的普通套间。一间是会客室，另一间是卧室，这样的房间一般适合夫妻和旅游团体。

②组合套间：这是一种根据具体需要专门设计的客房。每个房间都有卫生间。不同酒店的设计也有所不同，主要由两个对门的房间组成，或由中间有门锁的两个房间组成，也有的由各带卫生间的三个房间相邻组成。

③多套间：由三至五间或更多房间组成，有两个卧室各带卫生间，还有会客室、餐厅、办公室及厨房等，卧室内设特大号双人床。

④高级套间：通常由 7~8 间房组成，在走廊有小酒吧，卧室和卫生间都分开，配备有客厅、会议室、书房、警卫室、随员室、餐厅、厨房等设施，有的酒店还有室内花园。

⑤复式套间：由楼上和楼下两层复合组成，楼上为卧室，面积相对较小，设有一张双人床或两张单人床，楼下设有卫生间和会客室，环境幽雅，装潢豪华，服务周到，属于高档消费。

#### 6. 总统套房

总统套房通常由 5 间以上房间构成，套间内一般设有男女卧室，还设有客厅、书房、娱乐室、会议室、警卫室、厨房、餐室或酒吧等。房间内部设施十分考究，设备用品奢华，价格昂贵。总统套房只是标志该酒店的水平可以达到接待总统的档次，一般大老板或商人也会入住，而并非只有总统才能住，以“总统”冠名，不仅让人们享受到顶级豪华的服务，还能彰显出高贵的气质，只要客人有能力出几千元甚至几万元一晚的房费，就可以平民身份享受总统级别的待遇。而对于酒店来说，总统套房是最豪华、提供顶级服务的房间，用来接待最尊贵的客人，可以说是酒店档次和服务水准的代表，所以有的酒店可能有自己的标准，如要求入住者具有一定社会地位和知名度，并且需要在入住前提前三天预订，酒店在这三天时间里收集客人的资料，并且检查完善设施、布置房间。总统套房是酒店的一个品牌，彰显了酒店的品位，因此，一般不会为了赚钱而降低对客人的要求。总统套房并非五星级酒店所专有，现在很多三星级以上的酒店均设有总统套房，有的甚至规模不大的豪华酒店也会根据自身需要设有总统套房。

### （二）特殊房型

#### 1. 无烟客房

无烟客房是专门为非吸烟人士准备的客房。房间门上有禁烟的标志，房间里不放置烟灰缸。有些高星级酒店还专门设有无烟楼层，体现了酒店绿色、环保的理念。

#### 2. 残疾人客房

残疾人客房是专门为残疾人准备的客房，房间的设计与装饰，充分考虑残疾人的生理特征。房间一般设在较低的楼层，方便进出，地面无障碍。房间的把手、窥视镜、扶手的位置应方便坐轮椅的客人使用，房间内还设有与客房中心相连的呼叫按钮等。残疾人客房的设立充分体现了酒店以人为本、注重人文关怀的经营理念。

#### 3. 带厨房的客房

有的酒店会设置一些带厨房的客房，主要是为部分喜欢自己下厨的客人准备的。厨房里配备简单的厨房用具，客人可以在自己方便的时候下厨，享受做饭的乐趣，让客人有“家”的感觉。带厨房的客房的设立既体现了酒店充分满足顾客需求的服务理念，也体现了“体验经济”在酒店发展中的趋势。

#### 4. 女士客房

主要是为女性客人准备的房间。这类房间充分考虑到女性的特点，房间布置温馨典雅，有些酒店还装有壁炉，体现出家的温馨。

#### 5. 儿童客房

随着收入水平的提高以及消费观念的更新，越来越多的家庭走进了饭店，儿童市场已经成为饭店业促销的新目标。面向儿童及家庭的客房应更注重设施设备的针对性和完善性，注意营造温馨的家庭氛围。如希尔顿饭店就提倡为家庭服务，它们开办“希尔顿假期帮靠站”已经多年，为客人提供免费礼物、免费玩具，并推出了儿童菜单，备受当地家庭客人的青睐。巴西的“儿童饭店”则是把孩子们当客人看待，保持一种令儿童愉快的气氛，关心每个孩子，尊重其个性。而奥地利的“婴儿饭店”专门用来接待来自欧洲各地快乐的小客人以及他们的家长。饭店设有婴儿床、高脚椅、婴儿便盆等，还有经过特殊配置的专为婴儿提供的“鸡尾酒”。

#### 6. 主题客房

以某种时尚及兴趣爱好为主题的客房对具有这方面兴趣的客人具有很大的吸引力，客人在这种主题客房住宿的同时，也满足了其在兴趣爱好方面的需求，享受了一个丰富的夜晚。

比如，某些饭店在进行客房设计时以汽车为主题，在客房中张贴各种不同产地、品牌、型号汽车的图片，或者在橱窗中摆放一些汽车的模型、汽车杂志及有关汽车的介绍，深受汽车爱好者欢迎；有的以足球为主题，客房中张贴着一些球员、球队的照片，摆放一些足球杂志与足球报以及足球赛事预告等，并以足球图案进行一些装饰，使爱好足球的客人在此能找到共鸣；还有的以邮票为主题，客房中挂有各式邮票镜框，并附有简介，供爱好集邮的客人欣赏。另外，还有饭店以网络为主题或以书为主题，客人可以根据客房内的书单向服务中心借阅心仪的书籍。

### （三）不同类型和档次的客房

#### 1. 商务型酒店客房

商务型酒店的主要服务对象为商务人士而不是旅游度假的客人，商务型酒店的客房数量不多，但装修和设施较豪华，其中以标准间居多，适合前来参加会议的客人居住；

商务间也较多，配备了传真、复印机等商务设施，便于办公。某些大型商务酒店为了供公司在酒店召开会议等活动，还会配备设施齐全的商务会议中心、洽谈室和一系列商务办公设备。商务型酒店的商务设施齐全，一般高于三星级酒店。商务型酒店在地理位置、配备设施、服务内容、价格等方面都尽可能地为商务人士提供便利。

**2. 以接待会议为主的商务型酒店客房**

这种酒店以接待会议为主，服务对象是参会人员和组织会议的人员，客房以标准间居多，房间面积大多在 20 平方米左右，也配备一些高级套间。由于接待的客人大多是参加会议的商务客人，因此需要配套相应的商务设施。

**3. 风景区旅游度假酒店客房**

度假型酒店服务对象主要是休闲度假的游客，为游客提供住宿、餐饮、娱乐等多种服务，其中大部分是以家庭为单位的散客，房间设施舒适豪华，面积大部分在 25 平方米以上。酒店中数量最多的是标准间，可满足一般客人的需要。度假型酒店还设有高级客房，为客人提供舒适幽雅的居住环境，其水准高于一般标准客房。根据需要，有的酒店也设有商务客房，不仅满足了住客的基本要求，还更多考虑了商务人士的工作需要。一些大型度假酒店设有总统套房，服务于高消费人群。

**4. 五星级酒店客房**

五星级酒店服务对象范围广，客房类型多，主要有标准间、普通套间、豪华套间、商务间和总统套房，其中前三者为主要部分，商务间则因酒店的不同所占比例不同，总统套房数量很少。另外，五星级酒店对客房的要求标准更高，各项基本设施都有明确的要求。

### （四）按房间的位置和朝向划分

**1. 内景房**

客房的窗户朝向酒店内院，如背街房。

**2. 外景房**

客房的窗户朝向街道、公园、湖泊、大海等，视野开阔，景色宜人，如朝街房、城景房、园景房、海景房、湖景房等。

**3. 角房**

位于酒店楼层走廊的尽头。

**4. 连通房**

是可以不经走廊在两室之间自由往来的房型，房间由公共门连通，平时可作为一间房出租，旺季可以把门锁上，作为两间房使用。

**5. 相邻房**

是两间靠在一起，有公共墙，互不连通的房间。还有一种相邻房是两间离得很近，但没有公共墙，被称为 Adjacent Room。

## 二、床的种类

床是客人睡眠休息的家具，是客房内最基本、最主要的设施。客房内配备的床的种类、数量与确定客房的种类密切相关。目前，我国宾馆、酒店的用床还没有一个统一的尺寸标准，就算同类型的床，其大小规格也有较大的差异。

酒店通常配备如下几种床：

（1）单人床。

（2）双人床。

（3）大号床、双人床。

（4）特大号双人床。

（5）折叠床。

（6）婴儿床。

（7）沙发床。

（8）隐壁床。

为使客人在睡眠时更舒适，酒店用床的规格逐渐变大，单人床的规格一般为1.3 米 ×2 米，以宽床招徕客人。

## 三、客房的功能区

客房是客人住店期间的主要活动场所。客房应具备满足客人日常起居生活的各种功能，满足客人在客房内休息与工作等的需要。标准客房是酒店客房中最普通的一种类型，占酒店的比例最大。下面以标准房为例，对客房功能进行概述。

### （一）起居活动区

起居活动区亦称“窗前活动区”，它是标准客房的窗前区域。配置的起居家具是小圆桌（咖啡台）、扶手椅及辅助照明的落地灯，供客人会客、休息及阅读之用。此外，还兼有供客人饮食的功能，客人在此饮茶、进餐。同时，可以透过窗户眺望窗外景物等。窗前活动区面积的大小，也能反映一个酒店客房等级的高低。

### （二）盥洗区

客房的卫生间即盥洗区，它是酒店客房的主要组成部分。一般地，标准客房卫生间的主要设施设备有洗面盆、浴缸和坐厕三大件，俗称“三缸”。但在豪华酒店里和一些国际饭店里，卫生间里常设置四件卫生洁具（即浴缸、坐厕、妇洗器、洗面盆），其中妇洗器的设置，主要满足一些国家妇女的使用习惯。洗面盆装在大理石（云石）台面上称洗面台。洗面台上方墙壁装有大型的梳妆镜，台面摆放着供客人使用的卫生清洁和化妆用品。洗面台两侧的墙壁上分别装有不锈钢的毛巾架，须刨、电吹风等小电器的电源插座以及卫生间电话。与浴缸配套的设备用品有淋浴喷头、防滑扶手、浴帘、浴巾架和晾衣绳等，卫生间内还设有通风换气装置和泄水的地漏。

酒店的等级越高，盥洗区的面积就越大，酒店在里面提供的物品设置就越多，一个功能齐全、精致美观、大方实用的卫生间，会使客人的心情格外愉快。

### （三）睡眠休息区

这是客房最基本的功能空间区域。区域里配备的主要家具是床。床应该稳固、美观，令客人睡眠舒适。床头柜是与床相配套的家具用品，它也是整个客房电器设备操作的枢纽，向客人提供在床上控制各项电器设备的舒适条件，它能方便客人放置小件物品，更能方便客人享用房内的其他设备设施，如开启电视、收听音乐、关闭电灯等。床头柜功能多少，在某种程度上反映出酒店客房的等级。

### （四）贮物区

贮物区一般安排在卫生间的对面，进出客房的道旁。该区的家具设施有：壁柜、行李柜和酒吧柜。供客人存放衣物、行李和为客人提供被子、浴衣以及酒水、饮料等物品。为节省空间，壁柜门多做成推拉式，柜内有自动开关的照明用灯，以方便客人存取物品，为方便客人，柜内通常配置电子密码保险箱，酒吧柜通常与壁柜组合在一起，上半部分是玻璃酒架，下半部分为小型冰箱柜，构成微型小酒吧，摆放各种名酒和饮料食品，以满足客人对酒类、饮料及食物的需要。

### （五）书写阅读区

标准客房的书写空间大都安排在床的对面，这里放置写字台（兼做办公台）、软座椅，台面上有台灯、文具夹，如果不设独立电视柜的客房，彩色电视机则放在写字台一侧的台面上。在该处的墙壁上一般装有梳妆镜和镜前灯。客人在此既可以书写阅读，也可以梳妆打扮。

## 【徒弟记忆】

1. 客房的种类；
2. 床的种类；
3. 特殊客房；
4. 客房的功能区。

## 【师傅指点】

对于以下几种状态的客房，客房部在查房时，应多加注意并及时与前厅部联系。

1. 外宿房

客人办理了入住登记手续，但外出没有回酒店住宿。前厅部工作人员做好记录之后通知大堂副理和客房部，请大堂副理双锁客房，客人返回时，再为客人打开房门，客房部服务人员平时应多加关注此类客房的安全问题。

2. 保留房

也叫管制房，提前将某几间客房管制起来，这些房间在指定期间留给特定的客人，不再安排别的客人，别的客人需要使用这些客房时只能在管制开始或结束后的日期才能安排。主要用于对会议、团队或重要客人进行排房，满足他们对某种房型、房号的偏好或特殊要求的安排。

3. 双锁房

即客人从房间内双锁客房，服务员使用普通钥匙是无法打开房门的，很多时候是客人防止被打扰才从房内双锁客房，对这类房间，服务员要加强观察和定时检查，防止客人出现意外。

4. 无行李房和少量行李房

酒店要对没有携带行李或携带少量行李的客房进行监管，密切关注这类房间客人的签单消费情况，防止出现逃账情况。

5. 请勿打扰房

为免受打扰，客人会亮起房门口的“请勿打扰”灯，或在门把手上挂上“请勿打扰”牌，这时，服务员是不能进入客人房间提供服务的。超过酒店规定时间，总台或客房部会打电话与客房联系，以防止客人发生意外，确保客人安全。

## 【徒弟操作】

1. 徒弟关于特殊客房的建立提出自己的看法；

2. 徒弟对客房的种类进行自己的归类整理，根据酒店的实际情况，提出自己的看法。

# 任务二　客房用品

## 【师傅讲授】

## 一、客房用品的种类

客用品又称日常客房用品，主要为客人日常生活中所必备的生活资料。酒店客房用品主要有床上用品、卫生间用品、文具宣传用品、装饰用品以及其他用品。

### （一）按消耗分类

**1. 一次性消耗品**

客用消耗物品主要是指供客人在住店期间使用消耗也可在离店时带走的物品。此类物品价格相对较低、易于消耗。所以，也有人称之为客用低值易耗品，如火柴、茶叶、信封、信笺、肥皂等。

**2. 多次性消耗品**

客用固定物品是指客房内配置的可连续多次供客人使用、正常情况下短期内不会损坏或消耗的物品。这类物品仅供客人在住店期间使用，不可消耗，也不能在离店时带走，如布草、杯具、衣架、水瓶、文具类等。

### （二）按用途分类

**1. 洗漱用品**

浴巾；面巾；方巾；香皂；浴液；洗发液；牙刷；牙膏；漱口杯；浴帽；梳子；拖鞋……

**2. 床上用品**

床罩；床单；软垫；衬垫；枕芯；枕套；毛毯；备用毛毯……

**3. 卫生间用品**

地巾；卫生纸；卫生袋；垃圾桶；浴帘；洗衣袋……

**4. 文具用品**

文具夹；信封；信纸；圆珠笔……

**5. 服务提示用品**

服务指南；电话使用说明；住宿须知；电视节目表；价目表；客人意见表；防火指南；提示牌；挂牌，分别有“请勿打扰（DND）”“请打扫房间”“请勿在床上抽烟”等标志牌；洗衣单……

**6. 饮品、饮具**

茶叶；热水杯；暖水瓶；凉水瓶；凉水杯……

**7. 其他用品**

衣架；烟灰缸；火柴；擦鞋纸；纸篓（放置于卧室内）；针线包……

## 二、客房用品的配备

客房用品的配备是酒店星级划分的依据。不同星级酒店及不同种类的客房，设备用品的质量和数量有较大的差别。高档酒店客房用品配备应显华丽名贵，且用品种类繁多；中档酒店的客房用品要求既精致、美观，又适度实用；低档次酒店客房用品较简单，只求实用、方便和安全。不同档次和种类的客房，虽然设备物品的配备标准规格不同，但提供给宾客使用的设备物品必须完好齐全。

现以某高档酒店标准客房为例，将客房用品布置标准列举如下。

### （一）房间用品布置标准要求

（1）门内锁把上挂有“请勿打扰”“请先打扫”“送餐服务”，房门内上部中间挂有“紧急疏散图”，房外上部中间钉有房号牌。

（2）壁柜。两床带被套的被子放置壁柜上层，下层的挂衣杆上备有西服衣架、裤架、裙架各 4 只，均集中在挂杆一侧，壁柜内放置一小型电子密码的保险箱，以方便客人存放贵重物品，如饰物、现金、重要文件等。靠壁柜端一侧是固定式的行李架，其下方是贮存柜。

（3）多用写字台，是一长条形多功能柜桌，其一侧台面上放电视机，遥控器位于电视机上面，下方柜内是放置各种饮料食品的小冰箱，被称为“小酒吧”。台面另一侧上方放置台灯，台面的中间放文具夹（服务指南夹），夹内有：酒店简介、服务指南、送餐服务指南、防火须知、安全指南、住客须知、电视节目单、设施价格表、宾客意见书、酒水单、信封 2 只、信纸 4 张、电传纸 2 张、明信片 2 张、圆珠笔、针线包 2 盒，写字台其中一个抽屉内放有洗衣单和洗衣袋，礼品袋置于左侧，单在上，袋在下。写字台因可兼做化妆台，所以在墙面上设置梳妆镜，镜上两侧安装镜前灯。

（4）废物篓。置于写字台一侧，内置垃圾袋。

（5）小圆桌、扶手椅。小圆桌（咖啡台或茶几）置于两扶手椅（或沙发）中间。桌面放置热水瓶、茶杯及垫碟（或垫纸）、茶叶包、烟灰缸和火柴。摆放位置标准按会客服务要求布置，热水瓶要放在桌面里侧。扶手椅旁边配置辅助照明用的落地灯。

（6）床与床头柜。床上质量要求是床垫有适度的弹性、牢固，在床头有床头软板，以增加舒适感。床上所用布巾：每床有床罩 1 条、毛毯 1 条、枕芯 2 个（大床 4 个）、床单 2 条、褥垫 1 条。床头柜（多功能控制柜）置于两床中间，电话机在柜面左侧，电话机下压有电话使用说明，晚安卡放在柜面右上侧，便签夹、纸笔在右下侧，摆放位置要均匀。床头柜内摆放一次性拖鞋 2 双，分置两侧，鞋拔 2 个，亮鞋器或擦鞋纸 2 份，置于中心位置。床头柜的上方配备可调控光亮度的床头灯 2 盏。

总的来说，客房用品要求卫生、整齐、美观、位置正确、适用。既方便客人，又方便客房服务员的服务操作。台面用品布置要求高，原则上高物、后用的物品宜摆放在里；低物、先用的物品宜摆放在外。

### （二）卫生间用品的布置标准

（1）洗脸台。长方盘或方盘离墙面 5 厘米摆放。盘内物品有：洗发液、洗浴液、淋浴液、牙膏、牙刷、梳子、小香皂、水杯、杯垫等。盘内物品摆放间距上下 1 厘米、左右均匀，物品距盘边 1 厘米。另外，方巾 2 条、面巾纸 1 盒置洗脸盆两侧，位置匀称。

洗脸台一侧墙壁的巾架上置放有酒店标志的面巾、毛巾。所有的卫生用品和巾类均按两个客人的用量配备两套。

（2）废物篓。摆放在洗面台下一侧（内置垃圾袋）。

（3）抽水马桶旁。卫生纸 1 卷、妇女卫生袋 1 只置水箱上。

（4）浴缸。侧面墙壁巾架上大浴巾 2 条、面巾 2 条，挂放整齐均匀，店徽面向客人。正面墙壁的皂缸内 2 块浴皂商标朝上放置。浴帘整齐地拉至浴缸尾部，地脚巾一条置于浴缸边沿上，店徽朝向客人。

客人一般对卫生间都非常重视，即使客房陈设再简朴，卫生间也不能寒酸；酒店档次再低，卫生条件也不能降低，要让客人在现有条件下尽量满意。

## 三、客房用品配备规格

客用品配备的基本特征是一次性、一客一用、一天一换。

### （一）统一标准

#### 1. 毛巾

毛巾基本要求以白色全棉为标准，素色则以不褪色为标准。质量上要求符合无色花。

#### 2. 枕套

枕套以全棉、白色为主，做到布面光洁，无明显疵点及污损，规格则应与枕芯相匹配。

#### 3. 备用棉被

备用棉被要求采用优质被芯，以保证柔软舒适，无污损，有较强的保暖性能。

#### 4. 床罩

床罩应做到外观边缘整洁，线形均匀，无断线，无污损，不起毛球、不褪色，经过阻燃处理，夹层可采用定型棉或者中空棉。

5. 毛毯

毛毯以素色为主，手感柔软，无污渍，具备较强的保暖性能，要经过阻燃、防蛀处理。规格尺寸要与床单相匹配。

6. 香皂、牙膏

香皂要求香味纯正、组织均匀、色泽一致，图案及字迹清晰，无粉末颗粒与软化腐败现象，并保证在保质期内，质量符合相关规定。

7. 浴衣

浴衣以棉制品为主，要求达到柔软舒适、保暖性好的标准。

8. 漱口杯

漱口杯为玻璃或陶瓷制品，要求形态美观端正、杯口圆润、内壁平整。每日清洗消毒并用杯套封好。

9. 衬垫

衬垫要求具备良好的吸水性能，能够有效防止污染物质的渗透，并且能与软垫很好地相固定，可采用定型棉或者中空棉。

10. 牙刷

刷毛以尼龙丝为主，要求洁净柔软、齐整，刷头、刷柄光滑舒适，有一定的抗弯性能；标志清晰，密封包装，印有中英文店名及店标。禁止使用聚丙丝等对人体有害的材料，技术指标应符合相关规定。

### （二）依据酒店级别而定的配备标准

1. 浴巾

（1）一、二星级：规格至少为 1200 毫米 ×600 毫米，重量至少为 400 克。

（2）三星级：规格至少为 1300 毫米 ×700 毫米，重量至少为 500 克。

（3）四、五星级：规格至少为 1400 毫米 ×800 毫米，重量至少为 600 克。

2. 面巾

（1）一、二星级：规格至少为 550 毫米 ×300 毫米，重量至少为 110 克。

（2）三星级：规格至少为 600 毫米 ×300 毫米，重量至少为 120 克。

（3）四、五星级：规格至少为 700 毫米 ×350 毫米，重量至少为 140 克。

3. 方巾

（1）一、二星级：规格至少为 270 毫米 ×270 毫米，重量至少为 35 克。

（2）三星级：规格至少为 300 毫米 ×300 毫米，重量至少为 45 克。

（3）四、五星级：规格至少为 320 毫米 ×320 毫米，重量至少为 55 克。

4. 地巾

（1）一、二星级：规格至少为 650 毫米 ×350 毫米，重量至少为 280 克。

（2）三星级：规格至少为 700 毫米 ×400 毫米，重量至少为 320 克。

（3）四、五星级：规格至少为 750 毫米 ×450 毫米，重量至少为 350 克。

5. 软垫

（1）一、二星级：规格至少为 1900 毫米 ×900 毫米。

（2）三星级：规格至少为 2000 毫米 ×1000 毫米。

（3）四、五星级：规格至少为 2000 毫米 ×1100 毫米。

6. 床单

（1）一、二星级：纱支至少为 20 英支，经纬密度至少为 60 根 /25.4 毫米 ×60 根 /25.4 毫米，长度和宽度宜大于软垫 600 毫米。

（2）三星级：纱支 20 英支以上，经纬密度至少为 60 根 /25.4 毫米 ×60 根 /25.4 毫米，长度和宽度宜大于软垫 700 毫米。

（3）四、五星级：纱支至少为 32 英支，经纬密度至少为 60 根 /25.4 毫米 ×80 根 /25.4 毫米，长度和宽度宜大于软垫 700 毫米。

7. 枕芯

（1）一、二星级：规格至少为 650 毫米 ×350 毫米。

（2）三星级：规格至少为 700 毫米 ×400 毫米。

（3）四、五星级：规格至少为 750 毫米 ×450 毫米。

8. 洗漱用品的包装

（1）一、二星级：简易包装，或者以简易容器盛放。

（2）三星级：精致包装，印有中英文店名及店标，或者以精致容器盛放。

（3）四、五星级：豪华包装，印有中英文店名及店标，或者以豪华容器盛放。

## 四、减少客房用品流失的措施

客用品是酒店正常运转的物质基础。客用品的流失会严重影响酒店的经营管理，扰乱酒店秩序，不利于酒店声誉及经济效益的提高。

### （一）客用品流失的原因

（1）一次性购入量太大，造成物品过期不能使用。

（2）服务人员清洁房间时为了省事，将一些客人未使用过或用过但可以回收再利用的消耗品与垃圾一同扔掉。

（3）服务人员利用工作之便，经常将客用品带走以供自用或者提供给他人使用。

（4）客人在服务人员做房时顺手牵羊，从工作车上带走部分客用品。

### （二）减少客用品流失的措施

1. 严格把关

实行领班责任制。客用品使用多是在楼层进行的，而客用品的使用、定额标准的掌控，主要责任在领班。因此，客用品的领用、保管、发放、汇总以及分析等工作都要在领班的严格掌控下进行。同时，领班应做好员工的思想工作，提高员工的节约意识，并通过现场指挥来督促减少客用品的浪费。

**2. 奖罚分明**

年末进行全年工作总结，根据客用品消耗定额、年初预算以及执行情况来落实奖惩政策，对工作积极、客用品使用管理成效突出的员工加以奖励，严厉惩罚浪费、假公济私的员工。通过奖惩，增强员工的职业道德和节约意识。

**3. 加强监督**

（1）服务人员需做好客用品的领取、使用记录，以便于统一考核、审查。

（2）与保安部配合，做好对员工上下班以及员工更衣柜的检查工作，严把监督关。

（3）服务人员在做房间卫生时，必须将工作车停放在客房门口，以便于监督管理。

**4. 完善客人使用中的监督与管理**

（1）客人入住前、退房时对客房内日常用品做好检查工作，对某些因客人疏忽造成的客用品损坏要求其折价赔偿。

（2）对节约意识强的客人从价格上给予优惠奖励，如未开封的洗漱用品、卫生用品按价格给客人以补贴，不仅能够很大程度上减少客用品的流失，还能提高酒店的声誉，增加客源量，为酒店的长远发展奠定基础。

**5. 实现物品循环再利用**

物品回收再利用是指将废物直接作为产品或者经过修复、翻新或者再制造后继续作为产品使用。从酒店效益上来看，对可回收再利用的物品进行循环使用，有利于酒店成本的降低，为酒店效益的增加奠定了物质基础。酒店客用品的循环再利用，不仅能物尽其用，还能促进社会资源的优化配置，利国利民。

因此，客房部应采取有效措施实现客用品的循环再利用。例如，对梳子、浴帽、擦鞋布等一次性消耗客用品，客房服务人员在清理房间时，需按是否可回收对“垃圾”分装处理。梳子、浴帽等应收集带回，由酒店统一运回制造商再利用。对床上用品等多次消耗品更应该注意回收再利用。

## 五、客房用品日常管理

客房中所配备的日常生活用品与客人的生活、安全密切相关。酒店内客用品的管理，是指对酒店客房内各种基础设备、用品进行经营活动所必需的采购、储备、保养以及使用等一系列工作的组织管理。

客用品的日常管理是客房部员工赖以从事客房商品生产的物质基础与技术保证，不仅反映了酒店的等级、规格，而且直接影响着客房部营业费用的多少与经济效益的高低。因此，做好日常用品的管理对酒店声誉的提高、客源量的增加尤为重要。而酒店客房用品种类繁多，必须采取科学的方法做到高效合理管理。

## （一）制定预算

客用品预算是指对客用品的采购、控制、使用所做的评估，是客用品管理的重要任务之一。通过制定合理的客用品预算，能够有效控制客用品的成本，提高酒店的经济效益。

制定预算的原则如下。

（1）区分轻重缓急。在制定预算时，所有预算项目都必须区分轻重缓急。一般遵循来月、来年必需用品优先采购的原则，辅之以客房装饰等其他非生活必需品的采购计划。

（2）坚持实事求是。制定预算时必须根据客房的实际状况与经营需要来确定避免虚报预算金额而造成客用品的浪费，保证酒店资金的良好运转。

（3）充分沟通协商。一般情况下，客房部负责整个酒店客用品的配备工作，因此，客房管理人员必须与内部员工进行沟通，了解本部门的实际所需，协商确定预算定额。

## （二）科学采购

### 1. 采购程序的设计

客房部每年都要编制年度预算，包括客房客用物品的预算。客房部应按预算的经费及项目制订采购计划。计划中要写明物品的种类、质量、规格和数量等采购要求。采购部接到采购计划后，应在广泛的市场调研基础上，对各供应商提供产品的质量和价格进行比较，经过初步筛选后，至少报出 3 家供货商，并要求他们分别提供试用样品。经客房部试用、比较后，再从中选定供货商。有条件的酒店可采用公开招标的方式：经过充分的市场调研后，设计招标书，明确每种物品的标准，向社会公开招标，经投标单位竞标比较，最后选定供货商，签订供货协议。如果是属于连锁集团的酒店，应统一采购，以降低费用。

### 2. 采购质量的控制

客房部在采购计划中要对物品的种类、规格、数量和质量等提出明确的要求。总的来说，客用固定物品的采购要求是牢固、实用，既方便客人使用，又便于清洁保养；客用消耗物品则要求实用、美观，方便使用，利于环保。采购前应要求供应商提供样品，如床单，可将供应商提供的样品反复洗涤，看其是否能够达到供应商所承诺的耐洗次数。如果决定购买此产品，应将样品封存。采购的物品进货时必须严格验收，查验品名、规格、质量、数量和价格，并与封存样品核对，若不符合质量要求，应作退货处理，并追究责任。

### 3. 采购数量的控制

各类客房客用物品应有一定的存货量，存货量过多，占用资金和库房，并增加保管费用和物品损耗量；存货量太少，则影响客房正常运转。酒店应在保证客用物品正常周转使用，并考虑到各种意外因素的基础上，科学合理地决定各类客用物品的存货量。通常，酒店总库房应备足三个月的存量，客房部库房应备足一个月的存量。

## （三）合理使用

### 1. 发放控制

（1）时效性控制。对客用品发放前，相关部门应依据各楼层小仓库的配备量、楼层的消耗量等实际情况确定发放时间。

（2）精准性控制。领取客用品前，楼层服务人员应先统计本楼层的消耗量与小仓库现存量，再按照楼层小仓库的配备标准拟订领取计划，按需领取。

### 2. 消耗控制

（1）一次性客用品消耗控制。对于仅限一次性使用的客用品，其定额的确定要根据一张床的配备来确定每天的消耗量，根据客房总数、客房类型以及年均开房率来确定年均消耗定额。

（2）清洁用品消耗控制。客房清洁保养所需物品也属于客用品的范畴。清洁用品消耗定额的控制需要根据历史统计资料来确定单项物品所需量，进而控制使用总量。

### 3. 正确使用

（1）责任到人。无论是客用品的领取与使用，还是其储存和配置，都要由专人负责，经过一系列手续之后方可使用。做到谁用谁管，避免责任不清、互相推诿，进而导致客用品的大量浪费、流失，影响酒店效益。

（2）减少流失。在客用品的日常管理中，要严格控制使用中的非正常消耗，减少浪费与流失。

（3）合理使用。酒店员工在对客用品的使用过程中，不仅要增强节约意识，减少因使用不当而造成损耗的现象，还要有成本意识，对各种有价值的物品积极进行回收再利用。

## （四）做好统计分析

### 1. 制订计划

制订计划主要包括制订预算计划、采购计划与消耗计划，并且形成一个书面条例，配合以管理控制的奖惩制度，科学有效地控制客用品的消耗。

### 2. 每日统计

客房服务人员每次做完房之后，需对主要客用品的消耗加以统计并上交领班，最后由客房中心文员汇总客房部客用品的耗用量。

### 3. 定期分析

客房部每月需对客用品的消耗量做总体分析，为酒店今后的费用开支控制提供基础信息。

## 六、客房客用物品的保管

做好客房客用物品的保管，可以减少物品的损耗，保证周转。良好的库存条件及合理的物流管理程序是做好客房客用物品保管工作的两个必要条件。

### （一）良好的库存条件

（1）加强库房安全管理，做到“四防”，即防火、防盗、防鼠疫虫蛀、防霉烂变质。

（2）货架应采用开放式，货架与货架之间要有一定的间距，以利通风。

（3）库房要保持清洁、整齐、干燥。

（4）进库物品要按性质、特点、类别分别堆放，及时码垛。

### （二）合理的库房管理程序

（1）严格验收。

（2）分类上架摆放。

（3）定期遵循“先进先出”的原则，应经常检查在库物品，发现霉变、破损应及时填写报损单，报请有关部门审批。

（4）严格掌握在库物品的保质期，对即将到期的货物应提前向上级反映，以免造成不必要的损失。

（5）进出货物及时填写货卡，做到“有货必有卡，卡货必相符”。

## 七、客房客用物品的领发

客房客用物品需定期领用发放，做到满足客房运转需要，省时省力，减少领发环节及损耗。通常根据楼层小仓库的配备标准和楼层消耗量来领放，规定领发的时间，一般是一周领发一次，并规定领发日。这样不仅使领发工作具有计划性，方便中心库房人员的工作，还能促使楼层工作有条不紊，减少漏洞。在领发之前，楼层服务员应将本楼层小仓库的现存情况统计出来，按楼层小仓库的规定配备标准提出申领计划，填好“客房物品申领表”，由领班签字。中心库房在规定时间内根据“客房物品申领表”发放物品，并凭“客房物品申领表”做账。

## 八、客房设备用品管理的意义

### （一）保证了客房商品经营活动的正常进行

客房商品通过提供客房、客房内的设备用品及客房服务等要素来满足宾客的需要，如果客房设备用品处于损坏状态，客房商品的价值就会受到损失。因此，保证客房内设备用品的完好状态，为宾客提供基本的客房住宿条件，是客房设备用品管理的最基本意义。

### （二）提高了客房服务水平的载体

客房服务质量不仅体现在服务态度及服务技能上，还体现在客房设备用品的使用上，没有客房设备用品，客房服务员的许多服务就无法提供。

### （三）提高了饭店的经济效益

客房内的设备用品都需要花费一定的费用购置，在酒店运转过程中，这些设备用品会不断地折旧、损坏，如果客房设备用品管理工作做得不到位，就会加速设备用品的折旧和损坏，增加饭店运转的成本；而良好的客房设备用品管理工作，则可以在保证服务水平的前提下，减少浪费，降低能源消耗，节约成本，提高经济效益。

## 九、客用物品配置的指导原则

### （一）利于环保

环境保护已经成为全人类的共同任务，酒店应尽可能选用有利于环保和可再生利用的客用物品，如配置固定的可添加涂体肥皂的容器，将容器分别安装在洗脸台上方和浴缸上方墙面，客人用多少按压多少，既方便了客人，又减少了浪费。

### （二）宾客至上

客房客用物品的配置必须满足客人日常起居生活的需要，充分体现“宾客至上”的原则，做到实用、美观、方便，如配备针线盒时，在针线盒中加上一枚小别针，可供客人应急时使用，将不同颜色的线穿好在针眼内，可免去客人“穿针引线”之累；再配上一把小剪刀，更体现了事事处处为客人着想、方便客人的服务精神。

### （三）效益为本

在满足客人实际需要用品的前提下，客房客用物品的配置要以“效益为本”，考虑投入与产出的关系，尽可能选择价廉物美的产品，以降低客房费用，如小闹钟是多数欧美旅客所喜欢的用品，客房内配置使用电池的小闹钟，一定会受到客人的欢迎，其费用也不高。

## 【徒弟记忆】

1. 客用品的种类；
2. 客用品日常管理；
3. 减少客用品流失的措施；

4. 客用物品配置的指导原则；

5. 客用物品的保管。

## 【师傅指点】

客中发放免费物品程序：

1. 分发报纸

（1）每天由礼宾部人员将报纸派送到客房中心。

（2）由客房中心人员根据房间数折叠好报纸份数。

（3）由中班服务员到客房中心领取相应的报纸，进行房间派送。

2. 夜床赠品

（1）客房中心根据客情、接待档次发放夜床赠品，并督导服务员落实登记和签字。

（2）客房中心根据服务员的工作报表，将夜床赠品数量登记到电脑表格中，月底做好统计工作并上交部门总监。

（3）客中根据结存数量，开领料单安排领取。

（4）客中根据早班回收的夜床赠品数量做好登记，月底做好统计工作上交部门经理。

3. 欢迎茶水

（1）客中当服务员需要领取个性化服务用具、饮品、物品等时必须让领取人落实签字。

（2）客中将领取的数量、房号、姓名、服务人员等做好登记。

（3）客中根据结存数量，开领料单安排到仓库领取。

（4）月底汇总后上交部门总监。

4. 夏季除蚊用品

（1）客中根据客情将蚊香片发放给中班服务员，并让服务员做好登记和签字工作。

（2）蚊香液必须用空瓶更换。

（3）客中根据结存数量，开领料单安排到仓库领取。

## 【拓展提高】

案例陈述：7月的一天下午5点左右，客房一名清扫员下班后在员工通道警卫室接受验包时，查出夹带客房用品，警卫室人员当即扣下物品，记录当事人所在部门和姓名。保安部经理及时把情况反馈给该员工部门经理。客房部经理查看实物，询问经过后当即做出决定，辞退该员工，以示纪律的威严。

案例评析：新员工入职时要经过入职培训，合格后方能上岗，其中新员工学习内容之一就是《员工手册》。《员工手册》中有规定：员工上下班必须从员工通道进出宾馆，员工进出宾馆应主动出示携带物品，员工携带宾馆物品外出，应有部门签发的通知单并主动出示物品和证件，如手续不全，保安人员有权扣留。没有规矩不成方圆，保安部员工严格按照宾馆的规章制度，对下班员工进行验包，发现问题及时反馈，客房部纪律严明，做出严肃处理，给员工起到警示的作用。

# 任务三　客房设计与装修

## 【师傅讲授】

### 一、客房设计的理念

客房产品设计更多是为了让客人能够有个良好的住房环境。作为客房管理人员，除了掌握部门日常运营与管理的基本知识和技能之外，还必须树立正确的客房产品设计理念，把握好科学的设计原则。同时，及时了解客房产品的流行格局，研究客房装潢用料、家具及其他装饰品的创新趋势，只有这样，酒店才能规划设计出受顾客欢迎的客房产品。

客房产品设计内涵非常丰富，包括在产品设计中如何体现酒店宾客至上的服务理念，如何营造酒店的文化氛围、凸显酒店的特色，如何确立客房档次和风格，如何选择客房的设施设备和用品，如何设计客房的室内环境等。一般酒店客房产品的设计，主要是指客房硬件设施与装饰设计方面，具体包括客房功能设计、客房类型设计、客房设施设备及用品配置、客房室内设计与装饰等内容。客房装饰布置是客房设计的延续和深化，它必须体现出以下理念。

#### （一）宾客至上的理念

客房设计必须充分体现人性化理念，坚持以人为本，提倡亲情化、个性化、家居化。通过细小环节向客人传递感情，努力实现饭店和客人的情感沟通。

#### （二）具有特色的设计理念

客房是酒店重要的部门，也是与客人联系最密切的部门之一。酒店如果脱离了客房，一切运作都将失去意义。可以说除了前厅以外，客房是酒店给客人留下第一印象的主要场所。随着社会的发展和科学技术的进步，酒店行业也得到了快速的发展，同时也使得酒店市场竞争越来越激烈。因此，如何根据自身的实际情况，通过对自有的特色进行创新，增强自身的市场竞争力，是酒店经营管理者们需着重考虑的问题。特色和创新是客房产品生存和发展的必然趋势。客房产品的创新首先就应在规划设计阶段以“个性化”为导向，树立“人无我有，人有我新，人新我优，人优我变”的设计理念。

### （三）充分实用的理念

饭店客房的功能设计必须考虑不同客人的需求特点，不仅要适合不同客人的使用，还要方便饭店的经营管理。

### （四）超前理念

超前性就是在设计时要做统筹考虑，一方面考虑到原材料的绿色环保性，另一方面又要体现时尚性。要有超前的眼光，要引领潮流，充分考虑到饭店的发展趋势，根据预测做出超前的设计，避免重复投入。

### （五）有利于酒店服务与管理的设计理念

客房设计具有完整、丰富、系统和细致的内容，客房设计并非只是设计师的工作，作为酒店管理者也必须参与进去，从酒店运营的规律和客房产品的质量要求出发去分析问题、理解问题，只有这样才能营造出为客人提供至尊服务的客房产品。同时，随着时代与技术的进步，酒店面临着不断变革与创新的需求，因此，在客房设计上也必须既体现创新与特色，又有利于酒店服务与管理的原则。

## 二、客房设计的原则

### （一）健康原则

环境是直接影响客人健康的。噪声公害危害人的听觉健康，照度不足影响人的视觉健康，生活在全空调环境内，会因新风不足、温湿度不当而损害客人的健康。因此，客房产品的设计必须遵循健康原则，重视客房环境的隔声、照度及空调设计。另外，客房装修后建筑材料带来的污染问题也不能忽视。

#### 1. 隔音

客房常处于多种噪声之中，噪声的来源主要有客房内部与外部两个方面。客房内部主要是由于设施设备运行和使用过程中产生的各种噪声，如空调器、淋浴、上下水管流水及冰箱等；客房外部主要是指来自酒店内外部的各种噪声，如来自窗外的城市环境噪声，来自酒店空调机房、排风机房及其他公共活动用房的噪声，来自隔壁房间的声音，来自客房走廊如房门的开关，走廊里工作车的推动、吸尘器的声响以及客人与服务员谈话等。

上述可能出现的噪声，在客房设计时都应提前考虑并加以控制，以保证客人能得到良好的休息。

**2. 照明**

客房是客人在酒店逗留时间最长的私人空间。客房照明设计的主要出发点是要营造客房“家庭”般的温馨，因而客房的照明要以宁静、温暖和亲切为基调。客房照明艺术以灯光处理为主，基本功能要求照度适当，使客人与服务员都看得清、看得舒服且不费劲、不刺激。

**3. 温控**

温控上要解决客房室内温度和新风供应等问题。能使人的体温调节功能处于最低活动状态的环境，就是令人舒适、愉快的环境。现代酒店为了克服多变的气候带来的不舒适感，多数采用人工气候，即采用酒店空调系统来保持一定的温度、湿度和气压，以保证客人的健康。

**4. 空调温度、湿度设计标准与室外气候有关（各国均有国家规范）**

我国旅游酒店星级划分与评定标准对此也有具体明确的规定。由于空调系统大量耗用电能、热能或冷能，因此，各酒店应根据我国国情及酒店的实际情况设计不同的空调参数。新风量是空调设计中的另一个重要问题，实际上是解决二氧化碳浓度的问题，同时还可以减少建筑装修带来的污染。

### （二）安全原则

安全性是“舒适、健康、效率”的前提。酒店客房的安全总是主要表现为治安、防火和保持客房的私密性等方面。

**1. 治安**

酒店客房治安的重点是加强门窗的安全控制。在门窗设计时既要考虑酒店整体建筑风格、通风采光、客房节能减耗、保护客人隐私的需要，还必须考虑安全的需要。如窗户的设计要考虑大小尺寸、形状，并要配备合适的窗帘装饰；房门配备电子暗码锁及其相匹配的电子磁卡钥匙、房门闭合报警装置。同时客房若配备其他各种安全设施必须加以周密的设计。

**2. 防火**

根据资料统计，城市公共建筑中以酒店的火灾率最高，造成死亡人数也很大。酒店火灾很大比例是因为客人在床上吸烟引起的。客房空间小，失火易充满烟雾而使人窒息。因此，客房产品设计的安全原则首先要把重点放在预防火灾上。

**3. 客房私密性**

酒店客房是客人住店期间的私人场所，要求安静，不受人干扰。因此，在设计时应采取一些手法提高客房的私密性，以提高宾客的心理安全感。如走廊上客房房门错开设计，也可采取葫芦形走廊的手法，拉大客房门之间的距离，使客房门前形成一个较安静的空间。

### （三）舒适原则

客房是客人休息的场所，是客人在酒店停留时间最长的地方。因此，客房的舒适性也就成为酒店客房设计追求的主要目标。“舒适”由无数主观评价合成，不像声音、温度那样有具体的测定数据。来自不同国家、地区的客人，因各自生活习惯、民族宗教习俗不同，对客房舒适性的主观评价也不同。因此，在客房空间设计、家具与装修创造以及现代设备提供等方面的舒适感上，均需要以住店客人的习惯进行设计。

### （四）功能和效益相结合原则

客房产品设计的好坏，不仅会影响客房服务质量，还会直接影响客人的心理感觉，并最终影响客人对整体服务质量的评价。因此，在进行客房设计时，应充分考虑建筑空间的处理，家具的制作、摆放，工艺品、电器的选择，以及照明的辐射范围等。但是客房的设施也不能盲目地追求功能上的豪华和完善，应该根据酒店的目标市场和档次，灵活地把客房的实用性和功能结合起来，兼顾酒店实际的经济效益，努力做到经济实惠。

### （五）文化与时代精神相统一原则

中国是有着悠久历史文化的国家，不同的地区和民族，都有着各自不同的历史、文化背景和独特的风土人情，同时也包括民族特色、地方风格、乡土气息等，往往一幅画、一幅剪纸、一个泥塑等都能体现不同的文化内涵。如果客房产品的设计能适当地融入一些文化元素，那么酒店便会更加富有精神魅力，就更会体现出客房产品的文化底蕴和品质。当然，文化也不是一成不变的，它必须在发展中才更有其应有的意义和价值。如今，人们的生活观念、行为方式以及科学技术的迅猛发展都发生了很大变化。酒店的客房产品设计必须把时代特征和文化特色相统一，才能更符合不同顾客的需求。

文化和时代精神是客房设计中对立与统一的两个方面，过分强调或忽视任何一方面都是不可取的。在当今旅游客源成分日益复杂和市场日趋大众化的情况下，创造具有中国特色和时代精神的客房产品设计就显得尤为重要。

## 三、客房设计与装修

客房的设计包括客房走道设计和房间设计。

### （一）房间走道设计

客房走道的设计要营造一种安静安全的气氛。走道的门应凹入墙面，凹入的地方以使客人开门驻留时不影响其他客人的行走为宜。灯光要适度，要柔和并且没有眩光。可以考虑采用壁光或墙边光反射照明。在门的上方最好设计一个开门灯，而使客人感觉服务的周到。客房走道地面、墙面要选用使用寿命长和易于维护的材料。有的新酒店营业不到半年，地面、墙面就旧了、脏了，除了清洁管理的原因之外，主要是设计选材不当造成的。客房的走道要选用耐脏、耐用的地毯；墙边的踢脚板可以适当地做高一些，以免行李推车的边撞到墙纸；有的酒店客房走道甚至还设计了防撞的护墙板，也起到扶手的作用。如此，既防止使用过程中的无意损坏，也为老年人提供了行走上的方便。现在流行不压角线的施工工艺，墙面的墙纸和天花直接连接。但是这样设计会产生一些问题：墙与天花乳胶漆的收边，时间长了，会因为热胀冷缩程度的不同而产生裂痕。若一定要如此设计，可以在墙纸与天花交接处做凹入 1.2 厘米左右的缝。天花板不宜做得太复杂，空高要适度，一般应低于 2.6 米、高于 2.1 米。客房入口门上的猫眼不宜太高，要考虑身材不高和未成年人的使用因素。

### （二）房间设计

#### 1. 房间入口的通道设计

设计房间入口通道要注意以下几个问题。

（1）地面最好使用耐水耐脏的材料。因为客人在开着卫生间的门冲凉或洗手时，水会溢出或由洗浴客人带出。

（2）衣柜门的轨道要选用铝质或钢质材料，不易变形，避免在拉动时产生噪声。

（3）保险箱位置要合理、高度要合适，以客人完全下蹲能使用为宜，不要设计成客人弯腰使用的高度，不然客人会感到疲累。

（4）穿衣镜最好设计在卫生间门边的墙上，不要设在门上，因为镜子会增加门的重量，使门的开启显得不那么轻巧，时间长了，也会导致门变形。

（5）目前比较普遍的衣柜，一开门柜内灯就亮的设计，并不是非常安全。衣柜内的灯最好有独立的控制开关，避免火灾或触电的隐患。

（6）天花板上的灯应选用带磨砂玻璃罩的节能筒灯，避免产生眩光。

（7）酒柜水吧插座不要离台面太近，应留出 50~60 厘米的距离，避免因插座的硬质尾线不能弯曲而不能使用。

（8）床头灯要精心选择，既要防眩光，也要耐用。

（9）行李台的设计往往不受重视，很多酒店客房的行李台的木质台边的漆被撞得凹凸不平，目前较为流行的是类似的“大马扎”，客人收放自如，既节约了空间，又节约了成本。

#### 2. 房间陈列品的摆放

（1）艺术品如挂画，最好选用原创的国画或油画，不管水平高低，总比电脑打印的装饰画值得一挂，而且可从侧面体现酒店管理者的品位。

（2）摆设品，对于艺术品摆件，在装饰设计时，要与客房的整体风格相适应。这里的相适应包括色彩的适应、造型的适应、风格的适应等。在选择植物时，不仅要选择造型优美的，还要选择能够净化室内空气，对人体安全无害的，如佛肚竹、南洋杉、印度橡皮树等。在选择盆景时，切记应该选择无花的盆景。因为，有花的盆景可能会使一些客人过敏，效果适得其反。

**3. 卫生间的设计**

（1）卫生间天花板应选用铝板或其他表面防锈防水的金属材料，但不要使用600毫米 ×600毫米或300毫米 ×300毫米的暗龙骨铝板天花，因为设备维修时，会因为人为拆装而变形。

（2）卫生间的门里面地面设置防水石材板，以免卫生间的水流入房间通道。

**4. 家具布置**

（1）对称与自由。

根据客房家具数量、功能分区、家具造型等具体情况灵活掌握对称与自由。例如，标准客房的两张床放在靠墙处以形成对称格局；会客室的两张小沙发和中间的长沙发相互配合，形成对称格局；书房的写字台、书架、电视机等根据形状放在某一部位，相对自由。

（2）分散与集中。

卧室的睡眠区，床的面积最大，一般床、床头柜靠墙一面相对集中，而写字台、圈椅、行李架等就显得分散。通过分散和集中的艺术处理，更好地为分区功能服务。

（3）对比与映衬。

对比和映衬主要通过室内家具和生活用品的色彩、质地、触感等的变化来完成。各种家具用品在选好主色调的同时，也要注意选用陪衬色调。

（4）掌握通道尺度。

为了保证客人走动和使用的方便，在运用布置手法时，要注意各种家具之间的通道尺度。各种家具靠墙的一面，一般应该留出5~10厘米的距离，一般家具之间的最小通道应该在55~65厘米。

## 四、影响客房设计的因素

客房产品设计是一项系统的、完整的工作，涉及多方面的内容，同时也受到多种因素的制约。

### （一）宾客需求

影响客房产品设计的关键因素是宾客需求。客人入住酒店后，在餐厅用餐的时间一般会有2~3小时；在休闲区域的健身、娱乐等方面的时间可能会有3~4小时；而在客房内逗留的时间会远远超过在其他场所逗留的时间的几倍，一般会有8~12小时。所以，客房的室内装修、装饰会直接对客人产生深远的影响和印象，同时也是客人是否选择再次入住的重要因素。

通过上述主要影响酒店客房产品设计的几个因素外，那么优质的客房产品设计就成了更重要的先决条件。

### （二）酒店定位

能够影响客房产品设计的主要因素是酒店的定位。酒店定位的内容包括酒店的类型、规模、档次和目标市场等方面。客房产品设计应针对酒店定位的需要，为顾客提供优质、卓越的现代化生活场所。比如，旅游度假型酒店，在客房产品设计上就要考虑到宾客的娱乐和休闲等方面的需求；商务型酒店，一般应具有便利的商务办公条件，以满足客人的商务需要。

### （三）酒店的经营效益

酒店客房产品的设计，必须从酒店整体的经营管理角度出发。充分考虑“投入—产出”的关系问题，为顾客设计出“价有所值”“价超所值”的客房产品，同时为酒店经营者设计出别具特色和富有更高经济效率的客房产品，从而体现出酒店管理者和设计师之间的共同智慧。

## 五、客房的空间设计

客房设计的好坏首先取决于对客房空间的设计和客房功能的设计。客房是客人住店期间的主要活动场所，客房产品的品质在一定程度上取决于其功能和空间的好坏，也直接关系着客人需求的满意程度。因此，客房设计既要考虑到客房运营的要求及客人活动的规律，也要充分考虑其空间和功能的设计。

### （一）客房整体空间的布局

客房设计的好坏首先取决于对客房空间的设计即客房室内空间构图的科学性和有效性。所谓客房室内空间构图就是在建筑结构已经确定的条件下，采用不同的艺术处理手法创造出美好的空间形象，给客人提供舒适、美观、亲切的住宿环境。

### （二）客房的重点空间设计

在进行客房室内空间设计时，为了强调室内功能，常常要通过某些艺术处理手法突出重点空间形成空间的特殊氛围。客房卧室空间设计的重点在客人的睡眠区和靠窗户的客人起居活动区。睡眠空间主要有床和床头柜、不仅要做到舒适，而且要均衡、美观，两个床位之间的通道尺度要合理。起居空间往往是客人休息、阅读、谈话的地方。因此，要留出一定的空间，摆上茶几、扶手椅，再配上落地灯，形成一个温馨、舒适的氛围。

卫生间空间设计的重点在洗脸台。洗脸台设计要合理、美观，墙面安装大玻璃镜子，方便客人梳洗化妆，同时能使卫生间更显宽大、舒服。

### （三）客房空间的分区和均衡

客房室内空间设计可以根据功能的不同而分为几组不同的活动区域，它们既有自己局部的艺术特色，又相互联系，成为一个完整的空间构图形象，这样既有利于提高内部空间使用效率，又可以使几个空间交隔布局。客房功能室内空间设计在分区的基础上要注意各个分区之间的均衡感。由于各个分区之间的面积较小，因此，空间均衡感的构成有赖于室内空间各个分区面积的分配，有赖于各个分区的设施设备和用品在其本身形体、重量、色彩等方面所表现出的均衡；也有赖于客房陈设布置是否适当；以及有赖于结构体系和整个风格的一致性。它们都以整体的存在作为自身存在的基础，同时又以本身的体量作为总体空间构图的一部分。也就是说，在功能分区之前，首先要根据客房面积的大小、分区功能的需要，从室内空间构图的整体形象出发，设计好各个分区所占用的面积、需要配备的设施设备、用品及陈设布置的艺术手法等。

## 六、客房空间的构图

高低、大小不同的空间，能给人以不同的精神感受，如大空间使人感到宏伟、开阔，低矮小巧的空间只要设计得好，也能使人感到温暖、亲切。由于人们对空间的主观印象，即对空间高低、大小的判断，主要是凭借对视野所及的墙面、天花板、地面所构成的内部空间形象的观感来体察的。基于酒店建筑空间使用效率的要求，除了高档豪华的酒店之外，一般酒店的客房空间都有一定的局限。因此，既要充分考虑客房功能方面的要求，还必须充分考虑客房的空间分割与构图布局，在客房设计中采用不同的艺术处理手法来丰富空间形象，通过对客房的设施设备、光线照明以及用品等科学地运用，营造出良好的客房室内氛围，避免压抑感，又做到亲切、细腻。

客房设计的艺术处理手法主要有以下几种。

### （一）围隔

“围隔”的处理手法一般适用于双套、三套和多套间。客房室内空间比例尺度大，围隔的手法便多种多样。为了给客人造成一个典雅、舒适、亲切的空间构图形象，可以根据需要，采用折叠门、墙壁、垂幔，将卧室和会客室隔开。也可以用屏风、家具、花草、灯光等手法，营造一个独立的空间和氛围，以便于客人促膝谈心。双套间客房可以用家具、屏风将会客间和书房的某一局部空间围隔起来，使会客、读书写字的空间分隔。同时注意和墙面、天花板、地面的艺术处理手法结合起来，以形成一个温馨、舒适的空间。

### （二）抑扬

“抑扬”的处理手法一般适用于室内空间构图的过渡。客房空间较小。为了给客人带来宽敞的感觉，可以在客房楼层过道中设计较低矮的天花板，装上较暗淡的灯光。客人通过楼层过道进入客房后，会有一种突然变大、变亮的感觉，先抑后扬、由小变大，由暗变亮都能够在客人心理上产生一种积极的效果。

### （三）渗透

“渗透”的处理方法一般适用于单间客房和卫生间等小尺寸的空间。一般通过借用镜子的照射功能等手段，给人以空间扩大的错觉。如卫生间面积较小，室内空间有压抑感，可以在墙面安装大镜子，室内空间就似乎增加了一倍，给客人以开阔、舒适的感觉。标准间客房在写字台前安装较大的镜面，不仅方便客人梳妆，而且将室内局部景物加以“渗透”，丰富了室内的空间构图。

### （四）延伸

“延伸”的处理手法可以使低矮空间的客房获得较为开阔的视野。客房一般可以利用窗户将室外景物和室内环境结合起来，不仅开阔了室内空间，而且能使客人在客房内欣赏到美妙的风景。近年来，新建的客房一般采用大玻璃窗户，原因就在这里。同时，还可以凭借墙面、天花板和地面的延伸感，改变室内空间的比例尺度。延伸的具体处理手法很多，其重点是尽量利用墙面、天花板、窗户，形成一个诱导视野的面，把室外的豪致延伸至室内，使室内外景物互相延伸，丰富观赏层次，形成美好的空间构图形象。

## 七、熟悉客房室内功能空间的设计

客人入住客房，一般都会有睡眠、盥洗、储存、书写、起居等方面的需求，因此，在客房室内功能设计与空间布局上，必须据此相应地划分出睡眠、盥洗、储存、书写、起居 5 个基本区域，使客房具备睡眠、盥洗、储存、办公、起居方面的功能，满足客人的需求。

一般酒店客房在设计时，都会考虑到今后客人在房间功能的居住或使用上的便捷和舒适。具体空间情况如下。

### （一）睡眠空间

睡眠空间是客房最基本的空间。最主要的家具是床。对于床的质量，一般要求是床垫与底座要合适并有弹性，而且要坚固，并方便移动。设计上要有优美的造型。一般酒店客房床的床头后侧，都会设有床头软板，以增加舒适感。

在床的两边设有床头柜，方便客人摆放一些小物品。现代酒店的床头柜的功能可以满足客人在就寝期间的各种基本需要，床头柜上设有：床头灯、电视机开关，夜床灯、房间所有灯的开关，音响选频及音量调节开关，时钟和电话机等。

### （二）盥洗空间

客房的卫生间也就是客人的盥洗空间。主要的卫生设备有坐便器（马桶或带冲洗器）、洗脸盆、浴缸。浴缸应带有淋浴喷头及浴帘，底部采用光面毛面相间的防滑措施，上方墙上有浴巾架及晒衣绳盘，坐便器旁装有卫生纸架。有的豪华房间里，在坐便器旁设有下身冲洗器。洗脸盆设在大理石的台面里，并在墙面上配有大块的洗漱镜（有的酒店在洗漱镜中间后部设置为热感处理，可以防止雾气的影响），有的饭店大镜面里镶嵌有放大镜，以供剃须使用。台面上可放置各种梳洗、化妆及卫生用品。在洗脸台侧面墙上，设有供应各种直流电的插座（一般为 110V 和 220V 两种），110V 一般是供客人使用电动剃须刀的。

卫生间应有通风换气位置，地面有泄水的地漏口。但是现代饭店，为了防止地漏返臭，目前出现逐渐取消地漏的趋势。

### （三）储存空间

储存空间是为客人提供存放私人物品、衣物、小件行李等物件的地方。这一空间的家具设备，一般情况下，主要有以下几种。

#### 1. 壁橱

壁橱大多设在客房入口处的过道旁，也有的设在客房内的其他位置。壁橱的宽度应不小于 100~105 厘米，进深应不小于 50~55 厘米，挂衣杆离底面的高度不小于 165~170 厘米，其上面应有不小于 7.5~8 厘米的空间。橱门以推拉式为宜，橱内要有照明灯，橱内照明灯应能随橱门的开关而亮灭，既方便客人存取物品，又保证安全。壁橱内一般都有格架，用于存放客房的备用品，如被子、毛毯、枕头等。

#### 2. 保险箱

高档次的饭店客房内部配有小型保险箱，供客人存放贵重物品。保险箱摆放的高度要适中，以避免客人存取物品时弯腰跪地，保险箱通常放置在壁橱内或其他隐秘处。

#### 3. 行李架

行李架一般高 45 厘米，宽 65 厘米，长 75~90 厘米。行李架的设计应注意防止金属器件的损害，也应注意对客人行李的保护作用。

#### 4. 酒柜

专用于摆放客房小酒吧，向客人提供酒水、饮料等。

### （四）书写空间

书写空间是指客人书写、阅读及办公的区域。对于标准间来说，书写空间一般会设置在床的对面。沿墙摆放一组柜台，其中包括写字台兼做梳妆台，宽为 40~50 厘米，高为 70~75 厘米（或根据具体房型而异）。配备一张靠背椅或梳妆凳，在写字台对面的墙上安装一面梳妆镜。近年来许多酒店的做法是：不再使用长条组合柜台，取消床对面墙上的镜子（这种做法不够大方，而且显得庸俗，有些客人忌讳将镜子对着床），而是用多功能的橱柜，用来摆放电视机、DVD 影碟机或其他物品，将写字台独立出来摆放在面前，这样客人使用起来更加方便和舒适。通过这种调整，使得整个房间显得更加美观、整齐，既改善了视觉效果，又增强了客房的方便性、实用性和舒适度。

### （五）起居空间

一般标准间的起居空间通常设在房间内的窗前区，这里会放置圈椅、休闲椅和茶几，供客人会客或休息、饮食等功能。客人也可在此饮茶、吃水果及看杂志等。

酒店客房除了上述空间区域及配套家具设备之外，客房内还有其他一些设备和装置，如中央空调和消防报警装置。空调有中央空调和分体空调等，饭店大多使用中央空调，其作用是调节室内的温湿度，净化室内空气。消防报警装置有烟感器和温感器，烟感器的作用是当室内的烟雾浓度达到一定标准时能自动报警，温感器的作用是当室内温度达到一定标准时能自动报警。

随着科技的进步以及酒店业的蓬勃发展。酒店客房的布局及设备的配备方面也在不断地变化和革新。酒店客房不断地提高设施设备的档次，更加人性化，可更好地满足不同客人的需要。

## 八、客房发展趋势与装饰知识

### （一）发展趋势

客房的装修、装饰会对客人产生深远的影响，是客人是否选择再次入住的重要因素。如今，酒店的经营者已越来越注重对饭店的更新改造，目的就是让住店宾客感觉常住常新。随着中国酒店业的腾飞和迅速发展，各种类型的酒店如雨后春笋般地落成。酒店装饰作为酒店不可分割的一部分也随之发展起来。如果您留意一下近几年来新建或改建的酒店客房后就会发现，酒店客房装修正在悄悄地发生变化，客房的装修和设施向更能满足宾客的需求和实用以及人性化方向发展。新建或改建的客房对室内设计与装饰的发展趋势表现在以下几方面。

**1. 扩大景观视野**

窗台的下移，以增加视野及采光面，有的采用落地窗，外观上体现了现代建筑的风格。

**2. 采用新型灯源**

房内灯光向顶灯、槽灯方向发展，容易损坏的床头摇臂灯、占地空间的落地灯越来越少被采用。房间内越来越多地采用节能光源，同时也有将壁橱灯移出，利用走道灯作衣柜照明。

### 3. 方便客人

客房设计与装修越来越重视客人的方便性。如随着宾客使用电器的增多、便携电脑上网的普及，客人使用电脑、电话、电源等插座的概率越来越高，为了方便客人的使用，酒店在新建或改建过程中往往将客房内的电源插座、电话插座等抬高，从原先安装在写字台下移到写字台上，同时增加插座的数量。

### 4. 卫生间扩大，功能增加

卫生间以前只是洗澡及方便的地方，现在有的增加了淋浴房，有的通过透明玻璃隔断以观看卧室内电视，在卫生间听音响也较流行，这些设计充分体现了现代人的享受主义观念。

### 5. 采用绿色环保卫生洁具

卫生间的抽水马桶一般采用节水静音型产品，有的抽水马桶可根据需要分大、小水量冲洗，体现了当前环保节能的潮流，有的酒店还增设了抽水马桶冲洗器，满足了客人的卫生和享受需求。原有的卫生间木门也悄悄发生了变化，门下部的透气百叶栅格也被下部离地 2 厘米缝隙代替了，既降低了装修成本，又利于清洁工作，同时也有利于卫生间的私密性。

### 6. 客房用品更新换代

卫生间台板上香皂、洗发露等不见了，取而代之的是墙上的液体皂、沐浴露。客人要用多少取多少，这也体现了节约和绿色环保的观念。

总之，随着科技进步，新材料、新技术的不断涌现，酒店客房将会向更加舒适、更加节能环保、更加人性化的方向发展。

## （二）装饰知识（色彩方面）

### 1. 色彩的概念和意义

在人们的视觉感知过程中，色彩是比形体更引人注意的现象，它不仅能够影响人的情绪，更能够制造出氛围和情调。色彩牵涉的学问很多，包含美学、光学、心理学和民俗学等。心理学家近年提出许多色彩与人类心理关系的理论。他们指出，每一种色彩都具有象征意义，当视觉接触到某种颜色，大脑神经便会接收色彩发放的信号，即时产生联想，如红色象征热情，看见红色便令人心情兴奋，蓝色象征理智，看见蓝色便使人冷静下来等。经验丰富的设计师往往能借助色彩的运用，勾起人心理上的联想，达到预期目的。

### 2. 色彩的三要素

有彩色系的色彩都具有三个基本要素，也叫三种属性，即色相、明度、彩度。

（1）色相。

色相是色彩的相貌（或叫色别），是区别各类色彩的名称。一般来说，能确切地表示某种颜色色别的名称都代表着一种色相。自然界可以用肉眼辨别的颜色有许多种，但最基本的只有红、黄、蓝三种颜色，色彩学称之为“三原色”。三原色之间按一定比例可以调配出各种不同的色彩，而其他色彩无法调配出原色。仅两种原色调出的色彩，称为间色，如红加黄产生橙色，红加蓝产生紫色，黄加蓝产生绿色。三种原色成分都包含的色彩称为复色，如棕色、土黄色、橄榄绿等，自然界中以复色居多。

（2）明度。

明度是指色彩的明暗程度，也称色的亮度、光度、深浅度。不同色相有明度区别，如光谱中黄最亮，明度最强，紫最暗，明度最低。同一色相也有明度区别，如同样是绿，深绿比浅绿明度低；同样是红，深红比浅红明度低。

（3）彩度。

彩度指色彩的饱和度，即纯净程度，因此也称为纯度。一种色彩越接近于某个标准色，越醒目，彩度也越高。标准色加白色，彩度降低而明度提高；标准色加黑色，彩度降低而明度也降低。过高的彩度，容易使人眼睛产生疲劳感。所以，一般只有标志物或点缀物，才采用高彩度的色彩。

**3. 色彩的分类**

色彩可以分为无彩色系和有彩色系两大类。无彩色系是指白色、黑色或由白黑色混合而成的各种深浅不同的灰色。无彩色系的颜色只有一种基本属性明度，它们不具备色相和纯度。有彩色系又称彩色系，是指不同明度和纯度的红、橙、黄、绿、青、蓝、紫等颜色，即视觉能感受到的单色光特征的色彩都属于有彩色系。

**4. 色彩的协调**

色彩的协调给人以舒适、愉快的感觉，反之则使人不满、烦闷与失望。色彩的协调有调和色的协调与对比色的协调两种。

（1）调和色的协调。

调和色是同种色调改变明度与彩度而得到的系列色，将这些色彩同时用于室内很容易获得协调的效果。若低彩度的、不同色调的色彩，同时用于室内往往也能获得调和色的协调效果。

（2）对比色的协调。

对比色有红色与绿色、黄色与紫色等。“万绿丛中一点红”即是生活中对比色协调的例子，其原因在于对比色的运用必须有一定的面积差。在客房室内设计中，往往采用大面积的背景色彩，然后在局部地方采用小面积的强烈的对比色，可取得十分协调的效果。

（3）色调。

色调即色彩的品名，色彩一般有红、橙、黄、绿、青、蓝、紫七色。色彩又可分为暖色与冷色两类。红、橙、黄之类称为暖色；蓝、绿、紫之类称为冷色。冷色能给人带来宁静、遥远、轻快的心理效果；暖色能给人带来温暖、亲切、热烈、活跃的心理效果。

5. 色彩的对比

两种颜色并列相映的效果之间所能看出的明显不同就是对比。在客房设计装饰时，色彩对比的运用主要有以下 3 个方面。

（1）色相对比。

色相对比就是未经掺和的原色，以最强烈的明亮度来表示。这种色彩运用的特点就是表现鲜明突出，色彩能够相互作用和相互影响。在实际运用中，如果让一种色相起主要作用，少量其他色相作为辅助，那么就会起到非常好的效果。

（2）明暗对比。

白昼与黑夜、光明与黑暗，这种规律在人类生活和自然界中具有普遍意义。黑色与白色具有最强烈的明暗对比，它们的效果是对立的，在它们之间有着灰色和彩色的领域。如具有白色墙面、天棚和沙发的客房，配上暗色的茶几、门扇与黑白相间的挂画，可以构成明暗对比十分强烈的爽朗、明快的环境气氛。

（3）冷、暖色的对比。

色彩有冷、暖之分。很多试验证明，人们对冷、暖的主观感觉前后相差很大。人们在和谐的色彩搭配空间中，感觉舒适度和消除疲劳等方面也有很大的区别。如人们在蓝绿色的房间里工作，15℃时就感觉到寒冷；而在橙红色的房间里工作的人们，11~13℃时才感到寒冷。因此，朝北的房间由于缺少阳光，一般需用明快的颜色，而朝南的客房则需要较冷的颜色。

## （三）客房色彩的设计与运用

客房装饰给人的舒适感主要来源于色彩的选择。因此，在客房设计时，应根据客房的不同功能空间设计不同的颜色，尽量给客人创造温馨舒适的空间。客房内色彩的构成因素繁多，一般有家具、纺织品、墙壁、地面、天花板等。为了平衡室内错综复杂的色彩关系和总体协调，可以从邻近色、同类色、对比色及有彩色系和无彩色系的协调配置方式上寻求其组合规律。由于客房室内空间的有限性，调和色彩的协调方式在客房色彩选择上往往使用较多。例如，在地面缺少阳光或其他阴暗的房间里采用暖色，可以增添亲切温暖的感觉；在阳光充足的房间或炎热地区，则宜多采用冷色，降低室温；在空间低矮的房间，采用具有轻远感的色彩来冲淡压抑感，反之则采用具有收缩感的色彩以免使人感到空旷。

在同一个房间中，从天花板、墙面到地面，色彩往往是从上到下，明亮度逐渐轻、暗、重，以丰富色彩层次，扩展视觉空间，加强空间稳定感。

1. 纺织品色彩

床罩、床裙、床巾（床旗）、沙发座椅面层、窗帘等纺织品的色彩也是客房内色彩环境中重要的组成部分，一般采取明度、纯度较高的鲜艳色彩，以此渲染室内浓烈、明丽、活泼的情感气氛。在与家具等的色彩配置时，可以根据色相协调的原则做出选择，如淡黄的家具、米黄的墙壁，配上橙黄的床罩、台布，构成温暖、艳丽的色调；也可以采用相距较远的邻近色作对比，起到点缀装饰的作用，获得绚丽悦目的效果。纺织品的色彩选择还应考虑到环境及季节等因素。对于光线充足的房间或是在夏季，宜采用蓝色系的窗帘；如在冬季或光线暗淡的房间，宜采用红色系的窗帘，写字台可铺冷色调装饰布，以减弱视觉疲劳和视觉干扰。

**2. 家具色彩**

家具色彩是客房色彩环境中的主色调，常用的有两类：一类是明度、纯度较高，其中有淡黄、浅橙等偏暖色彩，还有象牙白、乳白等偏冷色彩，明快光亮、纯洁淡雅，使人领略到人为材料的“工艺美”。这些浅色家具体现了鲜明的时代风格，越来越为人们所欢迎。另一类是明度、纯度较低，其中有表现贵重木材纹理色泽的柚木色（棕黄）、栗壳色（褐色）、红木色（暗红）和橡木色（土黄）等偏暖色彩，还有咸菜色（暗绿）等偏冷色彩。这些深色家具显示出了华贵自然、古朴凝重、端庄大方的特点。

家具色彩力求单纯，最好选择一色或者两色，既强调本身造型的整体感，又易与客房室内色彩环境相协调。如果在家具的同一部位上采取对比强烈的不同色彩，可以用无彩色系中的黑、白或金银等颜色作为间隔装饰。使家具色彩过渡自然，对比协调，既醒目鲜艳，又柔和优雅。

**3. 墙壁、地面、天花板色彩**

墙壁、地面、天花板色彩通常充当室内的背景色、基调色，以衬托家具等物品的主色调。墙壁、屋顶的色彩一般采用一两个或几个淡色，有利于表现室内色彩环境的隐显关系、主从关系及空间的协调感、深远感、体积感、浮雕感和整体感。在客房室内配色中，一般房顶天花的明度最强，墙面次之，地面明度最低。浅色能使房间显得大，而深色则相反。

## 九、照明方面的知识

室内照明的主要作用是为人提供良好的光照条件，获得最佳的视觉效果，使室内环境具有某种气氛和意境，增强室内环境的美感与舒适感。现代饭店室内照明除了提供视觉所需要的光线之外，还有组织空间、改善空间感、渲染气氛、体现特色等作用。因此，在尽可能节约用电的前提下，应正确选用光源品种和灯具，确定合理的照明方式和布置方案，创造出良好的室内环境。

### （一）照明概述

**1. 客房光源**

光是创造室内视觉效果的必要条件，为了进一步创造良好的客房室内视觉效果，展现客房空间，增加客房内环境的舒适感，必须对酒店客房的光线进行设计。

（1）自然采光。光源的类型可分为自然采光和人工光源两类。自然光源是将自然光引进室内的采光方式。自然光除了给人以亲切感、舒适感之外，最大的优点是节能。室内自然采光一般有侧面光与顶面光两种方式。顶部采光照度比侧面光照度高三倍，但客房的建筑格局多采用侧面光，客房门窗就是侧面光的主要通道。因此，在客房自然采光的设计中，一般会科学、有效地对客房门窗进行设计。

（2）人工光源。人工光源即人工照明，包括各种电源灯。现代照明光源几乎都是以电能作为能源。用于照明的电光源，按发光原理分为白炽灯和荧光灯两大类。白炽灯是通过灯内的钨丝升温而发光的，由于钨丝的长短、粗细不一而产生不同的光，其光色偏于红黄，属于暖色。荧光灯是靠低压汞蒸气放电而产生紫外线，紫外线再刺激管壁的荧光物质而发光的。荧光灯的光色分为自然光色、白色和温白色三种。自然光色是直射阳光和蓝色空光的混合，其色偏蓝，给人以寒冷的感觉；白色的光色接近于直射阳光；温白色的光色接近于白炽灯。

**2. 照明方式**

照明方式是对照明灯具或光源进行布置的方式。不同的照明方式营造不同的照明效果，可不同程度地提高和改善视觉功能。

（1）按灯具的散光方式，照明可分为直接照明、间接照明、散射照明和混合照明等多种方式。

（2）按灯具的布置方式，可分为一般照明、分区一般照明、混合照明和局部照明。

### （二）照明设计的基本原则

**1. 安全性原则**

安全性主要是指装饰照明设施的安全，维护和检修方便，运行安全可靠并能有效地防止火灾和电器事故的发生。

**2. 舒适性原则**

室内照明应有利于客人在客房内进行活动、阅读、会客和从事其他活动，即在生理上能保护人的视觉，在心理上能鼓舞或安定人的情绪。

**3. 经济性原则**

照明的经济性是指确定光源、照明灯具、照明设备时，应根据实际要求，以最小的投入获得最好的照明效果，同时在设计中应采用相应的措施来提高照明的节能水平。

**4. 先进性原则**

技术先进是指选择的光源在额定电压和额定电流下工作具有最好的效果。即在额定的电流下，所消耗的功率较少，发出的光量高、光色较好、使用的寿命长等。

**5. 艺术性原则**

照明设计除了关注技术、适用、经济、安全等因素之外，还应注重酒店客房空间的装饰及环境美化的作用。通过照明设计丰富空间层次，充分展示被照物的形式美、材质美，充分利用光色与空间色彩的搭配烘托客房氛围、美化空间环境，充分利用光影的变化，创造特有的室内意境以增加客房的艺术感染力。

### （三）照明设计的要点

照明设计包括：确定照明方式、照明种类，正确选择照度值；选择光源、灯具类型，并进行合理的布置；计算照度值，确定光源的安装功率；选择或设计灯光控制器等内容。具体来讲，重点有以下几个方面。

**1. 灯具的选择与布置**

灯具的选择，一要与客房空间环境的体量、形状协调，要考虑到客房空间的用途；二要注意灯具的利用效率，节能效果；三要与酒店的整体风格、特色协调，与客房室内装修风格相匹配；四要注意安全可靠，要方便日常清洁保养与维修；五要有助于提高酒店客房设计的艺术感染力。

灯具的布置就是确定灯在酒店客房内的空间位置，它对照明质量有着重要的影响。光投方向、照度与照度的均匀性、眩光、阴影等都直接与灯具的布置有关。灯具布置时也要注意灯具的间距、灯具的悬挂高度、灯具与墙的距离，还要注意灯具与顶棚的距离。

**2. 照明方式、照明种类的选择**

客房内照明一般有整体照明、局部照明和混合照明三种方式。整体照明是指对整个室内空间进行照明的一种方式，又称主体照明或一般照明。在选择主体照明时，应注意，一间 15 平方米的房间只需一只 60 瓦的白炽灯或一只 40 瓦的日光灯即可。面积不超过 20 平方米的客房，不宜采用较大的灯具。主体照明灯具一般选用吊灯或吸顶灯等。

客房内不同部位，照明的要求也不同，局部照明就成为客房常用的照明方式，即局限于某个部位的固定的或移动的照明，它只照亮一个有限的空间区域。客房卧室一般在床头、写字台、衣柜、座椅、过道、化妆镜和穿衣镜等处都设有局部照明的灯具。

混合照明是将整体照明与局部照明相结合的照明方式。现代客房对这两种照明方式的结合要求越来越高，也是普遍采用的形式。客人希望在主体照明下，把房间室内照亮的同时，又能根据客房空间使用的不同要求，利用台灯、壁灯、落地灯、筒灯等进行局部照明，同时利用射灯等对花、画、工艺品进行重点照明，使室内明暗层次丰富，产生多重空间效果。这样的灯饰布置，既满足了使用要求，又能渲染出一种宁静、高雅、神秘、含蓄的客房气氛。

**3. 照度的确定**

客房的照度可以自由调节，以吊灯最强，落地灯和壁灯次之，夜灯最弱。

建一座饭店，照明设计是非常重要的因素。没有进行专业化照明设计的饭店，不可能具备饭店特有的气氛，甚至也不可能获得好的经济效益。不同于地铁、商场、车站等“动”性公共场所，饭店是“静”性的，是挽留客人停留住宿的地方，其照明要传达给客人的暗示和感受是亲切、是温馨、是安全、是高雅、是私密等，所以，饭店照明必须是丰富的、有情调的，令人视觉舒适、心情愉悦的；同时也必须是目的性清晰而准确的，能够充分显示不同光源照明功效的。为此，必须将不同功能区位的照明性质进行分门别类的研究，必须目的性极强地布置灯具的位置和选择光源，必须将“必要照明区”和“次要照明区”加以区别，也必须明白不同的照明对客人心理产生的作用乃至对饭店经营产生的影响。比如，梳妆镜前的照明、床头阅读照明等可取 300 勒克斯的照度值；最被忽略的写字台书写照明的照度则要求 200 勒克斯。目前还有的酒店客房内提供书写台灯（通常是用装饰性台灯代替）给客人。

**4. 光色、色温的设计**

光色是指人眼观看光源所发出的颜色——通常指灯光的颜色。光色取决于光源的色温。不同的光源色温具有不同的环境气氛。低照度水平的白炽灯色温低，具有温馨、宁静、亲切的气氛；高照度的荧光灯色温高，具有凉爽活跃、振奋的感觉。人们对光色感觉的舒适程度还与照度水平有关，一般低色温、高照度有闷热感而高色温、低照度又有阴晦的气氛。因此，适宜的光色应根据客房空间的不同功能、所需创造的环境气氛进行选择。如客房色温一般要求在 300 开尔文（K）左右；在卧室用 3500 开尔文（K）以下的光源；在卫生间用 3500 开尔文（K）以上的光源；而在卧室需要暖色调，在卫生间需要高色温。

## 【徒弟操作】

1. 设计布局一间“标准间”客房。布局要包括家具、电器、棉织品等；
2. 再试着设计几种“特殊类型”的客房。

# 模块二

## 客房部清洁工作管理

## 项目一 客房清洁与保养

### 【企业标准】

在本项目中，要求学徒明确知道清洁客房不同部位和物品时清洁剂的比例和相应的清洁器具，了解客房清洁与保养的具体工作内容，客房卫生的清洁标准。

### 【师傅要求】

1. 学徒掌握各种清洁器具和清洁剂的种类；
2. 学徒了解客房清洁的具体工作内容；
3. 学徒明确知道合格的客房清洁的标准和了解计划卫生项目；
4. 师傅对学徒进行考察。

### 任务一 清洁剂和清洁器具

### 【师傅讲授】

不同的酒店所使用的内外装修的材料各不相同，也就大大增加了酒店清洁保养的难度。在这种形势下，传统的清洁保养已经无法适应现代酒店的工作要求。因此，采用节约能源和减少污染的环保型清洁器具和清洁剂，既反映了酒店对清洁工作的重视程度，也是文明操作的标志。

## 一、认识清洁剂

### （一）清洁剂的种类

按照清洁剂的用途划分，可分为以下几种。

**1. 三缸清洁剂**

主要用于清洁卫生间的浴缸、马桶和洗面池，需用不同的刷子进行清洗，其中马桶清洁剂属酸性清洁剂，能去除马桶、便池上的污垢，有较好的除臭、杀菌功效。使用时必须在马桶、便池有水的情况下倒入少许，稍过片刻用毛球轻轻刷洗，再用清水冲净。但这要在主管的指导下进行。日常清洁“三缸”最好选用碱性清洁剂，以利保养。

**2. 多功能清洁剂**

多功能清洁剂由表面活性剂及无机助剂配制而成，具有除油、去污、消毒、杀菌等多种功能。对于轻度的水锈、水垢也可去除，因此非常适用于宾馆、酒店客房清洁使用，不仅除污范围广，而且对瓷砖、水泥、玻璃、大理石、不锈钢等表面均无损害。

**3. 玻璃清洁剂**

客房内的玻璃和镜面，特别是卫生间内的镜面常有一些不易清除的污渍，像油渍、化妆品渍等。清除这类污渍，使用装在高压喷灌内的玻璃清洁剂效果最好。使用时对准污渍喷洒少许，然后用干抹布擦拭便可光亮如新。

**4. 抛光剂、空气清新剂、杀虫剂等**

按照清洁剂的化学性质划分，可分为以下几种。

（1）酸性清洁剂。

酸性清洁剂有去除锈蚀、除臭杀菌和中和碱性物质的作用。此类清洁剂通常含有酸性类化合物，如醋酸、盐酸、硫酸和其他有机物等。由于从醋酸到硫酸，其酸性的腐蚀程度千差万别，因此使用者在使用前要做好稀释工作，使用时更要十分小心，避免溅到皮肤上。而客房常用的酸性清洁剂有以下几种。

①盐酸（pH=1）：清除卫生洁具上的石灰斑迹，清除瓷砖面上淤积的水泥和石膏，清除顽固的水垢等，效果显著。

②醋酸（pH=2）：用途和硫酸钠、盐酸相同，只是效果更强于硫酸钠。

③硫酸钠（pH=5）：可与尿碱中和反应，用于清洁卫生间便器，但要量少且不能常用。以上三种清洁剂使用前都必须稀释，不能直接将浓缩液倒在清洁物表面。酒店对于这三种清洁剂都可少量配备，用于清除顽固尘垢。

④恭桶清洁剂（呈酸性，$1<pH<5$，但含合成抗酸性剂，安全系数增加）：主要用于清洁客厕和卫生间便器，有特殊的洗涤除臭和杀菌功效，要稀释后再进行分配使用。在具体

操作时，必须在抽水马桶和便池内有清水的情况下倒入清水中数滴，不能倒在清洁物的表面，稍等片刻后，用刷子轻轻刷洗，再用清水冲洗。因此，住客房使用弱酸性的清洁剂，而走客房用马桶清洁剂，既保证了卫生清洁质量，又缓解了强酸对瓷器表面的腐蚀。

⑤消毒剂（5<pH<7）：主要呈酸性，除了作为卫生间的消毒剂之外，还可用于消毒杯具，但一定要用水漂净。

由于酸性清洁剂的杀菌除臭的功能性较强，所以其主要应用于卫生间的清洁，一些强酸性清洁剂可应用于计划卫生。由于酸性清洁剂具有强腐蚀性，所以在使用前一定要进行稀释和小面积试用处理。此外，禁止在地毯、木器、金属器皿和石材上使用酸性清洁剂。

（2）中性清洁剂（6<pH<8）。

中性清洁剂配方温和，对物品腐蚀和损伤很小，有时还可以起到清洗和保护被清洁物品的作用，在日常清洁卫生中被广泛使用。其缺点是无法或很难去除积聚严重的污垢。目前，酒店常用的中性清洁剂有以下几种。

①全功能清洁剂（7<pH<8）：全功能清洁剂主要含表面活性剂，可去除油垢，除不能用于洗涤地毯外，其他地方均可使用。该种清洁剂由于性质温和，对于大多数物体表面是安全的。使用全功能清洁剂时，一般不需要漂洗，它们不会在被清洁物体的表面留下痕迹。其缺点主要是清洁效果不如专项清洁剂，不适合某些清洁任务。如清扫浴室时需要消毒剂，而全功能清洁剂不含消毒剂。

②地毯清洁剂：地毯清洁剂是一种专用于洗涤地毯的中性清洁剂。因含泡沫稳定剂的量不同，又分为高泡沫和低泡沫两种。一般低泡沫用于湿洗地毯，高泡沫用于干洗地毯。低泡沫清洁剂用温水稀释去污效果更好。

（3）碱性清洁剂（8<pH<14）。

一般碱性清洁剂有液状、乳状、粉状和膏状等类型，对于清除油脂类脏垢和酸性污垢有较好效果。使用强碱清洁剂要特别小心，因为它具有极强的腐蚀性和毒性，要严格按规定使用，要戴好橡胶手套。

①家具蜡（8<pH<9）：家具蜡的形态有乳液态、喷雾型、膏状等几种。在每天的客房清扫中，服务员只是用湿润的抹布对家具进行除尘，家具表面的油迹污垢不能去除。对此，可用稀释的多功能清洁剂进行彻底除垢，但长期使用会使家具表面失去光泽。家具蜡内含蜡（填充物）、溶剂（除污垢）和硅铜（润滑、抗污），可去除动物性和植物性的油污，并在家具表面形成透明保护膜，有防静电、防霉的作用。使用方法则是将适量的家具蜡倒在干抹布或家具表面上进行擦拭，需擦拭两遍，第一遍擦拭为清洁，第二遍则为上光。

②起蜡水（10<pH<14）：起蜡水用于需再次打蜡的大理石和木板地面。其强碱性可将陈蜡及脏垢浮起而达到去蜡功效。由于碱性强，起蜡后一定要反复清洗地面后才能再次上蜡。

③玻璃清洁剂（$7<pH<10$）：玻璃清洁剂有液体的大桶装和高压的喷装两种。前者类似多功能清洁剂，主要功效是除污斑。使用时，通过喷壶对脏污地方喷一下，再用干抹布进行擦拭即可；后者内含挥发溶剂、芳香剂等。可去除油垢，用后留有芳香味，虽价格高，但省时、省力、效果好，使用后会在玻璃表面留下透明保护膜，便于以后的清洁工作。

④溶剂清洁剂：溶剂为挥发性液体。溶剂清洁剂则是含有大量三氧乙烯、异丙醇等溶剂的清洁剂，其常用于干洗和去除油渍。它能有效地清除怕水物品上的污渍，如电器、马达等。溶剂有强烈异味，故应在通风良好的房间中使用。客房清洁中，常用的溶剂有：酒精、牵尘剂、杀虫剂、空气清新剂。

⑤上光剂：上光剂不是清洁剂，但通常在清洁剂以后使用。当物体表面上抛光剂之后，它能形成一个硬质的防护表层来防指印、污迹或刮痕，并使物体表面光亮如新。上光剂主要分为金属上光剂和省铜剂。金属上光剂含有非常温和的磨粉、脂肪酸、溶剂和水，能清除金属表面的锈蚀和划痕，主要用于铜制品和金属制品。在酒店客房中多用于清洁水龙头、卷纸架、浴帘杆、毛巾架、扶手、锁把等。要注意金属上光剂只限于纯金属使用。高效的金属抛光剂能在被清洁的金属表面形成一层保护膜。金属抛光剂气味很浓，使用和存放都要在通风好的地方。省铜剂（擦铜水）为糊状，主要原理是氧化掉铜表面的铜锈而达到光亮铜制品的目的。只能用于纯铜制品，镀铜制品不能使用，否则会将镀层氧化掉。

### （二）清洁剂的管理（清洁药液分配与存储）

合理分配清洁药液既能满足清洁卫生的需要，又能减少浪费，降低不必要的支出。清洁药液的分配应由一名主管或领班专门负责，在每天下班前对楼层进行补充，每周或每半个月对品种和用量进行盘点统计。通常，用量的多少与客房出租率的高低有关，对例外情况的额外补充应做详细记载。对于用量难以控制且价格又比较高的清洁剂，像家具蜡、玻璃清洁剂和空气清新剂等，管理难度相对大些，而且流失量大，损失也大，对此一定要进行更加严格的控制和分配。酒店的清洁药液最好集中存储，若无人看管时，一定要上锁，以防丢失。

清洁药液的存储应注意的事项如下。

（1）定点储存，专人保管。

（2）清洁剂容器上应有标签注明。

（3）高压罐装清洁剂要远离热管道或散热器。

（4）所有容器盖要盖紧，同时要保持清洁。

（5）容器要摆放整齐，放置容器的货架要牢固。

（6）要定期进行盘点，控制好存货量。

（7）分配或稀释清洁剂时要使用漏斗。

（8）必要时要表明清洁剂的稀释率。

（9）储藏室要保持通风状态。

## 二、清洁工具的认识

### （一）清洁工具的种类

良好的设备是工作效率和质量得以提高的必要条件。客房部所用的清洁设备种类很多，从广义上讲，是指从事清洁工作时所使用的任何器具，既有手工操作的简单工具，也有电机驱动的特殊机器。为了便于使用和管理清洁设备，可把清洁设备分为两大类：一般清洁器具和机器清洁设备。

**1. 一般清洁机器**

酒店客房清洁中常用的一般清洁设备有以下几种。

（1）抹布：抹布是清洁家居物品，是整理房间最方便、最实用的清扫用具，又是其他清洁器具所不能代替的清洁用具。抹布的用途非常广泛，根据用途的不同，应使用不同规格和不同质地的抹布。为了保证不交叉使用，抹布最好以多种颜色区分，或做些明显的区别标志。由于抹布的使用量大，多由原客用棉织品改制，因此，须注意不要与客用棉织品混淆，以免引起客人的误会。同时，为了保证清洁质量，抹布的洗涤、供应最好由洗衣房负责。客房的每一楼层一定要有充足数量的抹布，以便于周转。

（2）扫帚：扫帚主要用于扫除地面那些较大的、吸尘器无法吸走的碎片和脏物。根据其用途、形状和制作材料的不同，可以分为很多种。

（3）尘拖：尘拖也称万向地拖，是拖把的进一步发展。尘拖由两个部分构成：尘拖头、尘拖架。尘拖头有棉类和纸类两种。尘拖主要用于光滑地面的清洁保养工作，它可将地面的沙砾、尘土等带走以减轻磨损。为了使尘拖效果更好，往往还要蘸上一些洗尘剂或选用可产生静电的合成纤维制作的推尘头。尘拖头的规格应根据地面的情况而选用。拖头必须经常换洗以保证清洁效果和延长其使用寿命。用牵尘剂（静电水）浸泡过的棉类拖头，除尘效果更好。

（4）玻璃刮：玻璃刮又称刮水器，主要用于清洁玻璃镜面。玻璃刮由刮头和手柄两部分组成。刮头由橡皮制成，有多种规格；手柄可伸缩，亦有多种规格。使用时可根据需要选用，而且要注意用吸水布擦去刮头上多余的水，清洁效果会更好。

（5）房务工作车：房务工作车又称布草车，是客房服务员整理、清扫客房的主要清洁工具。房务工作车多为 3 层，用以存放客用物品（如床单、枕套等）以及小件清洁工具。工作车的大小应以能够存放一名服务员一天打扫客房所需的全部用品和有关工具为宜。工作车通常安装有 4 只方向轮，便于转向移动，平时要注意加机油润滑，既可使车转动自如，又可消除噪声。

（6）除以上所提到的一般清洁工具外，还有其他多种的一般清洁工具，如掳子、喷雾器、鸡毛掸子、油灰刀、刷子等。

**2. 机器清洁工具**

（1）洗地毯机。

用洗地毯机工作效率高，省时省力，节水节电。机身及配件用塑料玻璃和不锈钢制成。洗地毯机一般采用真空抽吸法，脱水率在 70% 左右，地毯清洗后会很快干燥。洗地毯机可清洗纯羊毛、化纤、尼龙、植物纤维等材料的地毯。其中常用的洗地毯机的种类有：喷汽抽吸式洗地毯机、干泡洗地毯机等。

（2）吸尘器。

吸尘器全称为电动真空吸尘器，它是一个由电动机带动的吸风机，即利用马达推动扇叶，造成机身内部的低压（真空），通过管道将外界物品上附着的灰尘吸进机内集尘袋中，从而达到清洁的目的。

吸尘器应用范围很广，包括清洁地板、家具、帐帘、垫套、地毯等。吸尘器不但可以吸进其他清洁工具不能清除的灰尘，如缝隙、凹凸不平处、墙角以及形状各异的各种摆设上的尘埃，而且不会使灰尘扩散和飞扬，清洁程度和效果都比较理想。吸尘器是酒店日常清扫中不可缺少的清扫工具。

（3）洗地机。

常用的洗地机有手推式洗地机、自动洗地机与驾驶式洗地机等类型。它具有擦洗机和吸水机的功能。洗地机装有双电动机，集喷、擦、吸于一身，可将擦洗地面的工作一步完成。适用于饭店的大厅、走廊、停车场等面积大的地方，是提高饭店清洁卫生水平不可缺少的工具之一。

（4）高压喷水机。

高压喷水机又称高压水枪，往往有冷、热水两种设计，通过水的压力及温度对酒店的各个区域进行清洁，给水压力可高 2~7 米。一般用于垃圾房、外墙、停车场、游泳池等处的冲洗，也可以加入清洁剂使用。附有加热器的喷水机水温可高达沸点，故更适合于清除油污。

（5）吸水机。

吸水机外形有筒形和车厢形两种，机身由塑料或不锈钢材料制成，分为固定型和活动型两种。吸水机机身下有 4 个转轮，操作时省时省力。固定型吸水机吸水量为 9~65 升，活动型为 27~73 升。吸水机主要部件是真空泵、蓄水桶和吸水刷。吸水机通常采用“旁路冷却系统”，该系统可确保在吸水时，不会因水分透过电器部分而导致器件烧毁。

吸水机的功能是：用洗毯机洗刷后，地毯表面比较干净，但洗刷后的污水及残渣易深藏在地毯根部，容易形成脏污并使地毯失去弹性。如果用吸水机对洗刷后的地毯进行抽吸，任何顽固的残渣都能被彻底抽除。因为吸水机一般装有两个真空泵，吸力特别强大。吸水机的配件根据喉管直径的大小配备。例如，喉管直径为 40 毫米的配件有：胶接管、高空吸嘴、扁平吸嘴、圆吸嘴、收窄嘴、软喉管、地毯吸嘴、吸水嘴、吸尘嘴、电镀接管、有轮吸尘嘴、推动型吸水扒和吸尘扒。

另外，还有吸尘吸水两用机，又称干湿两用吸尘器。此类机器既可以用来吸尘，清理地板、家具和帘帐，又可以用来吸水。

这类两用机的外形为圆筒形，电动机同样采用“旁路冷却系统”。其主要配件除软硬喉管外，还包括尘隔、吸水嘴、吸水刷、缝隙吸嘴、扫尘刷和家具吸嘴。

吸水机使用完毕后，要做好维护工作。拆卸时，动作要轻，将各种配件刷洗干净，晾干后装入配件箱内。

（6）打蜡机。

打蜡机有单刷、双刷及三刷机。以单刷机使用最广。单刷机的速度可分为慢速（120~175 转 / 分）、中速（175~300 转 / 分）、高速（300~500 转 / 分）和超高速（1000 转 / 分）。其中以慢速及中速较适合于洗擦地板用，高速则用于打蜡及喷磨工作。多用途的打蜡机可满足部分酒店节省资金和储存空间的需求，但如果保养欠佳会造成机器的损坏。其主要配件有：尼龙刷——洗地板用（不同硬度的尼龙刷，可分别用来洗地、磨蜡、喷磨地板等）；水箱——洗擦地板用；喷壶、喷嘴——喷蜡水用；集尘袋——吸尘用。

### （二）清洁设备的选择

合理选择购买清洁设备，既能保证酒店的卫生质量管理，又能帮助酒店减少支出，避免资源的浪费，保障酒店的经济效益。因此，选择清洁设备时应遵循以下基本原则。

#### 1. 符合酒店的实际

酒店规模的大小和客房日常的出售情况以及酒店的建筑材料等都直接关系到清洁设备的选择，因此，为了避免设备闲置情况的发生或者卫生不达标的情况，在选择相应设备时，要充分考虑到酒店的实际经营规模和正常迎客量。

#### 2. 方便安全原则

清洁设备属于酒店生产性和服务性的设备，其使用目的是提高工作效率和服务质量。因此，清洁设备的操作方法要简单、易于掌握，有利于职工的操作。同时，要具有一定的机动性，便于清洁卫生的死角和最大限度地减小职工的体力消耗。安全是设备操作的基本要求。在选择和购买设备时，要考虑是否装有防止事故发生的各种装置，要选择安全系数高的设备。

### （三）清洁设备的保养

（1）所有使用人员都必须经过操作培训，按操作规程合理使用。

①使用哪种设备；②何时使用设备；③如何使用设备；④何处存放设备；⑤如何得到帮助；⑥如何发现问题。

（2）大型清洁设备必须由责任心强的人员负责操作，任何设备绝不允许随意当作玩具取乐。

（3）所有清洁设备在使用后都应进行全面的维护和保养，如加油、更换零件等。

（4）设备使用前后都应检查其性能是否完好，发现问题要及时处理。

（5）设备必须安置在安全的场所并按要求摆放，不能随便停放在走廊或其他空地，以免受损或被窃。大型设备如洗地毯机、探地吸水机等的存放区还应上锁。

①有供进行设备清洁保养的工作台、冷热水池和其他电源设施等。

②有供存放所有附件的货架挂钩及其他设施、设备。

③每一种设备都有其规定的空间位置。

（6）所有需要出门维修的设备，即使从客房拿到工程部，也必须记录，以建立保养卡片。

## 【徒弟记忆】

1. 清洁剂的种类和用途；
2. 清洁剂保管原则；
3. 清洁工具的种类；
4. 清洁设备选择原则。

## 【师傅指点】

清洁机器时，要用含水或中性清洁剂的湿布擦拭，主机头严禁浸入水中清洗，不能用汽油、香蕉水等有腐蚀性的清洁剂，以免损坏机器外壳。

## 【徒弟操作】

以小组为单位，通过各种手段收集现阶段酒店比较常用的清洁设备的资料图片，并制成 PPT。

## 【拓展提高】

案例陈述：5 月 24 日晚，值台员小韩正在忙着为客人提供夜床服务，在进入 718 房间时，发现卫生间地面及浴缸里有很多沙子，经过查找，在窗台下方发现了一双满是沙子的凉鞋。小韩看到这一现状想道：这样的鞋子客人是无法穿的。为方便客人使用，小韩立即将凉鞋拿至工作间彻底清洁刷洗，同时将卫生间地面及浴缸里清洁到位，并留下了温馨的留言。

次日早晨，718 房间刘先生退房，留下一封表扬信：尊敬的韩小姐你好，你的敏锐、细心、周到，给我留下了深刻的印象，让我有宾至如归的感觉，有你这样的员工是云台的骄傲，祝你工作顺利，一切如意，再一次真诚感谢！

案例评析：员工需用心为客人服务，一般员工在发现卫生间较脏时，只会抱怨房间的客人太脏，而这位值台员却一改常态，主动寻找污染源，帮助客人解决问题，为客人提供了方便，最终感动了客人，给客人留下了深刻的印象。

资料来源：云台宾馆案例集

# 任务二 客房清洁与保养工作

## 【师傅讲授】

客房的清洁与否关乎着该酒店的销售情况，因此对于酒店来说，客房清洁是它们每天必须进行的一项工作。其主要包括三方面的工作内容，即清洁整理客房、更换添补物品、对设施设备进行检查和保养。客房状况不同，对清洁的要求和程度也有所不同。一般来说，对于暂时没人居住，但随时可供出售的空房（VC 房），服务员每天只需要进行简单抹尘、放水即可；对于那些客人暂时离店的常住房和外宿房，需要进行一般性清洁；而对于住客房、走客房以及贵宾房则需要进行彻底性清洁。所以，客房服务员应根据不同的房间状态，严格按照清洁程序和要求来进行，使之达到酒店规定的质量标准。

### 一、客房清扫的规定

客人一旦进入房间，该客房就应看成是客人的私人空间。因此，任何客房服务员都不得擅自进入客人房间，都必须遵守相应的规定。具体地讲，有以下几项规定。

#### （一）清扫工作以不干扰客人为准

例行的客房大清扫工作，一般应在客人不在房间时进行；客人在房间时，必须征得客人同意后方可进行，以不干扰客人的活动为准。凡在门外把手上挂有“请勿打扰”（Don’t Disturb）牌子或有反锁标志，以及房间侧面的墙上亮有“请勿打扰”指示灯时，不要敲门进房。如果到了下午 2：00，仍未见客人离开房间，里面也无声音，则可打电话询问。若仍无反应，说明客人可能生重病或发生其他事故，应立即报告主管。

### （二）开门作业

在房内作业时，必须将房间门打开，用顶门器把门支好。如果客人不在房内，应用工作车将房门挡住。

### （三）不得随意翻动客人的东西

（1）不要触摸客人的手提电脑、钱包、手机以及手表、照相机等贵重物品。

（2）客人的文件、书报等不要随便合上，不要移动位置，更不准翻看。

（3）擦衣柜、行李架时，注意不要将客人的衣物弄乱、弄脏，也不要挪动客人的行李，一般只要擦去大面积的灰尘即可。

（4）女客人的化妆品即使用完了，也不得将空瓶或纸盒扔掉。整理住客房的一个基本原则是除放在垃圾桶内的垃圾外，即使是扔在地上的废旧物品，也只能替客人做简单整理，千万不要自行处理。

### （四）更换布草，茶具等用品

（1）为减少洗涤剂对环境的污染，住客房清扫房间卫生时，一般不大换床上布草或毛巾，酒店多用环保卡的方式提醒客人重复使用，只要将床铺或毛巾整理复原即可。若是常住客，一般定期更换床上布草。如果客人有需要时则应立即更换。

（2）客房摆放的水果盘、水果刀、糖盘等，应每天进行更换，保持清洁。在补充水果和茶包、咖啡时，应注意观察客人喜好，适量添加。

（3）客人用过的茶杯、茶碟、茶壶、水杯每天都要更换。更换茶具时，应尽可能使用托盘。但茶杯、水杯如有茶水、饮料等，最好不要更换，但需要用一个杯盖盖好，用来提示客人。

### （五）不能让闲杂人员进入客房

如果客人中途回房，服务员也需礼貌地查验住宿凭证，核实身份。

## 二、客房清洁程序

### （一）清洁程序

（1）布草车到客房门口准备清理。

（2）进房先敲门三下方可进入（待客人回答后开门，征求客人意见可否整理房间，如客人不需要整理，把该房间号填写在报告清单上）。

（3）把房门推开。

（4）拉开窗帘。

（5）清理烟灰缸和废纸。

（6）做床（做床可分为中式做床和西式做床）。

（7）除尘设备检查。

（8）更换茶具、增添冷热饮用水。

（9）添加服务用品和文具用品。

（10）地毯吸尘。

（11）调整窗帘。

（12）清洁卫生间。

（13）检查工作有没有遗漏内容。

（14）锁门。

（15）填写客房清洁报表 。

### （二）具体操作方法

（1）每天（上午或下午）做房间清洁工作时，必须先拉开窗帘，检查帘子是否有脱钩或被损现象。电动（或手拉）窗帘是否好用，如果客房有异味，应喷洒空气清新剂。

（2）把烟灰缸里的烟头倒入指定的垃圾袋，在浴室内洗干净。决不允许把烟灰缸里的东西倒入便器内，以防便器堵塞。清理烟灰缸时应特别留意烟头是否熄灭，及时消除隐患。

（3）整理床铺，更换床单、枕套的次数根据酒店的星级标准严格执行。先将床罩、毛毯放在椅子上，然后将用过的床单、枕套从床上撤下直接放入专用布草袋，再按铺床程序做床。

（4）清理纸篓。一般纸篓分两种：一种纸篓直接接触垃圾；另一种纸篓内套有塑料袋。第一种在清洁时注意纸篓内是否有刮胡刀片、玻璃碎片等尖利物，然后，用湿布擦洗干净。第二种纸篓应该直接把套上的垃圾袋取出倒入垃圾桶，也应该注意是否有危险物品，一经发现，立即处理。旧的垃圾袋取出后，应安上一个新的，但一次只能放一个，不能为了省事，一次套几个。

（5）除尘、检查设备。除尘时按顺时针方向或逆时针方向从房门开始，做到无遗漏；迅速认真地擦拭每一件家具、设备，并检查是否损坏。

①房间门：擦房门时，应该把门牌、门框、门面擦干净，防止遗留尘土。

②穿衣镜、梳妆台：擦拭房间镜子，一定要小心，注意安全。要用一干一湿两块布擦拭，标准是清洁光亮，镜面不能有布毛、手印和灰尘等。

③风口：定期擦拭，防止风口积尘，通风时尘土飞扬。

④写字台：有些酒店写字台上的东西很多，如电视机、电话机和台灯等。所以，在擦拭写字台时要同时检查电路是否完好。不要移动客人放在写字台上的文件和其他物

品，应保持原状，擦去写字台上的灰尘即可。写字台上的日历需要每天翻动，并检查写字台上需要补充哪些物品，为下一步配备物品做准备。写字台抽屉应该一个一个地拉开擦。

⑤电话：擦拭电话表面灰尘，检查电话是否有故障，有无忙音。定期用酒精擦拭电话，进行必要的消毒。

⑥行李架：擦拭行李架要注意客人的行李，一般情况下不要移动客人的行李，也不要把客人存放在行李架上的东西弄乱，把行李架浮尘除去即可。

⑦壁柜：擦酒店壁柜时不能将客人的衣物弄脏。一般客人的房间，擦壁柜只需要将大面积卫生搞好，如果是空房，就需要把壁柜完整地打扫干净。把衣架擦洗干净，并检查衣架、衣刷、鞋抽是否齐全。

⑧电冰箱：首先用干布擦拭电冰箱表面灰尘，再打开冰箱门，检查冰箱是否失控，接水盒是否装满，温度是否适宜。

⑨电视机：首先将开关关闭，然后用干布擦，再打开开关，检查电视机图像是否清晰，频道选用是否准确，颜色是否适宜。

⑩床头柜：一般酒店内各种电器的开关都在床头柜上，方便客人使用。所以在对床床头柜进行清洁整理时，首先要检查各个开关，如果发现故障应该立即通知有关部门进行修理，床头柜的电子钟要调试准确。另外，要检查服务用品是否齐全。

温度计：擦拭房间完毕，应该检查温度计，将空调调试好。一般房间有客人入住时，应该把空调开到中挡；没有客人入住的房间，应该将空调开到最低挡。

⑪ 床头：擦拭床头时。应该注意潮湿的擦布不能贴墙，要小心擦拭靠墙一侧的床头。擦拭完毕，要检查床罩是否平整，进行整理，使之符合要求。

⑫ 台灯、壁灯：必须用干布擦拭灰尘，禁止用湿布。如果台灯线路在写字台外围，应将其收好。

⑬ 沙发、茶几：用干布擦去灰尘，尤其注意沙发背与沙发垫缝隙之间的脏物。茶几容易损坏或磨花，要先用湿布擦去脏迹，后用干布擦干，保持茶几清洁光亮。

（6）更换茶具。

凡是客人用过的茶杯、茶碟、茶壶和水杯都要更换，更换时注意不要将下面的垫子损坏。更换茶具要用托盘。更换已经消毒的水杯等时，手指不能捏住杯口，或手指插入杯内，要用手拿住底部。放置杯具时，杯口朝上，并用消毒纸套套上，“已消毒”字样朝外。如果托盘垫子弄脏后，应该及时更换。换热开水，水温不低于90℃，便于客人泡茶和咖啡。热水瓶灌满后，要用布擦拭干净，保持外表干燥光亮。如果客房用的是电热水壶，应该更换新水，防止水碱的产生。房间摆放的水果拼盘、糖盘和水果刀盘应该每日更换，保持清洁，房间内客人用过的餐具应该及时撤换。

（7）配备各种文具用品、服务用品。

（8）清洁浴室，按前面讲过的程序进行。

（9）吸尘。吸尘应该从客房的里面往外面进行，同时拉好窗帘、调整好家具用品。

（10）最后仔细将房间、卫生间检查一遍，看是否有漏项，发现遗漏应该及时补充。

（11）将门锁上，最后登记客房清洁状况。

### （三）注意事项

（1）敲客人房门前，应该首先观察门把手上是否有“请勿打扰”牌，或反锁标志，以免打扰客人。

（2）用中指在门上有节奏地轻敲三下（或者按门铃）。如果房间内没有回答，约5秒后，再进行第二次敲门。

（3）敲门后房间内有客人答应，服务员应该主动说：“我是服务员，可以打扫房间吗？”根据客人的要求整理房间。

（4）在清洁客房时，房间门应该始终开着，直到打扫完毕。

（5）如果下午2点以后还没有开房门，里面也没有声音，应该立即报告上级。

## 三、中西式做床实操

### （一）中式做床程序及注意事项

（1）将床拉到容易操作的位置；要注意屈膝下蹲，用手将床架连床垫慢慢拉出约50厘米。

（2）将床垫拉正放平；要注意褥子的卫生状况，床垫位置平整不移位，无毛发、无污渍。

（3）将第一张床单铺在床上；要注意一次到位，正面朝上、中心线居中；四个角式样、角度一致，均匀紧密（外包直角，内含45°）；床头、床尾被单必须塞进床垫，紧密平整；床面平整、紧密。

（4）套被芯，甩被子定位；要注意站在床头、床尾或床侧，甩被子一次定位，被子不可拖地；中心线居中；床面平整，床两侧及床尾被套下垂相等平整；被子折部分为45厘米、被子到头饱满、两边宽度一致；床尾两角对称、平整美观。

（5）套枕芯；要注意不要用力拍打枕头，将枕头放在床头的正中，距床头5~10厘米；单人床，将枕套口对墙；双人床，枕套口互对；两张单人床，枕套口反向于床头柜；枕套的缝线对床头，四角饱满、外形平整挺括；枕芯不外漏；反面封口拉直铺平，整洁美观。

（6）将床推回原处；要注意以腿部将床缓缓推进床头板下，再看一遍床是否铺得整齐美观。

## （二）西式做床程序及注意事项

（1）将床拉到容易操作的位置；要注意屈膝下蹲，用手将床架连床垫慢慢拉出约50厘米。

（2）将床垫拉正放平；要注意褥子的卫生状况，床垫位置平整不移位，无毛发、无污渍。

（3）将第一张床单铺在床上（甩单、包边、包角）；要注意床单的正面向上，中折线居床的正中位置，均匀地留出床单四边，使之能包住床垫。

（4）将第二张床单铺在床上；要注意将正面向下，中折线要与第一张床单重叠，床单上端多出床垫（床头）约5厘米。

（5）将毛毯铺在床上（盖毯、包边、包角）；要注意毛毯的商标须在床尾、商标在上，毛毯上端应距床头25厘米。

（6）将床单与毛毯下垂部分掖入床垫与床架之间；要注意将长出毛毯30厘米的床单沿毛毯反折做被头，将毛毯和第二张床单在床尾反折15厘米，两侧下垂部分掖入床垫后再将尾部下掖入床垫，并包好角。

（7）装枕（装芯、定位整形）；将枕芯装入枕套，注意不要用力拍打枕头，将枕头放在床头的正中，距床头5~10厘米；单人床，将枕套口对墙；双人床，枕套口互对；两张单人床，枕套口反向于床头柜，枕套的缝线对床头。

（8）盖上床罩（定位、罩枕、整形）；要注意床罩下摆不要着地（指未定型床罩），床罩顶端与枕头平齐，多余部分压在枕头下面，注意两条枕线的平直。

（9）将床推回原处；要注意以腿部将床缓缓推进床头板下，再看一遍床是否铺得整齐美观。

## 【徒弟记忆】

1. 客房清扫规则；
2. 客房清扫注意事项；
3. 客房清扫顺序；
4. 中西式做床程序。

## 【徒弟操作】

1. 徒弟对中西式做床的程序进行整理汇报，并实际进行中西式做床的操作；
2. 徒弟对客房的清扫顺序及步骤进行整理，并实际对客房进行清扫。

## 【师傅指点】

客房清扫人员在清扫客房时，如果发现房内有大量现金或贵重物品，服务员应及时通知领班或主管。大堂副理也会在安保人员及客房领班、主管的陪同下，将房门反锁，等客人回来后，由大堂副理开启房门并请客人清点现金物品，提醒客人使用保险箱。

## 【拓展提高】

案例陈述：4 月 15 日中午，清扫员在对 1412 退客房进行抹尘的环节中发现保险箱是未关闭的，拉开后发现内有较多现金，保险箱设有密码可能是客人粗心放钱时没有将保险箱完全闭合，退房后又忘记拿取。清扫员立即将情况反馈给部门经理，部门经理助理立即联系大堂，告知情况并要求一同前往房间。随后，前厅、客房两个部门人员到场共同清点现金共计 3 万元。经查询客史，客人是协议单位预订的一位南京客人，前厅孙经理表示有客人联系方式，并立即和对方进行了联系。

案例评析：

1. 清扫员拾获客人遗留大量现金能够第一时间上报部门处理，部门对其拾金不昧的行为给予奖励，并将在班组会议上予以讲评，号召全体员工向其学习。

2. 当班值台员在查 1412 退客房时漏查了保险箱，违反了客房查房程序，导致客人遗留在保险箱内的现金未能在第一时间查到。

3. 在清点现金过程中，只有客房与前厅管理人员在场，违反客人遗留现金处理规定，没有通知保安部当值管理人员到场一同清点。按要求需客房管理人员、客服部经理、安全部带班管理人员三方一同到场清点，并做好相应台账，三方签字确认。

资料来源：云台宾馆自编案例集

# 任务三　客房清洁质量管理

## 【师傅讲授】

## 一、客房清洁卫生标准

### （一）感官标准

关于感官标准，即客人和员工凭视觉、嗅觉等感觉器官感受到的标准，具体为以下几点。

**1. “十无”**

（1）灯具完好，无破损、无污尘。

（2）房间卫生无死角。

（3）家具无污渍。

（4）卫生间清洁，无异味。

（5）金属把手无污锈。

（6）床单、被套、枕套表面无污迹和破损。

（7）四壁无灰尘、蜘蛛网。

（8）茶具、冷水具无污痕。

（9）楼面整洁，无“六害”（指老鼠、蚊子、苍蝇、蟑螂、臭虫、蚂蚁的危害）。

（10）地面无杂物、纸屑、果皮。

**2. “六净”**

清扫后的房间要做到以下几点。

（1）卫生洁具净。

（2）地面净。

（3）物品净。

（4）床上净。

（5）四壁净。

（6）家具净。

## （二）生化标准

客房的清洁卫生质量光用感官标准来衡量是不够的。例如，一只光亮的杯子是否清洁卫生呢？无法加以肯定，还必须用生化标准来衡量。客房清洁卫生的生化标准包括以下内容。

**1. 茶水具和卫生间洗涤消毒标准**

（1）茶水具。每平方厘米的细菌总数不得超过 5 个。

（2）脸盆、浴缸、拖鞋。每平方厘米的细菌总数不得超过 500 个。

（3）卫生间不得查出大肠杆菌群。

**2. 空气卫生质量标准**

（1）一氧化碳含量每立方米不得超过 10 毫克。

（2）二氧化碳含量每立方米不得超过 0. 07%。

（3）细菌总数每立方米不得超过 2000 个。

（4）可吸入颗粒物每立方米不得超过 0. 15 毫克。

（5）氧气含量应不低于 21%。

3. 微小气候质量标准

（1）夏天。室内温度为 22~24℃；相对湿度为 50%；风速为 0. 1~0. 15 米 / 秒。

（2）冬天。室内温度为 20~22℃；相对湿度为 40%；风速不得大于 0. 25 米 / 秒。

（3）其他季节。室内温度为 23~25℃；相对湿度为 45%；风速为 0. 15~0. 2 米 / 秒。

## 二、住宿场所清洗消毒操作规范

### （一）卫生洁具

按洗脸盆、浴缸、马桶的先后顺序用相应的工具清洗干净，将 1∶200 的 84 消毒液喷洒在表面（5~10 分钟），用相应的消毒毛巾擦干、保洁、登记。

### （二）脸盆、脚盆、拖鞋

分别在相应的消毒池内清洗各类公用物品，再用 1∶200 的 84 消毒液浸泡（5~10 分钟），取出沥干保洁备用，登记。

### （三）毛巾、被套、床单等棉织物

先清洗毛巾、被套、床单，放入蒸汽消毒柜中，待放出蒸汽后，再蒸 10~15 分钟，晾干或烫平，放入保洁柜备用，登记。

### （四）茶杯、口杯

（1）放入固定消毒池以 1∶200 的 84 消毒液浸泡（5~10 分钟），取出清水冲净，沥干放入保洁柜，登记。

（2）放入热力电子消毒柜，消毒 30 分钟，消毒结束后开门冷却 10 分钟，取出放入保洁柜备用，登记。

### （五）空调

空调回风口、出风口和过滤网用 1∶200 的 84 消毒液擦拭、浸泡（5~10 分钟），取出清水冲洗，晒干，两周一次，并做好记录。

### （六）换气扇

用 1∶200 的 84 消毒液擦拭，两周一次，并做好记录。

特别说明：严格按照 84 消毒液的介绍说明用量杯配比。

## 【徒弟记忆】

1. 十无六净；
2. 茶水具和卫生间的消毒标准；
3. 空气质量卫生标准。

## 【徒弟操作】

学徒独自清扫客房，师傅检查并评判。

## 【拓展提高】

案例陈述：1112携程客人退房后在携程网上对客房的加床服务做了反面评价，反馈加床毛巾配备不及时且服务员在配毛巾时手是湿的。针对此事件客房部进行了自查：8月19日1112房客人入住前便要求加床，在客人抵店前服务人员就将所有物品增配至三套，客人对此很满意。但是8月20日10：32左右，清扫员在打扫1112房间时将客人使用过的毛巾撤出，习惯性地只配备了2套，另外加床的1套未配。傍晚6：00左右客人回房，看到房内少配了一套毛巾，便向在走廊看到的服务员反馈。这时服务员才意识到工作车上多出的一套毛巾是1112的，于是急着将毛巾送给客人，在未经检查毛巾状况的情况下，将被浸湿的毛巾直接递给客人，导致客人误以为服务人员用湿手递毛巾而使毛巾潮湿，引了客人的不满。同时领班由于该房间有客人而未能进入房间检查，所以管理人员没能发挥补位作用。

案例评析：针对这一事件，反映部门在执行加床服务时，对于配套物品的添加程序不熟练，培训后的效果检查不到位，导致员工意识薄弱，工作责任心不强，从而引起客人不满。客房部应针对加床房的物品配备标准及规范进行再培训，部门应对有加床需求的房间进行重点检查，跟踪落实清扫员的执行力度，杜绝类似现象再次发生。

资料来源：云台宾馆自编案例集

# 任务四　客房计划卫生

## 【师傅讲授】

通常来说，客房日常工作量都比较大，不可能每天将客房的每一处都彻底清扫干净，如高处的灯管、天花板，床槽、床底等。此外，一些区域和设备也没有必要每天都进行清扫，如空调出风口、马桶水箱内部以及金属器具的除锈保养、家具设备的打蜡等，这些区域和设备通常被列入客房计划卫生项目，重视并做好客房计划卫生工作，可以提高客房清洁保养的水准，保证客房设备设施处于良好的状态。

## 一、计划卫生的种类

客房计划卫生项目较多，一般酒店都会根据循环周期的不同，将计划卫生分为以下几种。

### （一）短期计划卫生

短期计划卫生，是指循环周期为 1 个月以内的卫生，多数是一些日常不易清洁的死角卫生。例如，房门边框、地脚线、地漏、床底、窗槽、坐便器水箱、排风扇、空调新风口、房间电线（包括电话线、电视线、电吹风及电脑线）清洁，电冰箱除尘，电视机机壳散热孔除尘等。

### （二）中期计划卫生

中期计划卫生，是指 1 个月以上或半年以内为一个清洁周期的计划卫生项目。例如，软墙面的清洁，座椅的坐垫、靠背的清洗，木质椅子扶手的打蜡，席梦思床垫的翻转，金属器具保养除锈，家具打蜡保养，空调新风口的除尘，地毯干洗，窗帘轨除尘，墙面和天花板的除尘等。中期计划卫生的大多数项目是由客房服务员来完成的，也有部分项目如地毯、墙布的清洗需要相应的技术设备与专业的技术人员才能完成，一般由 PA 组（公共区域小组）来完成。PA 组必须根据整个酒店的客情变化，结合客房部的实际情况，灵活安排。比如，地毯和墙布的清洗，必要的情况下也可分片进行。

### （三）长期计划卫生

长期计划卫生多为厚窗帘、被子、床裙、褥垫等的清洗，地毯的彻底性抽洗等，一般由洗衣厂承担。因此，应每年选择在入住率相对较低的月份进行；如果全年接待任务都非常紧张，也可以逐个楼层进行安排，根据实际接待客人情况进行安排。

### （四）季节性大扫除或年度大扫除

此类大扫除集中在淡季，对所有客房的家具、设备和床上用品进行全面清洁保养。因所需时间较长，需要前厅部配合，对所选楼层实行封闭，工程部维修人员利用此机会对设施设备进行全面检查和维修保养。

## 二、计划卫生注意事项

### （一）注意与其他部门的沟通协作

一般来说，计划卫生的实施都需要其他部门的协助才能更好地完成工作，因此，相关人员在实施计划卫生时，一定要与其他部门沟通协调。例如，前厅部对相关楼层的封锁，工程部对客房内设备的检修等。

### （二）注意安全

在计划卫生工作开展时，通常会涉及一些高空作业，如天花板擦洗、门窗玻璃的清洗等，因此，相关人员要做好安全防护措施，避免出现安全事故。

### 【徒弟记忆】

1. 短期计划卫生；
2. 中期计划卫生；
3. 计划卫生注意事项。

### 【师傅指点】

短期计划卫生的编排可以包括：单项计划卫生、单项房间计划卫生以及突击计划卫生。

# 项目二　公共区域清洁与保养

### 【企业标准】

在该项目内容中，要求学徒掌握有关公共区域内容的基本知识，明白公共区域清洁和保养的重要性，对公共区域清洁和保养工作内容的开展有一定认识。

### 【师傅要求】

1. 了解公共区域的卫生范围和公共区域卫生清洁特点；

2. 了解公共区域日常清洁保养的具体内容和要求；

3. 对特殊区域的清洁步骤有所了解。

# 任务一　公共区域概述

## 【师傅讲授】

酒店的公共区域（Public Area，PA）是指除客房和厨房以外的酒店范围内的公众、共享、共有的区域。例如，酒店的前厅大堂、餐厅、客用卫生间、客用电梯、停车场、会议室等。酒店公共区域是酒店的重要组成部分。宾客、访客们将公共区域的好坏作为对整个酒店档次、管理水平、服务质量的衡量标准之一。

### 一、公共区域的卫生范围

公共区域部主要负责酒店内外的环境卫生，所辖范围具体包括酒店前厅、通道、各办公室、公共洗手间、餐厅（不包括厨房）、会议室、楼梯、走廊、门窗和酒店周围等区域。根据酒店公共区域的功能和使用者的类别来分，可以分为客用部分和服务员使用部分，客用部分主要包括停车场和营业场所及客人临时休息场所、洗手间等；服务员使用部分主要包括服务员更衣室、服务员食堂、倒班宿舍、培训教室、阅览室、活动室等。根据其所处的位置，又可分前台部分、后台部分、室外部分和室内部分。

### 二、公共区域清洁保养的特点

#### （一）管辖范围广

公共区域所涉及的范围十分广泛，包括大堂、会议室、楼道、楼梯、电梯、公共卫生间、楼外广场、绿地、外墙立面、停车场、娱乐场所等。

#### （二）情况多变，任务繁杂

公共区域的客流量非常大，客人活动频繁，这就给公共区域的清洁工作带来了不便和困难。公共区域的清洁工作烦琐复杂，工作时间不固定，人员分散，因此，造成其清洁卫生质量不易控制。

#### （三）专业性较强，技术含量较高

饭店公共区域的清洁保养工作，尤其是其中的一些专门性工作与其他清洁保养工作相比，专业性较强，技术含量较高。因为工作中所需使用的设备、工具、用品和所清洁

保养的设施设备和材料等种类繁多，服务员必须掌握比较全面的专业知识和熟练的操作技能，才能胜任这些工作。

## 【徒弟记忆】

1. 公共区域的卫生范围；
2. 公共区域的保养特点。

## 【师傅指点】

因为公共区域卫生清洁面积大，工作地点分散，因此要将服务员划分成若干个小组，将其定岗、定人、定责任，注意要做到无交叉、无遗漏。

## 【徒弟操作】

1. 徒弟对公共区域进行清洁；
2. 徒弟清洁后将自己的感受制作成 PPT。

## 【拓展提高】

案例陈述：春节的前夕，小杨上夜班。凌晨 3 点半左右，开始下起了小雪。刚开始下得还小，过了一会儿越来越大。不大工夫地面上已经堆积了厚厚的雪。接近 5 点的时候雪慢慢变小了，小杨想到有雪的路面比较滑，早上客人出行肯定不方便。尤其是地下停车场坡道较陡，车辆上下存在一定的安全隐患。于是小杨借来了扫雪工具，首先把地下停车场通道的雪清理了一遍，又和保安小陈将停车场扫了一遍。这时看到有上早班的员工陆续开始上班了，由于地面湿滑，他们小心翼翼地骑着车还差点摔倒了。于是他们从酒店的主干道开始一直扫到员工的自行车棚，这样不仅方便了客人的车辆行驶，也方便了员工的进出。

案例评析：作为星级酒店的一员，我们要时刻为客人着想、为身边的员工着想，替客人排忧解难、为员工提供方便。

资料来源：云台宾馆自编案例集

# 任务二　公共区域日常清洁

## 【师傅讲授】

### 一、各公共区域的工作内容和要求

#### （一）大厅的清洁保养

在准备清洁大厅卫生前，服务员应准备好当班的各种清洁设备、用品、清洁剂和需补充的客用品，检查清洁设备是否工作正常。通常大厅清洁员必须做以下三件事：除尘、倒烟灰和整理座位。如有水池的大厅，还应随时清除池中的垃圾或杂物。一些在客人活动高峰期间不便做的工作，通常安排在客人活动较少的夜晚或清晨，如洗地、吸尘、清洁立式烟灰筒、彻底清洁家具、抛光打蜡、设备维修、墙面去渍等。

#### （二）餐厅、酒吧的清洁保养

餐厅、酒吧是客人的饮食场所，这里的清洁保养工作尤为重要，客房部和餐饮部要很好地分工协作，把这项工作做好。客房部在计划安排餐厅、酒吧的清洁保养工作时，必须与餐饮部协商，并充分考虑各餐厅、酒吧的营业时间、活动安排等具体情况。餐饮部在清洁保养工作中必须大力协助和配合。餐厅、酒吧的服务员要有清洁保养意识和责任心，在工作中要尽量采取必要的措施，防止或减轻污染，发现问题及时处理或通知客房部。在对餐厅、酒吧进行清洁保养时，必须注意尽量不影响客人的活动或给客人留下不好的印象。尽量安排在营业结束后或非营业高峰时间进行清洁保养，所使用的工具要清洁美观，化学清洁剂无刺激性气味等。餐厅、酒吧的清洁保养工作主要有下列内容。

（1）清除餐桌、工作台等处的食物、酒水饮料等的残留物和污迹。

（2）沙发、座椅的除尘除迹。

（3）地面的除尘除迹，定期清洗、打蜡。

（4）墙面的除尘除迹。

（5）灯具及装饰物体的除尘除迹。

（6）金属器件的除锈上光。

（7）门、窗、风口处的除尘除迹。

（8）木质家具及装饰物的打蜡保养。

（9）植物花草的清洁与养护。

（10）除虫灭害。

## （三）客用电梯和自动扶梯的清洁保养

电梯在酒店中使用是最频繁的，所以需要经常清理这个地方。酒店电梯一般有客用电梯、行李电梯、货运电梯及员工电梯几种。其中以客用电梯的清洁最为重要，要求也最为严格。

### 1. 客用电梯

（1）清洁客用电梯时，尽量停靠在客人进出较少的楼层，以免影响客人使用和增加噪声。

（2）电梯轿厢内玻璃和镜面可以用玻璃清洁剂进行擦拭。

（3）电镀电梯门每日用不锈钢保护剂擦拭，保持门面光亮、无污迹。

（4）电梯内墙面、顶部无尘，无污迹，随时检查，擦净。

（5）对电梯按钮和楼层指示钮要用酒精进行擦拭和消毒，发现字迹不清晰或缺少时，要及时让工程部更换或补充。

（6）擦拭电梯内的广告箱牌。

（7）电梯内地毯要进行吸尘，对石材地面要进行擦拭或抛光处理。

（8）随时检查电灯，如有损坏及时报修、更换。

### 2. 自动扶梯

有些大厅面积较大的酒店，会安装自动扶梯，对自动扶梯进行清洁的工作，一般都安排在晚间进行，主要工作是除去黏附在楼梯台阶上的油渍，对自动扶梯缝隙中的油渍和污渍进行彻底的清洁。玻璃灯罩应擦亮，扶手应无灰尘、无污迹。自动扶梯的金属部分和玻璃墙要用专用清洁剂擦净。

## （四）客用洗手间的清洁保养

饭店客用洗手间的清洁保养工作可分为一般性清洁保养和全面彻底的清洁保养。清洁进行之前应先把清洁工具与用品准备好，如海绵、恭桶刷、玻璃清洁剂、洁厕剂、消毒水、干湿抹布、拖把及除臭剂等。清洁标准则为干净无异味，光鲜亮丽。具体操作步骤如下。

（1）将所有垃圾桶内的垃圾清理干净，换上干净的垃圾袋。

（2）清洁剂少许倒入水中搅匀后以恭桶刷洗刷恭桶内外及底座，并用水冲净；用海绵擦拭恭桶盖、坐垫，用水冲洗，接着用干抹布把水抹干，再用消毒毛巾对坐垫进行消毒，最后把地拖干。

（3）检查卫生间的灯具和换气扇是否工作正常。

（4）洗洁精清洗洗脸盆内，用海绵来回洗刷，直到污迹洗净为止，后用湿布将台面上的水滴拭干，并用干布将水龙头及其他配件擦亮。

（5）配齐物品。如小方巾、面巾纸、洗手液、卫生卷纸、梳子、衣刷、针线包，女用卫生间还应配好卫生袋。

（6）检查卫生间的灯具和换气扇是否工作正常。

### （五）后台区域的清洁保养

各个饭店都有后台区域，即服务员活动区域，包括服务员走道、电梯、更衣室、服务员卫生间、服务员食堂、办公室、倒班宿舍等。后台区域的使用频率高、区域范围广、清洁保养难度大。饭店后台清洁保养工作做得好坏，能够直接反映饭店的管理水平，影响服务员的工作环境质量和员工的士气。后台的清洁保养工作应根据各个场所的功能用途、使用频率等具体情况进行合理安排。

**1. 员工通道**

员工通道通常都是混凝土或砖石地面，日常的清洁保养主要是清除地面的垃圾杂物及污迹，但要注意防滑。定期清洁保养主要是洗刷地面，清除墙面的污迹。

**2. 服务员电梯**

服务员电梯的清洁保养工作与客用电梯的清洁保养工作基本相同。

**3. 服务员更衣室**

服务员更衣室通常安排专人照看，其清洁保养工作的内容和要求有保持地面清洁、清除垃圾杂物、收拾衣架并送布件房、整理长条凳、清洁浴室卫生间、补充卫生用品、家具设备的除尘除迹等。

**4. 办公室**

办公室的清洁保养工作一般在上班前或下班后进行，中间方便的时候整理一次，清倒垃圾。在对办公室进行清洁保养时要特别小心，防止文件丢失。有些办公室由于保密和安全的原因，清洁保养需做特别的安排，通常要与有关人员或部门协调安排。

## 二、酒店公共区域清洁管理的安排

酒店公共区域不同于客房，范围广、区域分散，且各区域装修、布置差异较大，客流量及活动特点不一，不易控制。管理人员应加强计划安排，才能保证公共区域清洁管理工作有条不紊、按部就班地进行。

### （一）合理配置人力、设备资源

为合理配置人力、设备资源，更好地控制公共区域的清洁管理工作，管理人员最好将需要使用大型清洁设备及对操作人员要求较高的技术性工作，综合起来统筹安排，制订出详细的工作计划表，再安排专人负责。

### （二）明确岗位、班次工作内容

列出工作计划和内容后，管理人员应结合不同区域环境要求、人员情况及设备器具情况等，确定每个岗位、每个班次的具体工作内容。因为各个区域活动各异、特点不同、工作内容不同，即使是同一区域，不同的时间通常也需要安排不同的工作内容。管理人员必须合理安排各岗位及每一班次具体的工作内容，并使员工知晓。

### （三）制订工作计划，列出工作内容

客房管理人员应根据各个区域的特点和需要，分区域制订清洁管理工作计划，逐一列出各项清洁管理工作的内容。

## 三、公共卫生间清洁的注意事项

（1）服务人员要注意自身的保护，在作业前应戴好防护手套或口罩，预防细菌感染，防止清洁剂伤到皮肤；中间休息或工作完毕后，应使用药用肥皂洗手。

（2）清洁卫生间应使用专用的设备用品，使用后应定期消毒，与其他清扫器具要分开保管。

（3）作业时，门外要竖立“清洁进行中”的牌子；现场要竖立“小心地滑”的告示牌，以便客人注意并予以配合。

（4）注意卫生间的通风，按规定开关换气扇或窗户。

（5）五星级酒店的公共洗手间，除了做好清洁保养工作外，还可以配备专职公共洗手间服务员，为客人提供更周到的服务。要求服务员见到客人时，要主动向客人问好；客人用过的恭桶便器应及时冲洗干净；当客人洗手时，为客人打开水龙头、调好水温，并向客人提供洗手液，客人洗完手后及时递上小毛巾。客人离开时帮助拉门，使用适当的道别语言。

## 四、大厅清洁保养的注意事项

（1）在对大厅清洁的操作过程中应根据实际情况对客人进出频繁和容易脏污的区域重点拖擦，并增加拖擦次数。清洁过程中，应适当避开客人逗留的区域，待客人离开后，再予以补做。

（2）如遇到雨雪或恶劣天气时，应在大堂进出口处放置防尘地垫，并设置“小心防滑”的警示牌，并适当增加清洁次数，以防客人滑倒。同时提醒礼宾部及时放置伞架，准备雨伞袋，防止将雨水带入大堂区域，给客人带来不安全的隐患。

（3）门厅及大堂入口区域范围，应设专人进行地面的除尘，随时擦除人们进入时的脚印灰尘和沙砾。

（4）门厅及大堂地面多为大理石、花岗岩、水磨石、聚氯乙烯地板材、橡胶类地板

材、瓷砖或地毯等材质，服务员可根据不同材质的清洁保养方法进行清洁。

（5）对不锈钢、铝合金或铜质金属等装饰进行清洁保养时，应注意此类装饰物容易被腐蚀，擦拭时要选用专用清洁剂、保护剂，不能留下任何划痕。

## 【徒弟记忆】

1. 大厅的工作内容和要求以及保养时的注意事项；
2. 餐厅、酒吧的日常清洁保养；
3. 客用电梯和自动扶梯的日常清洁保养；
4. 客用洗手间的清洗。

## 【师傅指点】

1. 公共区域范围大、任务杂，酒店通常采用划片包干、分工负责的方法，使每一个区域、每一项工作都有专人负责。每一个员工都有明确的责任范围和具体的工作任务。划片包干要做到无遗漏、不交叉，同时要尽可能有利于设备、工具和用品的调配使用，有利于利用各班组、各岗位的分工专业化。

2. “工欲善其事，必先利其器。”一些专门的清洁设备、工具和用品，是做好公共区域清洁管理工作的基本条件之一。酒店要根据具体的任务、要求，配齐、配合、配好清洁设备、工具和用品，并加强管理。

3. 通常，一个公共区域的员工负责一个区域内的多项清洁管理工作，且各工作的频率和具体时间有所不同。为了防止遗漏和怠工等现象，保证质量，以及便于管理人员的检查，酒店应为每一区域的服务员制定一套工作程序。在工作程序中，明确质量标准和工作流程，具体说明“在何时、做何工作、达到何要求”。

## 【徒弟操作】

师傅对学徒知识点的记忆进行随机抽查，学徒将所学的知识点整理后制作成PPT。

# 任务三　特殊区域清洁

## 【师傅讲授】

### 一、特殊区域的清洁（吊灯）

饭店大厅、多功能厅等处都装有大型吊灯。吊灯的清洁保养工作是一项比较复杂精细的工作，必须周密计划、合理安排，其具体工作内容和主要注意事项如下。

#### （一）清洁内容

（1）清洁剂的擦拭：清洁时用海绵蘸上少量清洁剂逐一对吊灯的灯座和灯管等进行擦洗后，再用抹布将吊灯各处的清洁溶液擦掉。

（2）清水擦拭：步骤同清洁剂擦拭一样，发生在清洁剂擦拭之后。

（3）清水擦拭完成后，再用干抹布将吊灯各处逐一擦亮。

（4）更换灯泡，更换完成后接通电源，看是否都完好，若有故障及时检修。

（5）最后检查各处是否有水印、痕迹等，将各种清洁工具收好，放回指定处。

#### （二）注意事项

（1）选择适当的时间。清洁保养饭店公共区域的吊灯应根据各场所的使用情况安排时间，以不影响这些场所的使用为原则。

（2）选择合适的人员。这项工作必须由有经验、责任心强、工作细致认真的服务员承担。因为饭店使用的吊灯大多价格昂贵、易损坏，甚至有些配件还不易采购。在作业过程中，领班或主管要加强现场监督，并要求工程部配合协助。

（3）更换烧坏的灯泡。一般大型吊灯有很多灯泡，有些饭店要求每次清洁保养时可将全部灯泡换掉。已烧坏的丢弃，尚能使用的用到别处。

（4）配齐设备工具用品。清洁保养吊灯时，必须有齐全的设备工具和用品，如升降梯、长梯、软刷、各种抹布、专用清洁剂等。

（5）注意安全。清洁保养吊灯时，必须注意安全。一是防止发生工伤事故；二是防止损坏灯具。

## 二、公共场所杯具的清洗消毒操作规范

### （一）设置及要求

（1）洗消间内布局必须严格遵守“一洗、二过、三消毒、四保管”原则而设立。流程要合理，避免交叉污染。

（2）洗消间必须独立专用，通风换气良好。按流程设立前置工作台、洗涤池、过水池、药物消毒池（或消毒柜）、后置工作台、保洁柜。各池应有明显标志。各池容积应与消毒量相适应。工作台面和各池应采用不锈钢或瓷砖，要便于清洗，不易积垢。前置工作台用于存放未清洁杯具，后置工作台用于存放清洁后待消毒杯具。

（3）洗消间必须建在清洁、卫生、供水方便，远离厕所和其他有害污染源的地方。严防“四害”及其他有害昆虫的进入。洗消间面积应与场所规模相适应，但最小不得低于 3 平方米。

（4）杯具保洁柜内壁必须采用瓷砖或易于清洗、不发霉的材料，保洁柜必须带门，柜内不得存放其他物品。

（5）装载脏杯与干净的容器必须分开使用，且标注清晰，不得混用，并当天清洗消毒。

（6）有条件的各类场所的杯具应首选高温消毒方法。

（7）洗消间内四周墙壁应贴瓷砖做墙裙，高度不低于 1.5 米；地面应采用防潮、防滑材料，并有一定的坡度（不小于 2%），易于排水。

### （二）洗消程序

#### 1. 清洗

清倒杯中残渣及茶水，然后在洗涤池中用洗洁液清洗，并注意洗刷杯口。

#### 2. 过水

在过水池中用清水漂洗杯具。

#### 3. 消毒

（1）洗碗（杯）机洗消：按洗碗（杯）机的使用方法操作。

（2）高温消毒：包括煮沸、蒸汽、红外线消毒等。煮沸、蒸汽消毒保持温度为 100℃，消毒时间不少于 20 分钟；红外线消毒（如远红外线消毒柜）应控制温度在 120℃，消毒时间不少于 15 分钟。

（3）药物消毒：在药物洗涤池内，将杯具完全浸泡在溶液中，药液浓度及浸泡时间必须按药物使用说明严格操作，用含氯消毒药时，浸泡液有效氯含量应达 250 毫克 / 升，浸泡时间不少于 30 分钟。消毒液要定时更换，一般每 4 小时更换一次。

4. 保洁

（1）采用高温消毒的：消毒后的杯具应干爽清洁，可直接放入保洁柜内。

（2）采用药物消毒的：消毒后的杯具应倒置（不得超过 15 分钟）后才能放入保洁柜内。

（3）消毒柜同时兼作保洁柜：消毒后可直接留置柜中，但该柜的容量应不少于杯具日常最高用量的 2 倍。凡新置入杯具后应立即消毒。

（4）保洁柜必须每天清洗、消毒，如果采用毛巾作垫子的，所垫的毛巾必须每天更换、清洗和消毒。

## 三、公共用品用具清洗消毒规程

（1）去除公共用品用具表面的残渣、污垢。

（2）用含洗涤剂溶液洗净公共用品用具表面。

（3）消毒方法。

物理消毒：包括蒸汽、煮沸、红外线灯热力消毒方法。

化学消毒：用含氯或过氧乙酸的消毒药物消毒。步骤为：第一步，用含有效氯含量为 250 毫克 / 升的消毒溶液浸泡 30 分钟，可用于桶、盆的消毒或用于公共用品用具表面的喷洒、涂擦消毒。第二步，用 0.2%~0.5% 过氧乙酸溶液，或有效氯含量为 1000 毫克 / 升的消毒液，浸泡 30 分钟，可用于拖鞋消毒。第三步，化学消毒后的公共用品用具应用净水冲去表面的消毒剂。

（4）保洁方法。

①消毒后的公共用品用具要自然滤干或烘干，不应使用毛巾擦干，以避免受到再次污染。

②消毒后的公共用品用具应及时放入保洁柜内。

（5）化学消毒注意事项。

①使用的消毒剂应在保质期限内，并按规定的温度等条件贮存。

②严格按规定浓度进行配制，固体消毒剂应充分溶解。

③配好的消毒液定时更换，一般每 4 小时更换一次。

④使用时定时测量消毒液浓度，浓度低于要求立即更换。

⑤保证消毒时间，一般公共用品用具消毒应作用 15 分钟以上。

⑥用品用具消毒前应洗净，避免油垢影响消毒效果。

⑦消毒后以洁净水将消毒液冲洗干净。

### 【徒弟记忆】

1. 吊灯清洗步骤；

2. 清洗吊灯注意事项。

## 【徒弟操作】

1. 对公共杯具进行清洁；

2. 实际操作后，就自己所认为的公共杯具清洗时的注意事项和所遇到的问题进行整理，制作成 PPT 或者文本文档进行汇报。

## 【师傅指点】

公共区域清洁，要本着绿色环保的原则，另外，酒店公共区域的设施设备很多，投资较大，其清洁保养工作直接影响到酒店的日常运营以及设施设备的使用寿命。因此，做好酒店公共区域的清洁保养工作有着特别重要的意义。

# 项目三　洗衣房与布草房管理

## 【企业标准】

在本项目的内容中，要求学徒认识洗衣房和布衣房，对其相应的工作岗位和工作职责有所了解，掌握基本的洗衣知识，了解洗衣房和布草房的相应运行规则。

## 【师傅要求】

1. 学徒了解洗衣房和布草房所涉及的工作岗位和相应的岗位职责；

2. 学徒对不同衣物的洗涤方法有所掌握；

3. 学徒了解洗衣房和布草房是如何运行管理的；

4. 学徒掌握送衣与取衣规范。

# 任务一　洗衣房与布草房的岗位职责

【师傅讲授】

## 一、洗衣房、布草房的岗位设置和岗位职责

### （一）洗衣房岗位设置

不同酒店设置的洗衣房岗位可能各不相同，以下列举了几种较为常见的洗衣房的岗位。

（1）经理（主管）岗位。

（2）秘书岗位。

（3）洗涤熨烫主管（领班）岗位。

（4）洗涤工（干洗、水洗）岗位。

（5）熨烫工岗位。

（6）织补工岗位。

（7）值班员岗位。

### （二）各个岗位的职责

#### 1. 经理（主管）

洗衣房经理（主管）属客房部经理或总经理领导，全权负责洗衣房的管理工作，负责饭店所有布件、客衣、员工制服的洗熨管理工作。

（1）负责处理布件洗涤差错和损坏的赔偿事宜。

（2）控制洗衣成本及其他开支。

（3）与工程部协作，搞好设备的维修保养，督促工程部及时修复、更换易损设备部件。

（4）负责员工工作安排及人力调度。

（5）负责制定洗涤计划、操作规程及工作制度。

（6）督导并检查下属员工的工作及其质量。

（7）负责部门内员工的业务技术培训。

（8）选购洗衣原料，保证合理的储备量。

2. 秘书

（1）记录员工每日出勤情况，做好每日生产统计及其他固定性记录工作，制作月经营报告等各类报表。

（2）负责办公室各类文件的整理及存档。

（3）管理部门财务及日常用品储存库。

（4）负责办公室的内务工作，如打扫卫生、接听电话、接待来访客人等。

（5）完成经理交给的其他工作。

3. 洗涤熨烫主管（领班）

（1）负责本组内员工考勤和工作分配。

（2）督促所属员工安全生产，按时、保质、保量完成当班任务。

（3）负责将布件分批清洗，在清点完毕后交熨烫工领班。

（4）向经理（主管）负责，按时向上报告洗涤用品消耗量，按月制作各类用品报表交有关部门，定期领取工作用品。

（5）评价员工工作表现，向经理提出奖惩意见。

（6）培训所属员工。

（7）下班前，应检查洗涤熨烫设备、工作场地的环境卫生和安全情况。

4. 洗涤工（干洗、水洗）

（1）操作前做好洗涤设备和电器设备的检查准备工作，配制好洗涤用水。

（2）清点收洗的客衣、布件，分类整理，洗前去污等，并做好洗涤记录。

（3）按程序和注意事项进行干、湿洗涤，并自查质量，签字后交领班。

（4）下班前，应切断电源、水源，搞好机件保养工作及环境卫生。

（5）完成领班及上级管理人员指派的其他工作。

5. 熨烫工

（1）按工作程序与标准做好机器设备使用前的各种准备工作。

（2）熨烫干洗、湿洗衣物。

（3）鉴定各类不同织物的质地，将未洗净衣物退洗涤组返工，并做好记录。

（4）正确操作机器，按规定的工作程序与标准熨烫各类衣物。

（5）将熨烫好的衣物交领班签字。

（6）下班前，应切断电源，将设备、用具、物品归位，做好清洁卫生。

（7）完成领班及上级管理人员指派的其他工作。

6. 织补工

（1）按要求拆、缝衣扣，完成一般手工修理活。

（2）按工作程序与标准完成制服的缝补工作。

（3）下班前，应将设备、用具、物品等归位，做好清洁卫生。

（4）完成领班及上级管理人员指派的其他工作。

7. 值班员

（1）接听值班员或楼区电话，及时收取客衣。

（2）按时与楼区服务员清点客衣，检查洗涤客衣情况，按清点交接单内容签收。

（3）及时将装袋或上架衣物分送楼区服务员签收。

（4）衣物洗熨后，在装袋前检查质量、核对件数。

（5）整理衣物并在所收衣物上打码编号。

（6）完成上级管理员指派的其他工作。

## 二、布草房的布局

布草房通常分为布草房和制服房两个部分。为利于布草的运送，布草房一般都会设在离洗衣房较近的地方。制服房在场地允许的情况下，可设在邻近员工更衣室、员工浴室较近之处，以便于员工更换制服。布草房主要包括收发区、加工区、贮存区和内部办公区。酒店为了提高工作效率，可根据不同区域的功能，合理地进行内部布局，以方便正常运转。

### （一）收发区

应设在邻近布草房门口的地方，有些酒店设有开放式的收发台，且收发台设计成活动式的，以便于布草的交换。收发区还应备有布草分拣筐。

### （二）加工区

一般设在布草房的里侧，靠近窗户、自然采光比较好的地方，或室内灯光比较明亮之处。加工区应配有缝纫机和工作台。

### （三）贮存区

是布草房的主要功能区，配有布草架及制服架，一般都会设在收发区的内侧。

### （四）内部办公区

通常设在收发区附近，以便控制管理。

## 三、洗衣房功能布局

洗衣房通常可以划分为以下几个功能区域：脏布草或脏衣物处理区、水洗区、干洗区、熨烫折叠区和内部办公区等。在进行内部空间布局时，为提高工作效率，要根据其洗涤流程和功能来进行设计。

### （一）干洗区

通常在洗衣房内单独用隔墙封闭和划出干洗区域，为了便于干洗区域处于“负压”的状态，应在外墙上安装两个或两个以上的排风扇，其目的是减少四氯乙烯（干洗油）对人体的损害。还应将所有与干洗有关的设备，如干洗机、光面蒸汽熨烫机、万能夹机、人像精整机、抽湿去渍机、绒面熨衣机等放置在一起。机器熨烫和人工熨烫区域应该相对集中，以方便操作，最好靠近出口处。

### （二）水洗区（湿洗区）

酒店的布草需要湿洗的，一般占洗涤量的 90% 以上，为缩短搬运距离、减小工作强度，水洗区通常设在脏布草或脏衣物处理区的近旁。酒店洗衣房为了避免“大马拉小车”现象，一般都配有不同容量的大、中、小型洗衣机若干台。同时，为了便于布草洗涤前的去渍，还应配有双槽洗涤池。由于各种毛巾类布草在水洗后要及时进行烘干，所以烘干机应靠近洗衣机放置。

### （三）内部办公区域

通常设在进出口处。办公区域内设有洗涤用品储存室。

各个区域必须流程通畅、设置明确。这样不但便于电、水、气的能源管道或线路的安装，还可以降低能耗、提高运行效率。

### （四）脏布草或脏衣物处理区

脏布草或脏衣物与干净布草、衣物，应从不同的出入口进出，送进洗衣房的脏布草，首先要进行分类，所以在靠近脏布草的入口处，应设有堆放和分拣的空间，并就近配备称重装置和打码机。例如，磅秤，便于布草的称重；打码机，便于衣物打码和编号。

### （五）熨烫折叠区

水洗后的大量布草，如客房的床单、枕套、被套和餐厅的台布、餐巾等布草，还要经过烫平和折叠。所以熨烫和折叠区域应靠近水洗区和烘干机，以便于对洗好的、烘干的布草进行熨烫、折叠处理。熨烫折叠区一般配有烫平机、折叠机等设备。

### （六）净衣区

此区域是洗过的布草临时收集和干净衣物的存放处。收集到一定量后送布草房。一般也会靠近出口处。

## 【徒弟记忆】

1. 所含有的岗位设置和岗位职责；
2. 洗衣房、布草房的基本布局。

## 【徒弟操作】

对各个岗位的具体工作内容和洗衣房、布草房的布局设置进行整理和思考，并制作成 PPT 进行汇报。

## 【拓展提高】

案例陈述：10 月 27 日，一行客人入住八楼，805 房间的客人需要客衣服务，且客人不是一次性将脏衣服交与服务人员，而是让服务员往返几次拿取脏衣服。客人看到服务员每次都不厌其烦地为其服务，每遇见客人都能微笑敬语，客人认为服务人员非常有耐心、服务态度好。在 10 月 28 日入住八楼的香港海外资本投资集团总裁、瑞士银行总裁、麦格理银行基金总裁联名写来感谢信："总经理台鉴：我们是香港金融界参加连云港李书记召开的 2011 年投资推介说明会暨连云港侨商会第二届理事大会的特邀嘉宾。在贵酒店参会期受到了热情友好的接待，在此特表感谢！并特别感谢客房部的小叶小姐工作认真负责，不论工作到多晚，都面带微笑，为顾客热心服务，我们为她的精神所感动和佩服！"

案例评析：给客人留下深刻印象、感动或惊喜，其实并不需要做轰轰烈烈的事情，只要我们的员工能够爱岗敬业，为客人提供规范、主动热情、不厌其烦的服务，同样可以赢得客人的惊喜和感动，进而为宾馆赢得良好口碑。

资料来源：云台宾馆自编案例集

# 任务二　洗涤基础知识

## 【师傅讲授】

### 一、洗涤剂的相关知识

要保证洗涤的效果符合和达到标准要求，选择正确的洗涤剂是至关重要的。如果选择或使用不当，不但污垢无法除去，相反还有可能使织物泛黄、腐朽，缩短布草的使用寿命。

常见的洗涤剂有以下几种。

### （一）布草主洗剂

一般通用的主洗剂均为有机合成类，除含碱外，还含有过氧化氢、增白剂、表面活性剂、酶制剂和香精、泡沫稳定剂等，pH 值为 10。主洗剂有粉状和液体两种，粉状除垢效果好（含碱量高），但不能完全溶化和均匀分布；液体主洗剂含有机成分多、易溶化。使用全自动洗衣机时，建议最好使用液体主洗剂。

### （二）酸粉

一般为醋酸和柠檬酸两种。pH 值为 3，有粉状和液体两种，用于中和主洗剂中的碱性成分。因为主洗剂的碱性在漂洗时不容易过清，它不仅会使人体皮肤感觉不适，还会缩短布草的使用寿命。因此，在布草洗涤最后一次过水时，加入适量的酸粉去中和碱，能使布草的 pH 值降至 6~6.7，与人体皮肤相近，增加使用时的舒适度，延长其使用寿命。

### （三）化油剂

化油剂是专为洗涤台布和餐巾上的油污而配置的，可与主洗剂同时使用，也可用于去除衣物上的各种油污。pH 值在 13~14。

### （四）氯漂剂

有次氯化钠（pH 值在 8~9）和过硼酸钠（pH 值为 10）可以起漂白作用，主洗时适量加入。若织物除需增白外，还要去除浅色斑渍，用过硼酸钠效果好；次氯化钠一般用于毛织物和丝织物的效果较好。

### （五）上浆粉

主要针对餐巾、台布、某些制服等配制，通过上浆，能使被浆织物表面挺括、防止纤维起毛，有良好的观感，同时使被浆织物表面有一保护层面，可延长织物的使用寿命。洗衣房常用的有淀粉和聚乙烯醇两种浆料。淀粉价格相对低廉，在洗衣房被广泛使用。聚乙烯醇的价格是淀粉的数倍，因其对合成纤维及纤维素纤维有良好的上浆性能，所以多用于小批量衣物的上浆，一般不用于台布、餐巾的上浆处理。

### （六）氧漂剂

即过氧化氢漂白剂，pH 值在 3~4，专用彩色织物的洗涤。为保持布草原有的光泽和色彩，一般在主洗时适量地加入，可避免碱对色彩的破坏。一般彩色布草较易褪色，所以在洗涤时，还需适当加大剂量。

### （七）领口去污剂（领洁净）

主要用于清洗客衣污渍，多用于衬衣、工装的衣领口处的除渍。在洗涤前使用，可先洗去油斑、色斑和其他脏迹，不会影响到衣物的色泽。

### （八）干洗剂

专用于干洗织物，现酒店采用四氯乙烯的较多。目前酒店使用的四氯乙烯主要是进口产品，优点是毒性比三氯乙烯小，去污能力强，溶油点适中，对机器设备腐蚀小且易回收。国产的四氯乙烯为工业用料，并非专门为织物洗涤而研制生产，所以杂质较多，尤其是对织物的纽扣腐蚀性较严重，不利于蒸馏回收，所以一般情况下是不用的。

### （九）软化剂

也称为柔软剂。布草通过洗涤，可达到良好的清洁度，但有明显的粗糙手感，如床单、内衣，尤其是对毛巾类织物，软化剂是为解决这一问题而配置的，在洗涤的最后一次过水时，加入适量的软化剂，可使毛巾类织物恢复和保持柔软度，增加其弹性和柔顺感。

### （十）去渍剂

常用的去渍剂的种类很多，有去果汁剂、去锈剂、干洗皂液、去油剂、彩漂剂、干洗喷剂、去蛋白剂等。

## 二、洗衣设备的使用

饭店洗衣房设备的配备与饭店规模和资金来源等有关。大型、中型、小型洗衣房的设备差异很大，就是同样规格的洗涤设备，其运转状况也有较大的差异。以下只列举了几种较为普遍的设备及操作使用方法进行说明。

### （一）干洗机

对一些易缩水、变形和褪色的织物来说，水洗的伤害是最严重的。洗涤的关键是要解决洗涤液问题。干洗机就是用干洗液对衣物进行洗涤的机器，工作原理与湿洗机相同。所不同的是除有主洗机外，还增加了回收干洗液的装置。另外，现在普遍使用的干洗液为有毒溶剂，洗涤回收过程中应注意安全保护，所以还附设有安全防范装置。

干洗机的操作规程如下。

（1）每天使用干洗机前，应对其各种开关、管道、传动皮带等进行检查，并擦拭机器。

（2）打开总电源开关，开启机内电源开关，打开供水开关和压缩空气开关。

（3）打开蒸汽阀（开一半），同时按下烘干蒸汽电磁阀控制键和开启蒸馏缸蒸汽开关，再打开蒸汽旁路阀 5~10 分钟，待管道及机内热交换器内的积水排清后，再全开蒸汽阀，并同时关闭旁路阀。将蒸汽电磁阀控制键复位，关闭蒸馏缸蒸汽开关。

（4）检查面板上各功能控制键是否正常工作，同时观察机内各气动阀是否工作正常。

（5）布件的洗涤量是机器设计容量的 70%~80%，对于蓬松的布件不能以此为标准，应以衣物浸透干洗溶剂能在机内滚筒正常运动来衡量。

（6）使用控制卡时应轻进轻出，不可用力过猛。若手动操作，应对各按键轻触轻按。

（7）应针对相应的布件选择适当的控制卡。若是微机控制的干洗机，使用时应选用合适的程序。在开机前应检查清楚，以免浪费时间，甚至酿成意外后果。

（8）在手动操作洗涤设备时，应注意时间的控制和烘干温度的调节。

（9）在干洗机运行期间，操作者应密切注意机上各系统的运行情况。若有异常情况，应立即切断电源、气源。

（10）带有制冷系统的干洗机，应注意制冷剂在工作时的高低压指示表的数据显示是否符合标准。

（11）在烘干阶段和溶剂蒸馏期间，冷却水应足压供给。

（12）在洗涤期间，必须把滚筒内的溶剂尽量排至储油缸或蒸馏缸后，才可进行高速脱液处理，切不可溶剂未排清而进入脱液阶段。

（13）溶剂蒸馏时，蒸馏缸内溶剂装载量应低于观察镜底边。在蒸馏过程中，应注意控制蒸汽的供给量刚好满足沸腾即可。蒸馏前，应对蒸馏缸和保险阀做检查。

（14）对于蒸馏时没有自动控制水供给系统的干洗机，在蒸馏完毕后，应保持继续供水 10 分钟。

（15）冷却水水温不应高于 22℃（最好是软水）。

（16）在干洗机制冷系统工作时，冷却水出水口水温不应高于 40℃；在蒸馏时，冷却水出口水温不应高于 45℃。

（17）使用卡式过滤器，当压力计指示为 1. 5 帕时，应更换过滤芯片。

（18）使用离心式过滤器，当压力计指示为 1. 2 帕时，应做再生处理。具体做法为：

①在蒸馏缸空载时，打开在过滤器和蒸馏缸之间的阀门，排清过滤器内溶剂，并在 3~4 秒的间隔后开启电动机。

②通过蒸馏器观察镜观察，当过滤器内溶剂全部排清后，再开启电动机 2~3 分钟。

③关闭过滤器与蒸馏器之间的阀门。

④把干净溶剂抽至滚筒内，把过滤粉、炭粉加至过滤器，通过过滤器循环把干净溶剂及过滤粉、炭粉抽至过滤器内并吸附。

⑤上述操作完毕，过滤器可恢复工作状态。

（19）每天干洗机使用完毕，应关闭电源、蒸汽系统、供水开关、压缩空气开关。

### （二）烘干机

经湿洗机洗净甩干后的棉织品和衣服仍含有较多水分，若直接整烫，耗能耗时，因此，配置容量不等的烘干机是非常必要的。烘干机的热源分电热式和蒸汽式两种，具体选用哪种，应视饭店能源供应情况而定。

### （三）打码机

打码机是专为洗涤客衣而设置的。早期的洗衣房都用布条写上号码钉在衣服上，以防止衣服搞混，但比较麻烦。打码机的原理是：将不干胶纸粘在衣服的领、袖、腰等处，同时打印出数字。无论干洗、水洗，不干胶纸都不会脱落。

### （四）湿洗机

湿洗机主要用于洗涤棉织品布件，有全自动、半自动、机械操作三种。洗涤容量为50~140千克。洗衣房最好能同时配备大、小两台湿洗机，这样可按需使用，节约能源（每日的洗涤量随住客率变化）。两台湿洗机的选择应根据饭店客房量和其他情况决定，原则上是既不使机器经常处于超负荷运转状态，又不让机器闲置。

## 【徒弟记忆】

1. 各种洗衣剂及其所使用的具体位置；

2. 洗衣房所配置的一些基础设施及其功能。

## 【师傅指点】

湿洗机的操作规范：

1. 在每天使用洗衣机前，对洗衣机的机门、滚筒、洗涤用品加注器、传动皮带等进行目视检查。

2. 检验洗衣机的各项功能，包括正反转、高速脱水功能、高低水位、温控装置等。将冷水、热水各进水1分钟，以排清水管内的滞留水。排蒸汽15秒，以排除管道内的积垢。

3. 洗涤布件或衣物的装载量是洗衣机设计容量的85%，不得超负荷。

4. 卡式控制式洗衣机插入卡片或取出卡片时，应轻进轻出。使用控制开关时，应轻触轻按，力量不可过大。

5. 在开机前应检查程序：卡式控制式洗衣机选择的洗涤程序卡，微机控制式洗衣机选择的程序。

6. 机器运行期间，应注意观察其工作情况，若有意外应马上切断电源、水源、气源。

7. 每天洗衣机使用完毕，应关闭机内电源开关。目视或手触检查电动机及传动系统是否有异常，关闭蒸汽阀、冷热水开关和总电源开关。

### 【徒弟操作】

1. 徒弟对相关的洗涤知识和注意事项进行完整的整理，制作成 Word 文档；
2. 徒弟根据酒店的实际情况，找出现有的洗涤方面的问题，并提出改进方案。

# 任务三　洗衣房与布草房的运行

### 【师傅讲授】

## 一、洗衣房的运行流程

每一件布草或衣服从脏污到干净，必须经过一系列过程，这个过程就是洗衣房生产的运行流程。运行流程的设计要本着省时、省力、提高工作时效的原则，明确每一个环节的任务、责任，以保证洗衣房工作正常、有效地运行。一般来说，床单、枕套洗涤运行流程环节较多，具体如下所示。

（1）客人结账离店后，客房服务员必须更换床单、枕套，已出租的客房根据客人需要，适时更换。

（2）将客房撤出的脏床单、枕套放入布草车。

（3）在设有布草输送槽的酒店，对脏布草点数后，包扎好放入布草输送槽。布草输送槽设在每一楼层工作间，平时不用时需上锁，以免发生安全事故。若酒店没有布草输送槽，则由布草房或洗衣房派人将布草送至洗衣房，人工运送要专门的推车，不能将布草在地上拖拉。

（4）布草运送到洗衣房。

（5）根据布草的种类、污染程度与洗涤方式分类。

（6）根据洗衣机的洗涤容量将布草称重后放入洗衣机。

（7）布草洗涤并脱水。

（8）整理床单、枕套，并同时做预检查，发现未洗净的，剔除出来再处理。

（9）床单、枕套压烫处理。

（10）自动折叠机折叠的床单，因无法对成品再检查，所以必须进行预检。人工折叠前要注意成品检查，发现问题（如未洗净、破损等），剔除出来再处理。

（11）对压烫好的床单、枕套机器折叠或人工折叠。

（12）根据不同的要求整理床单、枕套。床单、枕套每十条做一个包装捆扎。

（13）送返到布草房存放。

（14）设有布草输送槽的酒店，布草房按楼层客房要求领用数量点数后送到各楼层工作间，由客房服务员点收，或者由客房服务员到布草房领取。没有布草输送槽的酒店，通常采用以一换一的方式，即在客房服务交送脏布草到洗衣房的同时，到布草房领回同等数量的干净布草。

（15）客房服务员按工作车配备要求，将适量布草放在工作车上。

（16）清扫整理客房时，补充干净布草进房。

## 二、布草的运行流程

布草房每天需收发大量的布草、制服，工作任务比较重，为保证运行效率和效果，必须科学合理地设计布草房各项工作的运行流程。

### （一）布草的收发

#### 1. 客房布草的收发

（1）楼层提出申请：每天由楼层客房服务员根据出租率打出“每天楼层布草需求单”，并交领班核准签名。

（2）配货：布草收发员根据需求单上的需求品种和数量准备干净布草待运。

（3）运送：用布草车将配好的干净布草送到楼层。

（4）签收：布草收发员将送到楼层的干净布草与需求单一起带到楼层，让该楼服务员核对，并在需求单上签字签收。

#### 2. 餐厅布草的收发

（1）接收：布草收发员逐一收取餐厅脏布草，清点品种、数量并做好记录。

（2）发放：收发员按记录本上的数量逐一清点，发放干净布草。餐厅布草一般采用“以一换一”的发放方法，即以脏布草换回同等数量的干净布草。

（3）签收：餐厅服务员在领取干净布草后，要在表单上签字。

## （二）制服的领换

### 1. 制服的领发

（1）申领：由申领部门填写“制服申领单”，注明员工部门、工种，由部门经理审批。

（2）发放：制服房根据员工身材准备制服，可能需要加工或改动制服的肥瘦、长短。员工试穿合适后，将号码标记在制服上，并将配套的其他物件按规定统一发给员工。一套制服交员工保管，另一套由制服房保存。

（3）记录：将发放制服情况登记在“员工制服登记卡”上，并存档。

### 2. 制服的换洗

（1）收取脏制服：制服房服务员将员工送洗的脏制服清点准确。

（2）分类：将脏制服分类放入不同的布草分拣筐内。

（3）发放干净制服：取出相应的干净制服（干净制服与脏制服号码须一致），员工领用时，再次核对，并送交员工手中。

（4）换洗制服应按规定时间进行。

## （三）布草的修补加工

### 1. 检查

从洗衣房返回的所有布草和制服，都要彻底检查是否有破损。

### 2. 修补

能够修补的布草、制服，都要交缝纫工做必要的缝补。

### 3. 鉴定

所有低于标准的布草，都要经客房部经理鉴定后，才能决定是否继续使用或作报废处理。

### 4. 加工

将可再利用的报废布草进行加工，改制成婴儿床单、枕套、洗衣袋等。

## （四）布草的盘点

### 1. 餐厅布草的盘点

（1）通知：预先通知餐饮部和洗衣房、布草房做好准备。

（2）清点：检查餐饮部存放的脏布草和干净布草。根据不同的规格、颜色，在同一时间内对所有项目进行清点，盘点时要停止布草的流动，防止漏盘和重盘。

（3）记录：将全部盘点结果填写在盘点表上。

### 2. 客房布草的盘点

（1）通知：预先通知有关部门及人员做好准备。

（2）清点：对所有布草进行清点，包括储存在楼层工作间、布草房的布草。根据不同的规格，在同一时间段内对所有项目进行清点。清点时，需停止布草的流动，防止漏盘和重盘。

（3）记录：将全部盘点结果填写在盘点表上。

### （五）布草的报废与再利用

#### 1. 提出申请

下列情况的布草可以申请报废。

（1）布草破损或有无法清除的污迹。

（2）统一调换新品种、新规格等。

（3）使用年限已到。

#### 2. 审批

布草的报废由洗衣房经理或客房部经理审批。

#### 3. 报废布草的处理

报废布草应洗净、做上标记，捆扎好集中存放。

#### 4. 报废布草的再利用

报废的布草如果可以再利用，可由布草房缝纫工加工并改制成其他用品。

### （六）布草的添补与更新

#### 1. 申领

根据布草的报废情况，确定需申领的种类和数量。

#### 2. 填写申领单

将布草申领单上各栏目填写清楚，如数量、规格和颜色等。申领单交客房部经理审批。

#### 3. 领取与核实

凭申领单到总库房领取需要补充的布草，提取布草时，应仔细检查布草数量、种类和规格等，看是否与领用单相符，质量是否合乎标准、要求。

#### 4. 洗熨

领回的布草需全部拆封，送洗衣房洗熨后再使用。

## 三、洗衣房的设置

酒店是否配置店属洗衣房，必须综合考虑下列因素。

### （一）酒店的技术

洗衣房技术要求高，酒店应考虑自身的技术力量及有无专业的洗衣技术人才来确定是否设置洗衣房。

### （二）酒店的规格

酒店规模的大小是考虑是否设置店属洗衣房的一个重要因素。通常规模大的酒店，布草的日常洗涤量大。如果送到店外洗衣公司洗涤，一是洗涤费用高，二是洗涤质量不易控制，三是布草损耗大，四是周转速度慢。所以，大型酒店一般设有店属洗衣房。小型酒店通常布草洗涤量少，考虑到资金、场地、人员、技术力量等方面的因素，一般不设店属洗衣房。

### （三）酒店的资金

洗衣房投资比较大，酒店在决定是否设置店属洗衣房时，必须考虑酒店的资金情况，考虑投入与产出的关系。

### （四）本地洗涤业的社会化程度

酒店所在地洗涤业的社会化程度如何是考虑是否设置店属洗衣房的重要因素。如果当地洗涤业社会化程度较高，酒店可采用与店外洗衣公司签订长期洗涤合同的方式，由洗衣公司负责酒店的洗涤业务。如在香港地区，社会化服务程度高，酒店基本上不设洗衣房，洗涤业务由专业的洗衣公司承担。

### （五）酒店的场地

洗衣房占地面积较大，如果酒店场地较大，空间允许，可以考虑设置洗衣房；反之，则不予考虑。

## 【徒弟记忆】

1. 洗衣房的运行程序；
2. 布草收发流程。

## 【徒弟操作】

徒弟根据酒店实际情况，具体指出布草房、洗衣房运行时可能出现的问题，并提出改进方案。

## 【拓展提高】

**案例一：**

案例陈述：值台员小王上午完成了对住客房客衣的检查工作，将收出的一包客衣带至客房中心交与客房中心文员小韩，由于客房中心文员忙于其他事情，将客衣长时间滞留在客房中心，错过了洗衣场洗涤衣物的最佳时间。虽然洗衣场加急对客人的衣物进行洗涤，以免延误客人取衣时间，但这样却打乱了洗衣场的正常工作秩序。对此，部门对当值的客房中心文员做出处罚，同时在当日班后会上再次对值台员的客衣收取做了规范，要求值台员不得将收来的客衣放于客房中心，各楼层值台员收取的客衣必须及时在各自楼层与客衣工交接，以避免延误客衣洗涤。

案例评析：洗衣服务作为客房对客服务的一项重要服务内容，部门有健全的管理制度，但员工在日常工作中因业务水平、工作责任心等因素偶然会发生不按规范操作的情况，有时甚至会造成工作被动。因此，管理人员必须对员工的日常操作加强检查和监督，以及时纠正员工的错误操作。

**案例二：**

案例陈述：早班值台员小君当班期间，收取了1106房间的客衣，在填写客衣单时，未严格按照“五清”原则操作，在房号填写上出现错误，误将1106写成1006。晚间客衣送回时，中班值台员将客衣送进1006房，稍后1006客人回房后发现房间多出客衣，于是致电客房中心。客房中心及时将客衣取回，经与早班值台员核实，才了解到衣服系1106房的。

案例评析：此案例反映出值台员在客衣收取环节上工作粗心，未将客人所在房间的房号写清，工作责任心不强，虽然在其他客人的反馈下，在1106房间客人找衣服之前送进房间，但此事存有较大的安全隐患，容易导致客人的投诉甚至索赔。此案例同时也折射出早中班值台员就本楼层一些对客服务事项必须交接清楚的必要性，交接事项不能线条太粗，必须细化交接内容，弄清每个工作细节。针对此案例，部门已利用班后会组织员工学习并做分析点评，并将其作为客衣服务上的典型反面案例。

资料来源：云台宾馆自编案例集

# 模 块 三

# 客房服务

## 项目一 客房服务基础

### 【企业标准】

在该项目中要求学徒能够规范自己的待客礼仪；知道基本的对客服务模式；对于接待不同类型客人的注意事项能够有所了解；能够正确处理客人的投诉。

### 【师傅要求】

1. 学徒规范其自身的服务礼仪；
2. 学徒掌握不同类型宾客接待注意事项；
3. 学徒正确处理宾客的投诉。

# 任务一　客房对客服务模式

## 【师傅讲授】

### 一、客房对客服务模式的种类

#### （一）客房中心服务模式

从 20 世纪 80 年代初期开始，随着国际酒店管理模式的引入，我国酒店业逐步出现了客房中心服务模式。这种模式具有减少人员编制、建立专业化对客房服务组织及强化客房管理的特点。客房服务中心模式是指在客房楼层不设服务台和台班岗位，而是根据每层楼的房间数目分段设置工作间。工作间在形式上是不对外的，也不担任接待客人的任务，而是由行李员引导客人进房间。客用钥匙的管理由前厅部的前台接待负责。客人需要客房服务员时，可以拨内线电话通知客房服务中心，由客房服务中心用通信工具通知离客人房间最近的服务员。客房中心联络员以电话服务为主，由于人数不多，所以招聘、培训及管理工作相对来说要容易得多。除了提供电话服务以外，客房中心还承担着客房与其他部门、客房部内部的信息传达、工作协调、出勤控制、钥匙管理、遗留物品管理和资料汇集等工作，从而使得部门的管理更加规范化。目前，我国大部分中、高档酒店都采用这一服务模式。

#### （二）楼层值台服务模式

该模式即在客房楼层设立服务台，配备专业服务员。这种模式是我国客房服务中最基本、最传统、最普通的一种模式。酒店客房楼层服务台发挥着前厅部总台驻楼面办事处的职能。楼层服务员是楼层服务中的直接服务者，楼层领班是楼层管理的骨干，酒店每一层楼都设有一个服务台，楼层服务台的值班员负责楼层的日常服务接待和安全工作。同时，它的后面还设有供客房服务员使用的工作间。

#### （三）兼具以上两种模式

以上两种模式各有其优缺点，因此，有些酒店会采用既设立客房中心又设立楼层服务台的综合模式，以吸取前两种模式的优点并克服其部分缺点。白天，楼层服务台有专职服务员，因为白天楼层事务以及对客服务工作任务较多，楼层服务员的工作量较为饱和，而夜间大多数住客已休息，对客服务的工作也较少，一般可不安排专人值台。如果客人需要服务，可由夜班服务员提供。夜班服务员一般在客房中心待命，上楼层服务时，将电话转移到总机，由其提供电话服务。

## 二、不同对客模式的优缺点

### （一）客房中心服务模式的优缺点

1. 优点

（1）首先，从为客服务的角度来看，客房服务中心最突出的优点就是给客人营造了自由的入住环境，减少对客人的干扰，符合“需要时服务员就出现，不需要时就给客人多一些私人空间”的理念；

（2）减少了人员成本，避免人浮于事，有助于人员的调度与控制；

（3）保证了客房楼层区域内的安静；

（4）客房服务中心加强了服务人员的时效观念，信息渠道通畅。

2. 缺点

（1）弱化了服务的直接性，缺乏人情味，不利于与客人的沟通和交流；

（2）楼层区域的安全隐患不易发现，在某种程度上不能保证住客的安全；

（3）管理过于集中，对员工的工作动态很难掌控。

### （二）楼层服务台的优缺点

1. 优点

（1）楼层服务员 24 小时值班，与客人多为面对面的服务形式，加强了与住店客人之间的交流，具有较强的人情味儿，客人宾至如归，有很强的亲切感；

（2）能够及时地为客人提供较全面、有针对性的服务；

（3）每个楼层均有服务人员值班，能够及时发现楼层的不安全因素；

（4）有利于及时、准确地了解客房房态的运营情况，有利于前台掌握客房的销售情况，也有助于加快查房速度。

2. 缺点

（1）劳动成本高，每一楼层都占用了大量的人力；

（2）客人容易产生被监视的感觉；

（3）管理点过于分散，不利于部门工作的统一管理，客房服务质量难以控制，容易流于形式化、机械化。

## 三、对客服务模式的发展趋势

从国际上客房服务的发展趋势看，在对客服务模式方面将会出现以下趋势：

（1）提供商务楼层服务的酒店逐步减少。

（2）客房中心服务模式将逐步取代楼层值台服务模式。

（3）中、小型酒店客房中心的职能将由酒店总台取代，大型酒店的总台将取代客房中心的对客电话服务。

（4）夜班客房中心联络员与客房部夜班服务员的岗位合二为一。服务员在上楼层服务或巡视时，电话转移到总机或总台，由其接听客房电话。

## 四、客房部对客服务项目

根据国家技术监督局 1997 年 10 月 16 日发布的《旅游涉外饭店星级的划分及评定》标准，星级酒店客房部应提供以下服务。

### （一）一星

（1）客房、卫生间每天全面整理 1 次，隔日更换床单及枕套。

（2）16 小时供应冷热饮用水。

### （二）二星

（1）客房卫生间每天全面整理 1 次，每日更换床单与枕套。

（2）24 小时提供冷热饮水。

（3）一般洗衣服务。

### （三）三星

（1）客房卫生间每天全面整理 1 次，每日更换床单及枕套，客用品和消耗品补充齐全。

（2）提供开夜床服务，放置晚安卡。

（3）24 小时供应冷热饮用水及冰块，并免费提供茶叶或咖啡。

（4）房内一般设微型酒吧（包括小冰箱），提供适量饮料，并在适当位置放置烈性酒，备有饮酒器具和酒单。

（5）客人在房间会客，可应要求提供加椅和茶水服务。

（6）提供叫醒服务和留言服务。

（7）提供衣装干洗、湿洗和熨烫服务。

（8）有送餐单和饮料单，18 小时中西式早餐或便餐送餐服务，有可挂置门外的送餐牌。

（9）提供擦鞋服务。

### （四）四星

除了提供三星级的服务之外，还应提供以下服务：

（1）应客人要求随时进房清扫整理，补充客用品和消耗品（夜床提供鲜花或赠品）。

（2）提供客衣修补服务，16 小时提供洗烫客衣加急服务。

### （五）五星

在四星级服务的基础上，对洗烫客衣加急服务提出了更高的要求，即要 18 小时提供加急服务。

## 五、对客服务模式的选择

酒店采用什么样的客房对客服务模式，取决于以下几方面的因素。

（1）劳动力成本：从成本的角度考虑，酒店还要根据当地劳动力成本的高低去选择其服务模式。一般在经济发达地区劳动力成本较高，员工的素质也较高，采用客房中心模式较可行；反之，则采用楼层服务台较合适。

（2）客源的类别与层次：通常情况下，高档次酒店特别是涉外酒店和以商务客人为主的酒店，采用客房中心的模式较为可行；以会议团体客人为主的酒店，采用楼层值台的服务模式较为适合；特别豪华的酒店为进一步提高其服务规格，往往会在一部分楼层提供值台服务，我们把这些楼层称为商务楼层。该楼层的值台员被称为侍者或管家。他们所提供的服务项目和服务规格要多于也高于一般的值台服务。

（3）安全条件：酒店所在地区的安全情况及本酒店的安全设施，也是在选择服务模式时应考虑的条件之一。安全性高、安全设施完备的酒店，采用客房中心模式较适合；反之，则采用楼层值台服务模式较好。

（4）硬件条件：酒店在选择服务模式时，首先要考虑到服务的垂直交通问题，相当一部分酒店，在建筑设计时没考虑到员工电梯，或电梯数量严重不足，如果设立客房中心就会影响对客服务的速度。其次要考虑通信条件是否能确保客房中心与楼层服务员的及时沟通。因此，酒店通常采用店内寻呼系统，此外，根据楼的形状，还可考虑使用子母机电话。如果没有良好的通信条件，客房中心就无法迅速把客人的需求及其他对客服务信息传递给楼层服务员。最后要考虑安全监控系统、锁匙系统是否完善，能否适应客房中心的需要。最后还应考虑酒店建筑特点，客房是集中于一幢建筑里，还是分散在各个小楼或别墅，不同类型的建筑对服务模式有不同的要求，客房部的管理人员应区别对待。

### 【徒弟记忆】

1. 客房中心服务模式的优缺点；

2. 楼层服务台的优缺点。

## 【徒弟操作】

整理两种模式的优缺点，并分析什么类型的酒店适合什么样的模式，写成报告或者做成 PPT，交由师傅查阅。

## 【拓展提高】

案例讲述：5 月 18 日，来连云港高尔夫球场打球的上海团队客人、604 房间陈先生至前台询问宾馆是否有无线网络。总台人员礼貌地告知对方在大堂和咖啡厅有无线网络。此时，金钥匙小孙想起来，此位客人下午办理登记时携带了 iPad，客人肯定是希望在房间使用，但是房内没有无线信号。看着客人失望的眼神，想到陈先生此次要入住两天，小孙请客人先去用餐，他会想办法帮助解决这个问题。客人走后，小孙立即联系客房协调解决，但是客房反馈上次工程部提供的无线路由器是员工私人的，且已经损坏无法使用。在大家都没办法的时候，小孙突然想到礼宾部一位同事的宿舍有一台无线路由器闲置，于是立即安排礼宾部领班联系这名同事，并将路由器取来交工程部弱电师傅调试后到 604 房间安装。20 日早间陈先生退房时专门来到大堂对小孙说，感谢你的服务，无线路由器很好用，放在房间了。

案例评析：事情虽然很小，但是解决了客人的燃眉之急，作为一名金钥匙真正做到了急客人之所急，想客人之所想。同时从案例中我们应该看到我们的服务还存在缺陷，目前携带平板电脑的客人越来越多，如何满足这部分客人在房内上网的需要，是我们亟须解决的一个新的问题。我们的服务项目应该与时俱进，在客人的需求中不断完善和提升。

资料来源：云台宾馆自编案例集

# 任务二　客房服务礼仪

## 【师傅讲授】

### 一、客房服务人员必备礼仪

（1）不得在营业场所勾肩搭背，三人或三人以上并排前行。

（2）动作、表情避免夸张，不得大笑、尖叫或说话声音过大。

（3）与客人交谈不得态度冷淡、不得责备客人。

（4）对客人提出的问题需耐心听讲。

（5）不得背对客人接、打电话，不得用头或肩夹电话，不得摔电话。

（6）当班时打哈欠需捂嘴，不得抓痒、掏耳朵、挖鼻子、揉眼睛，咳嗽需掩口、需掉转头，不得当着客人面伸懒腰。

（7）与客人、领导交谈中，如遇电话响应中断谈话，向对方表达歉意，无关紧要事项不得打断客人、领导讲话，不得斜视、嘲笑、蔑视同事、领导、客人，处于坐式岗位的员工遇到客人、领导时需起立。

（8）与客人交谈需专注、眼睛不得眯着看客人或眼睛盯着某一宾客看较长时间。

（9）在服务中，对客人出现的不满，需及时致歉。

（10）进出办公室需敲门，未经允许不得进入。

## 二、客房服务员的举止要求

### （一）表情的要求

表情是一种无声的语言，适度的表情可以向客人传递对他们的热诚、敬重、宽容和理解，给客人带来亲切和温暖。对客房服务人员表情的基本要求是：温文尔雅，彬彬有礼，稳重端庄，不卑不亢，笑脸常开，和蔼可亲，毫不做作。

（1）要面带微笑，和颜悦色，给人以亲切感；不能面孔冷漠，表情呆板，给客人以不受欢迎感。

（2）要聚精会神，注意倾听，给人以受尊重之感；不要无精打采或漫不经心，给客人以不受尊重感。

（3）要坦诚待客，不卑不亢，给人以真诚感；不要诚惶诚恐，唯唯诺诺，给人以虚伪感和不信任感。

（4）要沉着稳重，给人以镇定感；不要慌手慌脚，给客人以毛躁感。

（5）要神色坦然，轻松、自信，给人以宽慰感；不要双眉紧锁、满面愁云，给客人以负重感。

（6）不要带有厌烦、僵硬、愤怒的表情，也不要扭捏作态，做鬼脸、吐舌、眨眼，给客人以不受敬重感。

### （二）接电话礼仪

（1）在电话铃响起三声之内接起，最好在第二声后接起；左手拿起听筒，简单问候，迅速报出部门名称及问候对方，如“您好，××部门”。

（2）嘴唇与话筒距离2厘米，自然发声，说话清晰，发音准确。

（3）面带微笑，语调柔和，让客人从你声音中体会到你的亲切。

（4）问清对方姓名、事由，以正确的姓名及头衔称呼对方，使用敬语，如“谢谢/对不起/请原谅”。

（5）仔细听讲，不打断对方讲话，不可因不专心而要求对方重讲一次。

（6）准确完整地记下通话要点，简要复述备忘要点。

（7）通话完毕，让对方先挂断，然后轻轻放下听筒。

（8）两部电话同时响起，先接其中一个，可向其中一方致歉并请其稍等一下，如"对不起，请稍等"。

（9）如需对方等候时间较长，应明确告知对方需等候时限，并建议对方稍等或是一会儿回电话给他。

（10）接打错电话时要婉转、谦恭而有礼貌地告知对方拨错了电话，应说："这里是××部，我们这里没有××，请核对一下您拨的号码。"

### （三）引领礼仪

（1）引领客人时，应保持在客人前方两至三步的距离。

（2）步伐速度与客人尽量一致。

（3）保持与客人大约成130°的角度。

（4）下楼梯时，让客人走在后。

（5）引导客人乘电梯应让客人先入，不得自己先行，电梯进门左侧为上位，到达时请客人先步出电梯。

（6）引导客人上楼梯时，应让客人走在前方。

### （四）路遇上级、客人时的礼仪

（1）与上级、客人相遇时，应主动避让，定点后微笑问候并致15°欠身礼。

（2）与上级、客人同行至门前时，应主动开门让领导、客人先行，不能自己抢先而行。

（3）与上级、客人上下电梯时应主动开门，让领导、客人先上或先下。

（4）客人迎面走来或上下楼梯时，要主动为其让路。

### （五）问候礼

问候礼是人与人见面时相互问候的一种礼节，以问候、祝贺语言为主，重要客人在酒店消费后有时还有迎送礼。

#### 1. 客人刚到酒店时的问候

与客人初次见面，服务员应该说："先生（小姐、太太等）您好，见到您很高兴""您一路辛苦了""欢迎您入住我们酒店，很高兴能为您服务"等。

#### 2. 时间性问候

客人入住酒店后与客人见面时，要根据早、中、晚大概时间问候，"早上好""下午好""晚上好"，这当中尤其要注意英语问候语的用法，晚上好应该用"Good evening"，

“晚安”应该用“Good night”，“晚上好”是见面时相互打招呼，“晚安”是客人进客房休息或是今晚不再见面的意思。

**3. 对不同类型客人的问候**

在酒店入住的客人很多，服务员要问候不同类型的客人，如同体育代表团、文艺代表团见面时，除一般性问候外，还要注意说一些客人喜欢听的吉利语言，“祝贺你们在比赛中获胜”“祝你们演出成功”“你们表演得很精彩”等。

**4. 节日性问候**

节日性问候礼，如圣诞节、新年、国庆节，可以向客人问候：“祝您节日快乐。”在酒店日常服务工作中，当了解到这几天是客人生日时，就要更加关心客人，见面时应该表示祝贺，说：“祝您生日快乐。”对于酒店重要客人和知名人士，还要送客人鲜花和其他生日礼物，使客人感到宾至如归。

**5. 其他问候**

客人身体欠安时，酒店工作人员不但在语言方面要使客人满意，还要在日常生活中多关心客人，如客人感冒了，在见面时就应该问候：“您身体好些了吗？”“祝您早日恢复健康”等。

### （六）称呼礼

称呼礼指日常工作中与客人进行交流时的称谓。酒店客人可能来自不同的国家和地区，由于各个国家、地区民族的语言、风俗习惯各有特点，因而在人与人的称谓上可能有很大的差异。如果称呼错了，职务不对，姓名不对，不但会使客人不高兴，引起客人的反感，甚至会闹出笑话产生误会，影响酒店服务在客人心目中的形象。

**1. 对客人的一般性称呼**

在国际交往中，无论是外国人、华侨还是港澳台同胞，一般对男士统称“先生”，对已婚女性称“夫人”，对未婚女性称“女士”，对不了解的女性可以称呼“女士”，对戴结婚戒指的女士称“夫人”。一般情况下可以称呼女性为“太太”，因为在英语中太太（Madam）一词还有贵夫人、女士之意。

**2. 按职位称呼**

知道客人的学位、职位等时，要在“先生”“女士”前冠以这些内容，如“博士先生”“议员先生”“上校先生”“总统先生”等。

### （七）操作礼

操作礼主要是指服务人员在日常工作中的礼节。

（1）酒店工作人员在日常工作中要着装整洁，注意仪表，举止大方，态度和蔼。上班时间不准大声喧哗，不准开玩笑，不准哼小曲，保持客房的安静环境。进宾客房门时，既不能猛敲，也不能间隔很长时间再敲门，要有节奏地轻敲。轻敲一下后如果没有人回答，稍隔片刻再缓敲两次，待客人同意后再慢慢开门进入，并用温柔的语调对客人说："对不起，打扰您了，现在可以为您整理房间吗？"征得客人同意后再整理床铺，打扫房间。搞完卫生后，退出客人房间时，要对客人说："谢谢，再见！"

（2）酒店工作人员在打扫房间时，要既轻又快，搞完房间卫生后，不准在房间逗留。在整理客房过程中不准随意翻阅客人的书籍、信件、刊物等，也不能动用录音机、录像机、电视机等。

### （八）迎送礼

迎送礼是酒店服务人员迎送客人时的礼仪。

（1）宾客来到酒店后，酒店接待人员要主动向客人打招呼问好，笑脸相迎。在为客人提供服务的过程中，应该按照先主宾后随员，先女宾后男宾的顺序进行服务。对老弱病残客人应该主动搀扶。

（2）对酒店重要客人、外宾和友好团队来店或离店，酒店要组织管理人员、服务人员在酒店大门排队迎送。迎送人员的服装要整洁，鼓掌要热烈，使客人感受到一种亲切感。

### （九）应答礼

应答礼是指同客人交谈时的礼节。

（1）解答客人或上级问题时必须起立，站立姿势要好，背不能倚靠他物，讲话语气要温和耐心，双目注视对方，集中精神倾听，以示尊重客人。对客人的问话和托办事项没有听清楚，要立即说："对不起，您能再说一遍吗？"对于客人委托酒店办理的事情，如客人在酒店的留言，服务人员在听清的基础上也要向客人说："先生，对不起，我把您的留言重复一遍，可以吗？"这样可以避免在工作中出错。

（2）酒店工作人员在与客人交流时，语气要委婉，不能说"不成""不知道""没有办法"等语言。如果客人提出的问题超出了自己的权限时，应该及时向上级汇报。

### （十）握手礼

握手礼是人们在交往时最常见的礼节，也是大多数国家的人们见面或告别时的礼节。行握手礼时，距离受礼者一步远，上身微向前倾，两足立正，伸出右手，四指并齐，拇指张开向上，握手，礼毕松手。

（1）同客人握手必须客人先主动伸手后，酒店工作人员才伸手与之相握。不能由于客人是老住户、熟人，就不管地点、时间、场合主动与客人握手，否则容易打扰客人，引起误会。

（2）同男客人握手时，手握得越紧，越能表达友情热烈，但力气不能用得过于大；与女客人握手时则应该轻一些。

（3）一般情况下，握手时双方应该把手套脱下，男士还应该摘下帽子。但有时则不然，如尊贵客人、身份高贵的女士可以戴着手套与他人握手。

（4）行握手礼时眼睛要注视对方的眼、口、鼻，微笑致意，说一些问候语或祝福语，切记不能在握手时看第三者，显得心不在焉。

（5）客人较多时不能交叉握手。

（6）初次同女士见面，在女方没有举手前，男士不能先举手。

（7）如果手上有疾病，可以先向对方申明，请其原谅，不用行握手礼。

## 三、房间留言用语礼仪规范

（1）当您使用房间电热水壶时，请将手柄下的开关往上拨至“I”。水烧开后会自动跳至“O”谢谢！

（2）尊敬的“××”先生或小姐！服务员在打扫房间时，发现您房间的“××”东西有污渍，经洗衣房洗涤后却无法去除污渍。根据酒店规定要做出相应的赔偿，现赔偿费用已入您的房账。对此我们深表歉意。祝您在酒店过得愉快！ ××年××月××日服务员姓名×××

（3）尊敬的“××”先生或小姐！您的衣服已洗好，现已帮您放在房间的衣柜里。如果有什么问题可以打电话客房中心“7”，我们随时为您服务。祝您在酒店过得愉快！××年××月××日服务员姓名×××

（4）尊敬的“××”先生或小姐！服务员在打扫房间时，发现您房间的“××”东西坏了。按照酒店规定对此要做出相应的赔偿，现已入您的房账，对此我们深表歉意。祝您在酒店过得愉快！ ××年××月××日服务员姓名×××

（5）尊敬的“××”先生或小姐！服务员在收取您的衣服时发现“××”衣服上有污渍或损坏，我们会尽力帮您修补或洗净。祝您在酒店过得愉快！ ××年××月××日服务员姓名×××

（6）尊敬的“××”先生或小姐！服务员在打扫房间时，发现您的房间留有大量的现金和贵重物品。为了保证您的安全，建议您存放在总台的免费保险柜或房间的私人保险箱里。祝您在酒店过得愉快！ ××年××月××日服务员姓名×××

（7）尊敬的“××”先生或小姐！服务员在打扫您的房间时，发现您的小酒吧有以下几种品种已消耗××。现已帮您添加补齐并入房账。祝您在酒店过得愉快！ ××年××月××日服务员姓名×××

（8）尊敬的“××”先生或小姐！您的“××”衣服上的污渍已无法去除或无法修补，对此我们感到很抱歉。祝您在酒店过得愉快！ ××年××月××日服务员姓名×××

（9）尊敬的“××”先生或小姐！服务员在打扫您的房间时发现少“××”，现已帮您房间的用品补齐并入房账。祝您在酒店过得愉快！ ××年××月××日服务员姓名×××

（10）尊敬的“××”先生或小姐！服务员在为您房间做夜床时发现靠“××”方向的床上堆放了您的物品故未帮您开床。如果您需要开床可以打电话客房中心“7”，我们随时为您服务。祝您在酒店过得愉快！ ××年××月××日服务员姓名×××

（11）尊敬的“××”先生或小姐！服务员在打扫房间时发现您房间的枕头是对折的，所以帮您在房间添加了一个枕头。祝您在酒店过得愉快！ ××年××月××日服务员姓名×××

（12）尊敬的“××”先生或小姐！服务员在打扫您房间时发现你将旁边的被褥拿到了一张床上，所以我帮您加了一条被子，并将房间的空调打开了。祝您在酒店过得愉快！ ××年××月××日服务员姓名×××

（13）尊敬的宾客，您好！今天给您整理房间时，发现您有吸烟的习惯，想到吸烟对嗓子和肺不好，特意为您准备了润喉的薄荷糖和清肺的雪梨，希望给您提供方便！祝您在酒店入住愉快。

（14）尊敬的宾客，您好！得知您酒喝多了，特意为您准备了解酒醒脑的蜂蜜水，希望给您提供方便！祝您入住愉快！

## 【徒弟记忆】

1. 接电话时的礼仪；
2. 路遇客人时的礼仪；
3. 指引客人时的礼仪。

## 【师傅指点】

谨记酒店九大敬语：

1. 您好；
2. 欢迎光临；
3. 对不起，劳驾；
4. 我能为您服务吗；
5. 请稍等片刻；
6. 好的，先生/女士；
7. 对不起，让您久等了；
8. 谢谢（不客气）；
9. 祝您过得愉快。

## 【拓展提高】

案例陈述：一位澳门的宾客入住酒店时，刚到房间就要服务员送壶开水进房，服务员小刘面带微笑，把暖水瓶轻轻放到茶几上，并主动询问宾客："先生，还有什么需要我帮您做的事情吗？"该宾客说："小姐，请给我一条毛巾。"小刘满口答应便出去了，一会儿便用盘子端着一干净的毛巾来到宾客面前，用夹子夹住毛巾递给宾客说："先生，请用。"没想到宾客却很不高兴，责备道："我不要旧的，我要没有用过的新毛巾！"服务员小刘心里一愣，却不动声色，即对宾客表示："对不起，我给您拿错了。"说完便出去换了一条新毛巾来，宾客这才满意。

澳门客人泡上一杯茶。并打开电视，一边喝茶，一边看电视。茶喝过后再加水味道稍淡，他又把剩下的两袋茶叶另泡了一杯，当他觉得茶味又不够时，发现茶叶没有了，于是打电话给客房部文员，请服务员再送一些茶叶来，服务员小刘很快就拿了几包同样的茶叶进来送给宾客，没想到宾客大为不满地说道："我不要这种绿茶，我要喝浓一点的红茶！"这时服务员小刘心里很委屈，但丝毫没有流露出来，再次向宾客道歉："对不起，我又给您拿错了。"接着又去换了几包红茶来送给宾客。此刻，宾客很受感动，他发觉自己刚才两次对服务员发火太过分了，不由连声向服务员道谢："小姐，谢谢你！"脸上露出愧疚的神情。

案例评析：酒店提供的服务内容和形式，其设计的依据是宾客。酒店服务是作为商品提供给宾客的，应该以宾客为中心。以宾客的需求为依据来设计酒店服务，这就是宾客至上，酒店服务中不能与宾客发生争执，要在酒店规定允许的范围内把"对"让给宾客。

资料来源：网络

# 任务三　宾客类型与服务要求

## 【师傅讲授】

### 一、宾客类型

酒店的宾客来源于世界各地及社会的各阶层，他们的旅行组织方式及旅行目的各不相同。他们有着不同的背景、不同的生活习惯、不同的兴趣爱好，以及不同的宗教信仰等。不同的划分方式，划分出的宾客类型也不相同。具体如下。

## （一）按旅游目的划分

### 1. 观光型客人

这类客人以游览为主要目的，喜欢购买旅游纪念品、照相等。此类客人对当地的名胜较感兴趣，他们需要冲胶卷、邮寄信件或明信片等委托服务。这类宾客通常是早出晚归，客房在对客人服务时，应根据其进出店时间，注意做好早晚服务工作，如清晨注意叫醒，提前送水，提醒客人带好照相机；晚上在客人回店前，茶水要备足（最好不要太烫），室内空气调节好。要主动介绍自然风光、名胜古迹、风味餐馆和本地区、本城市及饭店商品部的工艺美术品、土特产品和旅游纪念品等，便于客人购买。办理委托服务如洗熨衣服、擦皮鞋、冲洗胶卷等。服务要主动热情，保质保量，及时周到。

### 2. 商务、公务型客人

据统计，全世界酒店客源中，此类型客人占53%，因此，接待好他们，对酒店经营至关重要。此类客人喜欢选择熟悉的酒店或曾住过的客房，对酒店服务及设施要求较高，忌讳服务人员挪动他们的办公用品、办公资料等物品，因此在处理此类客用品时要特别小心。这些客人因工作关系对自身形象也较注意。他们要求酒店提供高质量的洗衣、擦鞋服务等。

### 3. 竞赛、演出型客人

这类客人以参加当地比赛或演出为目的，一般以团队的形式出现。他们对客房洗衣服务的要求较高，且服务需求较集中。客房部要妥善安排调配。

例如，一些文艺演出团队对服饰非常讲究，要求洗衣服务较多，而且要求质量高、时间短。他们的活动安排紧凑，常常晚间演出白天休息，其生活习惯或生活规律与其他客人不同，因此在客房安排上，既要避免影响其他客人休息，又要避免他们被其他客人打扰。

又如，一些体育代表团对休息和饮食要求高，在客房安排上要充分考虑到能够让他们休息好，且不被打扰，还必须24小时有热水供应。另外，文艺演出团和体育代表团中的明星，很容易招来一大批的“追星族”，因此，为他们保密及在安全上的服务尤为重要。

### 4. 蜜月旅游型客人

尽量为他们安排“蜜月房”，客房整理一定要做到整齐、美观、恬静。按照客人的要求和风俗习惯，布置好“洞房”，房间布置要气氛热烈、美观、大方，举行婚礼时要送结婚纪念品，组织客人和服务员表示祝贺。

### 5. 会议旅游客人

此类客人人数多、用房多、活动有规律，且时间集中，因此客房服务任务重、要求严格。客房部在服务时要注意服务人员的灵活调配及会议室、客房、公共场所的合理布置和利用等，并随时留意房间内信封、信纸和笔等文具、用具的配备。

### （二）按人数规模划分

**1. 团队**

团体客人大多数以旅游观光为目的，旅游团的活动一般有组织、有计划，日程紧、时间少。酒店虽然给团体客人的房价折扣较大，但由于出租的房间数量多，因此，其客房收入对酒店来说也很可观。在接待中，应注意对旅游团的每一位成员一视同仁，不谈及有关房价、餐费的问题，不介入他们的矛盾。遇到问题时，与接待单位或旅行社的陪同人员联系，要充分做好团队进、离店前后的各项工作。为更好地服务客人，可以根据旅行社通知的预计抵达时间，提前将开水送到客人房间，在气温很高或很低的季节，提前调好室内温度；对于晚上进店的团队房，白天做床时就把夜房做好，既可以节省人力，又能方便客人。

**2. 散客**

散客就是“自由零散的旅游者”（Free Individual Tourist），其缩写为“F. I. T.”，在饭店业中经常用来表示零散客人，以区别于团体客人。饭店的每日平均价高低，很大程度上依赖于散客的多寡。也就是说，客房订房部有直接责任争取多一点的散客订房。

### （三）按宾客国别划分

（1）外宾：在生活习惯方面，外宾习惯于晚睡晚起，对窗帘的遮光及效果要求较高。对客房的卫生设施、设备非常敏感，喜欢淋浴，24 小时热水供应对他们来说是一种必需。对室内的温度要求也较高，大多数外宾夏天喜欢把室内温度调得很低，很多人一年四季食用冰块；在消费方面，习惯于享用酒店提供的洗衣服务、房内用膳服务、房内小酒吧等服务。从事外宾接待工作，对客房服务人员的语言有一定的要求，同时还要求服务人员尊重客人的不同文化。

（2）港、澳、台地区客人：此类客人基本上分商务型、探亲型和旅游型。接待中要注意有热情的态度、周到的服务，如介绍当地的风土人情、购物场所等，给他们以宾至如归的感觉。

（3）内宾：一般以公务散客为主，观光旅游团队也占一定比例。他们习惯于随叫随到的服务方式，希望楼层有值台服务员。相当一些内宾有午睡习惯，不希望在中午被打扰。此外，内宾喜欢在客房内会客，访客较多。

还有其他划分宾客类型的方式，例如，以宾客居住时间的长短，把宾客划分成长期、短期等各种方式。

## 二、服务要求

### （一）普遍客人的服务要求

大部分宾客在下榻酒店期间，会在客房内逗留较长的时间。客房部对客房服务水准的优劣和高低，在很大程度上决定了客人对酒店产品的认知程度和满意程度。这就要求客房部在对客服务时，要以与其酒店星级相对称的服务程序及制度为基础。以整洁、舒适、温馨和安全的客房为前提，随时为客人提供礼貌热情、真诚主动、舒适便捷、耐心周到、准确高效、尊重隐私等方面的服务，使客人“高兴而来，满意而归”。

**1. 本着全心全意为客人服务的态度**

客人是饭店所有员工的衣食父母，关心和爱护每一位客人，最大限度地满足客人一切合理、合法的需求，不断改进服务态度，提高服务效率，为客人提供优质服务，是客房部员工应尽的职责和义务。每一个客房部员工应该有意识地做到对客人笑脸相迎，文明礼貌，热情周到，从每个动作和每句话语中展现出高尚的道德行为。在服务工作中时刻摆正自己与客人之间的主客关系和服务与被服务的关系，贯彻“宾客至上，服务第一”的原则。一般来说，客房部员工在心情舒畅、工作较顺利和没有利害冲突时，要做到热情友好、宾客至上是比较容易的；但当个人遇到困难，心情不舒畅，工作不顺利或个人利益与客人利益发生矛盾时，要做到热情友好和“宾客至上”就不那么容易了。在这种情况下，尤其要克服个人情绪，顾全大局，理智地处理好与客人的关系。

**2. 诚挚待客，知错就改**

客房部员工在工作中出现失误是难免的，对于因此而给客人造成的不便或损失，应主动承担责任，勇于认错，知错就改，绝不能将错就错、敷衍搪塞。

**3. 对待客人，一视同仁**

具体来讲，客房部员工在接待服务中，要做到“六个一样”。

（1）“华”“洋”一样。即对华人（华侨、外籍华人）和外国客人一样看待。不能重“洋”而轻“华”，重“黄发碧眼”者，而轻“黑发黑眼”者。

（2）“东”“西”一样。即对东方国家的客人和西方国家的客人一样看待。不能重“西”而轻“东”。

（3）“内”“外”一样。即对国内客人和外国客人一样看待。

（4）“高”“低”一样。即对高消费客人和低消费客人一样看待，不能重“高”轻“低”。

（5）“黑”“白”一样。即对肤色不同的客人一样看待。

（6）“新”“老”一样。即对新、老客人一样看待，不能重“老”而轻“新”。

### （二）特殊客人的服务要求

**1. 醉酒客人**

（1）如果证实其为外来游荡的醉客，应请其离开，通知安全部人员将醉客带离楼层，并控制醉客的行为；若是住店客人，应通知领班或请同事帮忙，安置客人回房休息。

（2）客人已饮酒过量，但尚清醒，应扶客人上床，并将纸篓放在床边，以备客人呕吐时使用，并备好面巾纸、漱口水，放在床头柜上。

（3）征求意见后，泡一杯茶给客人放在床头柜上。

（4）安顿客人休息后，房间要留灯，如夜灯或廊灯，然后轻轻退出房间，关好房门。

（5）密切注意房内动静，以防房内物品受损或因客人吸烟而发生火灾。

（6）对因醉酒而大吵大闹的客人要留意观察，在不影响其他客人的情况下一般不予干涉。但若发现客人因神志不清而有破坏行为，则应通知保安部、大堂副理处理。若已造成设备物品损坏，应做好记录，待客人酒醒后按规定赔偿。

（7）若遇客人倒地，不省人事和有发生意外的迹象，如酒精中毒的客人，应及时通知大堂副理，同时通知医务室医生前来检查，以保证客人安全。

（8）对醉客纠缠不休要机警应付，礼貌回避。

（9）在服务员工作日报表上填写醉酒客回店时间，留下记录。

**2. 患有残疾的客人**

在残疾客人中，常见的有三种类型：一是坐轮椅的腿部有残疾的客人；二是盲人或视力不佳的客人；三是听力不佳的客人。在客房服务中应根据残疾客人行动不便以及生活自理能力差等特点，给予特别的照料。

在服务中应注意的事项：

（1）在客人进店前，根据前厅等部门提供的资料了解客人的姓名、残疾的表现、生活特点、有无家人陪同以及特殊要求等，做好相应的准备工作。

（2）客人抵店时，在梯口迎接，问候客人并主动搀扶客人进入客房，帮助提拿行李物品等。

（3）仔细地向客人介绍房内设施设备和配备物品，帮助客人熟悉房内环境。对盲人和视力不佳的客人，这点尤其重要。

（4）在客人住店期间，对其进出应特别加以关注，并适时给予帮助，如搀扶其进出电梯、客房，提醒客人注意安全、小心滑倒等。当客人离开楼层到酒店其他区域时，应及时通知有关人员给予适当照料。

（5）主动询问客人是否需要客房送餐服务，配合餐饮服务人员做好服务。

（6）应尽力承办客人委托事项，通过有关部门的协作，及时完成并回复，使残疾客人住店期间备感方便、愉快。如客人需代寄邮件或修理物品等，要及时通知大厅服务处为客人办理，提供让客人满意的服务。

（7）对残疾人的服务应主动热情、耐心周到、针对性强，并照顾到客人的自尊心，对客人的残疾原因不询问、不打听，避免因言语不当而使客人不愉快。

（8）当客人离店时，服务人员应主动征询客人意见和要求，并通知行李员帮助客人提拿行李，送客人进入电梯后方可离开。

3. 生病客人

（1）如遇危重病人应及时与医院或急救站联系，组织抢救，救护车未到前可由驻店医生给予必要的救治处理，同时要立刻上报，大堂副理或饭店值班经理应亲临处理。若客人处于清醒状态，则需征得客人同意。

（2）未经专门训练和相应考核的服务员，若发现客人休克或其他危险迹象时，应及时通知大堂副理或值班经理采取必要措施，不得随便搬动客人，以免发生意外。

（3）若有客人要求服务员代买药品，服务员首先应婉言向客人说明不能代买药品，并推荐饭店内医务室，劝客人前去就诊。若客人不想看病，坚持让服务员代买药品，服务员应及时通知大堂副理，并由其通知驻店医生到客人房间，进而由医生决定是否从医务室为客人取药。

（4）若发现客人患有传染病时，应立即关心安慰客人，稳定客人情绪，请饭店医务室为其诊治，然后将病人转到医院治疗。客人住过的房间应请防疫部门进行彻底消毒。

## 三、客房对客服务质量管理

客房对客服务是整个酒店对客服务工作的重要方面，其质量好坏直接影响酒店的整体服务质量。因此，客房部以及整个酒店都必须高度重视客房对客服务工作，采取一系列措施和方法加强客房对客服务的质量管理。

### （一）树立现代服务精神

传统的服务大多是任务服务，即把服务当作任务去完成。这种任务很难达到理想的服务水平，不能使客人真正满意，并获得较高层次的享受。这种服务已不能适应现代酒店服务工作的要求。因此，酒店服务人员要树立现代酒店服务精神，即用心服务。具体要求是服务要诚心、精心和尽心。

诚心：服务要真心诚意，而不能流于形式，只做表面文章。

精心：服务要注意细节，追求完善，精心设计，精心操作。

尽心：服务人员在服务工作中要尽心尽力做好每一件事，要一次到位，争取百分之百的合格，而不能指望重来。

### （二）服务理念要升华

在新的时期和新的形势下，酒店服务工作面临着更大的挑战和更高的要求，要做好酒店的各项对客服务工作，酒店员工的服务理念必须升华，要对服务工作有个新的认识和理解。

宾客至上的实质是给客人以充分的尊重（充分理解客人的需求）、关怀（充分理解客人的心态）和理解（充分理解客人的过错）。

享受 = 舒适 + 情感 + 美感。

酒店服务的最高价值是享受。

服务理念的核心是宾客至上。

## 四、对客服务语言规范

（1）报修服务语言规范："对不起，由于我们工作的疏忽给您带来了不便，请问您住几号房间？ ×× 房间，好的，请稍等片刻，我马上通知维修工来维修，感谢您的来电，再见！"

（2）擦鞋服务语言规范："请问您住几号房间？ ×× 房间，好的，请稍等，我们马上为您提供擦鞋服务，谢谢！感谢您的来电，再见！"

（3）洗衣服务语言规范："请问您住几号房间？ ×× 房间，好的，×× 房间需要洗衣服，请您填好洗衣单并签上姓名，洗衣单在衣柜抽屉内，请稍等，我马上让服务员到您房间收取，感谢您的来电，再见！"

（4）客人提出房间拖鞋是旧的语言规范："为了配合绿色环保工作，房间的拖鞋我们是经过清洗消毒过的，您可以放心使用，感谢您对我们工作的支持。"

（5）加床服务语言规范："请问您住几号房间？ ×× 房间，好的请稍等。我们马上为您加床，请您到前台办理加床手续，谢谢！感谢您的来电，再见！"

（6）客人抱怨消费品价格高语言规范："您好先生（或小姐），不好意思，饭店的收费标准是根据国家有关物价标准制定的，相信您的消费是物有所值的。感谢您的来电，再见！"

（7）租借服务语言规范：

①"请问您住几号房间？ ×× 房间需要送一把剪刀，请您稍等，我马上让服务员给您送到房间，感谢您的来电，再见！"

② 如果客人需要的物品已无备用，我们应立即向客人说明情况，请客人稍等，然后与其他客人联系物品是否可取回。语言规范："真是抱歉，您需要的 ××× 已全部借出，请稍等，我们马上与其他客人联系后再给您答复，好吗？"

（8）茶水服务语言规范："请问您住几号房间？请问您需要送几杯茶水？红茶还是绿茶？ ×× 房间需要两杯红茶、两杯绿茶，请您稍等，我马上让服务员给您送来，感谢您的来电，再见！"

（9）叫醒服务语言规范："请问您住几号房间？ ×× 房间需要 8：00 叫醒，请问您需要二次叫醒吗？感谢您的来电，再见！"

（10）问讯：客房中心人员必须熟悉酒店的应知应会，客人提出的问题能第一时间给予回复。要求语言规范，口齿清楚。

（11）购买药品语言规范：

①"对不起，×× 先生或小姐，为了您的安全，我们酒店规定一般不可为客人代购药品。"

②如客人很不舒服需要就医，语言规范："×× 先生或小姐，我们可以让礼宾陪同您上医院。"

③如客人坚持要服务员代购药品，要让客人填写药品代购委托单并让客人签字。

## 五、解决宾客要求服务标准

### （一）听取客人需求

（1）客人提出需要帮助后，要面带微笑表示愿意帮助客人，然后重复客人的问题以示明白客人的需要。

（2）对问题内容做好记录，包括客人的名字和房号。

### （二）解决客人需求

（1）即使客人需求属于其他部门的职责范围，也要尽力帮助客人联系，不能直接回拒客人。

（2）事先告诉客人需要解决的预计时间。

（3）如有可能告诉客人进展情况。

（4）如有费用问题，一定要事先告知客人。

（5）如客人需求不能解决，要想其他办法尽量给予帮助。

### （三）解决需求后

（1）询问客人是否满意。

（2）及时做好记录备查。

## 六、敲门服务标准

（1）服务员到房间提供服务时必须按规范敲门。

（2）敲门时应站立在门口适当位置，面对猫眼让客人能清楚地看到服务员。

（3）使用右手的食指与中指轻轻敲门三次，每次三下并自报身份，每一次敲门后要停留 2~3 秒静候反应，稍作等待后方可用房卡开门，确定未上安全链后，一边推门至三分之一,一边再报身份。

（4）确认没人后开启房门，如果房内有客人应征询客人意见才可提供服务。

## 七、托盘送茶服务标准

（1）理盘：将要用的托盘清洁干净，铺上洁净的盘布，如是防滑托盘就不用放盘布。

（2）装盘：首先，将茶杯整齐地放置在盘内，并配上杯垫，茶杯要整洁、完好无损，杯把朝右；若是饮料，则高的、重的放置在下面和后面，低的、轻的放在外面和上面；然后，提前15分钟在杯内放入适量茶叶，先泡好茶头，等客人到后再冲至七成。

（3）托盘：左手臂弯曲90°角，五指分开，掌心向上，用于指掌根托住盘底，掌心不与盘底接触，平托于胸前，略低于胸部；切忌以拇指按住盘边四只手指托住盘底，这样的操作方法既不符合要求，又显得轻率、不礼貌。

（4）托盘行走姿势：头正、肩平、面带微笑、眼睛环视四周、脚步轻捷、行走自如、两手自然摆动，以茶水不溢出杯外为准。

①派茶顺序：按先主宾后主人、先女士后男士、先职位高的再职位低的顺序依次派茶。

②托盘派茶姿势：托着托盘走到客人（茶几）面前，弯腰不曲膝，先放杯垫，放置茶杯时要轻、稳，手拿茶杯杯把将茶杯放在客人右手或顺手的一边，同时面带微笑地对客人说“请用茶”；若是茶杯是无把玻璃的，应注意手拿杯身下半部，不要对着杯口说话，派茶后环视一遍有无遗漏，将房间水壶烧开，然后托着托盘礼貌退出房间。

（5）续水姿势：用左手小指和无名指夹起杯盖，用大拇指、食指、中指握住杯把，将茶杯端起，侧身略弯曲进行续水；续水后盖上杯盖，注意续水时不要倒得过快过满，以免茶水溅出杯外，烫到客人或溢到茶几上。

（6）沏茶：又叫冲茶，就是把滚烫的开水倒入放好茶叶的壶里，然后盖好盖闷一下。

（7）泡茶：就是用刚烧开的开水倒入茶壶或茶杯，然后盖好盖子闷一会儿。

两种方法比较起来，泡茶较为合理，因为茶叶里面有维生素C，是怕高温的，它在50℃下就会遭受破坏，滚烫的开水一般在100℃，用这样的热水冲出的茶，维生素将受到大量破坏，所以喝茶最好选用泡茶的方法。

（8）茶叶的保管：

①放置地点应选择阴凉干燥的暗处为好。

②保管好茶叶的首要问题是注意防潮。

③最好放置在密封或避光的器皿内。

④不得与异味物品存放在一起。

## 八、进房服务规范

（1）查看客房有无打开“请勿打扰”灯或挂牌，如有，服务员在两点前不可进入房间；若是客人特别交代需尽快办理事项，应首先通过电话征询客人意见，使用语言应注意规范——如“对不起，打扰了，我是客房服务员，您需要的×××东西是否现在给您送过来”。

（2）如客人房间未打开“请勿打扰”灯，服务员应按敲门程序先敲门，发现以下情景应做出相应处理。

①如客人在卫生间或仍在沉睡中，则轻轻退出，关上房门。

②如客人正在穿衣，则马上道歉，退出房门。

③如是客人回答了你的敲门，则先向客人道歉，“对不起，打扰了”，再说明来意，并征询客人的意见再行事，以免唐突客人。

④若客人要求晚些时候来打扫，应问清楚时间或者让客人打电话到客房中心；若拒绝服务，则询问客人是否需要换些干净的毛巾和一次性用品，并做好交接。

## 九、开门服务规范

### 1. 第一种情况：客人有房卡

（1）语言规范：“您好，先生或小姐，对不起让您久等了，请出示一下您的房卡好吗？”接过房卡，应将房卡在房门上试一下是否能打开房门，如果可以，说明客人不会使用酒店的房卡，服务员应向客人示范房卡的使用方法。

（2）客人的房卡无法打开房门，问清客人的全名，语言规范如“您好，先生（或小姐），您的房卡不能打开房门，您可以告诉我您的全名吗？”如与登记相符时说明客人的房卡可能过了有效期，请客人有空去总台办理续住手续。语言规范如：“××先生（或小姐），您的房卡已过有效期，请您抽空到总台办一下续住手续好吗？”服务员可帮客人开门让客人进房休息。

（3）如果客人的房卡无法打开房门，应问清客人的全名，如与登记的姓名不符时说明客人有可能走错楼层了，服务员要马上让总台查看客人到底是住哪个房间然后告知客人。语言规范如“对不起，您提供的姓名与总台登记的不符，您可能走错楼层了，需要我去帮您查一下您所住的房间号码吗？请您稍等”“对不起，让您久等了，您住的房间是××××”。

### 2. 第二种情况：客人无房卡

（1）语言规范如：“您好，先生（或小姐），对不起让您久等了，请出示一下您的房卡好吗？”如客人没有房卡时，应询问客人的全名，语言规范：“我能知道您的全名吗？”如客人提供的姓名相符时帮客人开启房门。

（2）如是客人的朋友要求开门应婉言拒绝客人，语言规范如“真是对不起，我们必须得到客人的同意才可以为您开门”；如果客人还是执意要开门时服务员应问清客人的全名和开房人的姓名，语言规范如：“我能知道您与您朋友的姓名吗？谢谢，请稍等，我需要让总台与您的朋友联系后才可为您开门。”如未征得客人的同意则回答客人：“真是对不起，没有征得您朋友的同意，现在不方便为您开门。”

## 十、访客服务规范

（1）来访客人到达楼层时，服务员应热情礼貌地接待，并询问来访者的姓名、身份及被访者的姓名、住几号房间，同时注意语言规范：“您好，先生或小姐，请问您找几号房间的客人？”

（2）待来访者回答后，应与前台核对来访者所提供的被访者姓名、房号是否相符。

（3）请来访者登记、验证，并请来访者稍等。

（4）服务员在工作间打电话与被访者联系。语言规范如：“您好，×× 先生或小姐，我是楼层服务员，有一位 ×× 先生或小姐需要拜访您，您看现在方便吗？”

（5）征得客人同意后方可将来访者带入房间，并视人数加椅、送茶。

（6）若被访者不同意访客，应用婉转的语言告之来访者。语言规范如：“您好，先生（或小姐），×× 先生（或小姐）现在不方便会客，您看下次再与他联系好吗？”

（7）一般会客时间超过 23：00 时，服务员要提醒客人，会客时间已到，并热情送至电梯口。

会客结束后要及时进房做好卫生清洁及整理工作，并在工作日志上做好记录。

## 十一、撤酒水操作规范

（1）服务员接到客房中心通知的要撤酒水的房号时，务必及时前往。

（2）分清是团队还是散客并写好交班。

（3）每房配置一个有房号的酒水袋，存放于每层楼的工作间内。

（4）撤吧时房间与酒水袋的房号务必一致。

（5）冰箱内的酒水和饮料直接用钥匙上锁，不撤酒吧单。

（6）撤酒水前应注意查看酒水是否齐全。

（7）住客房未经上级允许或接待员未与客人确认好之前，一律不准进入房间撤酒水。

（8）装置酒水时注意下重上轻，易碎易变形的单独存放于领班酒柜内。

（9）撤出的酒水统一放于规定的位置并于每班清点交接。

（10）退房后，应先确认当天客人有无撤酒水的需求，如无，应及时补入。

## 十二、涉及顾客人身安全的处理规范

### （一）服务员敲门进房发现客人心脏病突发，已经不能走动时的处理规范

（1）立即报告值班经理和上级。

（2）迅速联系急救站或附近医院，不得随便搬动客人。

（3）医生来后协助医生抢救，然后送医院治疗。

### （二）因设备问题致使客人受伤时的处理规范

（1）首先安慰客人，然后马上请医生为客人治疗（轻伤可带客人到医务室就诊）随即向主管、经理汇报。

（2）关心客人的伤势，领班陪同，主管或经理带上水果、食品等到房间探视，并

致歉。

（3）对该房客人在服务上给予特殊照顾，视情况进房问候，征求客人在服务上的需要。

（4）马上通知维修部门对该房设备进行检查维修。

（5）应宾客要求帮助客人换房。

（6）详细记录事故发生经过及原因，防止类似事故再次发生，对宾客下次下榻酒店做好跟踪服务。

### （三）在楼面发现可疑人物时的处理规范

（1）主动上前查问。

（2）如发现对方神态有异样时及时通知保安部，派人处理并向经理汇报。

（3）做好发现可疑人情况记录。

### （四）客人在房内打架时的处理规范

（1）接到客房部通知后，应立即与保安队长赶到出事地点，将打架双方劝开。

（2）向客人表明身份，了解事发缘由，努力争取客人的信任。

（3）待客人的情绪较为缓和后向其解释，其行为已影响到其他住客，并对饭店造成不良影响，希望不要再发生类似事件。

（4）如客人情绪不宜缓和，需将打架双方分开，分别交谈，待客人情绪稳定后建议他们各自回房休息。

（5）如两位客人同住一房，可建议再开一间，避开同一楼层，并给予一定的房租折扣。

### （五）公安部门、国家安全部门来店检查时的行为规范

（1）公安部门或国家安全部门来店检查时，由保安部接待，保安部要了解查房原因，请查房人员出示单位证明和工作证，如查境外客人须出示本人的外事警官证。

（2）由保安部主任带查房人员上楼，查房人员不宜太多。

（3）进房前，应先打电话通知客人，敲门进房。

（4）进房后，向客人说明查房理由，介绍查房人员。

（5）查房结束后，向客人道歉后退出房间。

（6）如有突发事件，应向酒店总经理报告。

（7）如查房人员要把客人带走，须问清原因，留下查房人员的姓名与电话并请客人先结账再离店，将查房经过记录备案。

### （六）客人在大堂、走廊不小心摔倒时的服务规范

（1）迅速上前扶起客人，询问客人是否摔伤，是否需要请医生。

（2）如是轻伤应找一些药物来处理，如伤势严重，应迅速将客人送到医务室并通知总经理。

（3）如客人需要外出治疗，应迅速安排好车辆与陪同人员。

### （七）住客一夜未归时的服务规范

（1）客房服务员在打扫房间时发现客人一夜未归要及时将此信息反馈给总台。

（2）向上级汇报此情况，并做好记录。

### （八）客人不愿接见访客时的处理规范

（1）礼貌地向客人说明客人需要休息或在办事情，不便接待客人。

（2）可为客人提供留言服务。

（3）如访客不愿离开或有骚扰其他住客的迹象，应及时通知保安部解决。

（4）注意不要对访客直接说明住客不愿接见，同时不能让访客在楼层停留或在楼层等待。

### （九）客人单独在房间不断饮酒时的处理规范

（1）客房服务员要特别留意该房客人的动态。

（2）适当情况下可以借入房服务观察客人，但注意由两名服务员一起入房，切忌单独进房。

（3）通知大堂副理了解情况，并劝客人喝酒需节制。

### （十）客人不会使用客房设备时的服务规范

不得面露看不起的神情，而是要表示歉意，如“对不起，由于我们工作的疏忽，没有及时与您介绍客房设备的使用方法，给您带来很多不便敬请谅解”，熟悉房内设备的名称、性能和使用方法，根据客人的要求，清楚、耐心地告知客人使用方法。能根据宾客要求适当进行示范操作。

### （十一）处理客房房门未关的程序，有几种可能发生的状况应加以注意

（1）轻敲三下门，并向客人表示客房服务员的身份；此项标准化动作，正常情况下重复三次。

（2）当有客人回答时，提醒客人关好房门，并表示感谢。

（3）若三次敲门后仍无回答，就站在适当的位置（不要进房）然后通知大堂副理和

楼层服务员到达现场。

（4）等到大堂副理、楼层服务员来后，先让服务员证实客房是否有客人入住。有客人入住时，检查有无被翻动和搏斗的迹象。如发现这种情况，应注意观察，看床的两侧是否有客人被害的迹象，检查卫生间，看有无客人被绑在里面。无客人入住时，要弄清楚是服务员忘记锁门还是不法分子所为。

（5）做值班记录，把发现的和各方面协作人员观察到的情况以及进入房间的情况做好记录。

### （十二）客房内异常声音的处理程序，有以下几种可能发生的状况应加以注意

（1）呼叫声、打闹声、电视声音异常大，发现此类情况应立即报告保安部，通知大堂副理打电话了解情况，同时保安部应增派人员到该楼层进行控制，注意隐蔽好，以免引起客人惊慌。如没有人接电话，可通知管家部人员叫门，仍无人开门，应判断是客人内部争执还是犯罪嫌疑人所为，如是犯罪嫌疑人所为，保安部主管视情况打 110 报警，根据酒店值班经理和大堂副理的意见，客强行将门打开，制止不法行为。

（2）吵闹声和哭泣声：员工发现此类情况，应迅速报告保安部，然后通知大堂副理，通过大堂副理打电话到房间委婉了解情况，如属客人内部之间的争执可由大堂副理或值班经理负责调解，同时通知监控注意该房有无异常情况。

（3）撞击声：听到房内有特别的撞击声，先辨识这种声音是砸东西的声音还是打架砸人的声音，迅速把情况报告给保安部和大堂副理，增派保安人员到该楼层做好控制，然后由管家部服务员叫门，若情况正常，可由大堂副理或值班经理负债调解，如属异常情况，可由保安部出面处理，情节严重者，交由公安机关处理。

### （十三）预防打架斗殴、流氓滋事，有以下几种状况时应加以注意

（1）保安员注意成群结队的来店人员，发现可疑现象和闹事苗头及时上报并上前制止。

（2）一旦发现打架斗殴、流氓滋事事件，在场服务员应及时报告保安部，保安部应立即派当值保安员上前控制事态，保护好酒店其他客人、员工的人身安全和酒店财产安全，同时拨打 110 报警并通知值班经理到场。

（3）保安员将斗殴双方或肇事者分开，把肇事者带到保安部，交公安机关处理。

（4）如事态严重，有伤害事故发生，一方面要抢救伤员，另一方面要及时报警。

（5）将肇事者带往保安部途中，要提高警惕，注意发现对方身上有无武器，如有，请及时收缴，以免发生伤害或肇事者逃跑的事件。

（6）保安员在现场检查发现遗留物，查清酒店设施是否遭受损坏，损坏程度及数量。

## 十三、可能涉及客人财产、财务问题的处理规范

### （一）客人对电话单收费提出疑问时的处理规范

（1）向客人仔细说明电话收费标准。

（2）提供电话收费明细。

（3）如因酒店工作不慎出现差错，应立即更正并向客人道歉。

### （二）客人结账后未按时退房的处理规范

（1）倘若客人未能按时退房，在态度上都不应有逐客的表现，否则会给客人留下不好的印象。

（2）说话要和气，语言要婉转。

### （三）客人反映客房失窃时的处理规范

（1）如果客人反映是一般失窃（价值不大），应详细了解丢失物品原放的位置、何时发现等情况。个别的客人因事务繁忙，有时用过的东西想不起放在哪里，就以为是失窃，因此，先请客人仔细回忆一下是否用过后放在别处，或者不小心掉在什么地方，特别是细小的东西很容易掉到枕头下、床底、沙发底或沙发折缝处等地方，如果确实找不到的话，要及时向领导汇报。

（2）如果是重大的失窃（价值较大），应马上保护现场，立即报告保安部门，必要时将客人的外出、该房间的来访等情况提供给有关部门，协助调查处理。

### （四）发现地毯有烟洞时的处理规范

（1）上楼查看烫洞现场，交代服务员不要清理现场，待客人回房后通知大堂。

（2）客人回房后，立即与客人取得联系，说明情况，告之客人饭店的索赔政策。

（3）如客人否认，提醒客人是否是访客所为。

（4）最后提醒客人吸烟应注意适量，这是为客人本人以及酒店着想。

### （五）发现客人以房内毛巾或床单擦皮鞋时的处理规范

（1）告诉客人饭店有免费的擦皮鞋服务，您可以直接联系客房中心。

（2）对有污渍的棉织品按酒店规定进行赔偿。

### （六）客人使用房内饮料却否认时的处理规范

（1）出示有关证据或账单，要求其付款，记入客人的客史，一旦该客人重新入住，通知客房部加以防范。

（2）有身份的客人或是潜在的回头客，可以免赔，但是明确向客人指出饭店的规定和免赔的原因。

### （七）客人报案称丢失金戒指并频繁询问结果时的处理规范

（1）及时把饭店努力查找的经过告诉客人。

（2）建议客人再仔细回想一下丢失的地点及是否其他人未告知将其拿走了。

（3）不可随意表态，说戒指是在饭店被窃。

（4）实在找不到，必须给客人反馈，并由保安部备案。

### （八）客人要求协助打开丢失房卡密码箱时的处理规范

（1）向客人了解密码箱内的物品。

（2）通知工程部人来开锁，开锁时客人应在场，开箱后检查箱内的物品是否与客人所描述的相符，如不符，需将密码箱扣住交保安部。

### （九）客人房卡丢失时的处理规范

（1）客人进房间时，询问前台查明客人身份，帮助客人先行进房，并及时帮助客人认真查找。

（2）征得客人同意，帮助客人至前台重新制作房卡，提醒客人保管好房卡，并告知宾客遗失房卡需赔偿。

### （十）因卫生工作不小心损坏客人物品时的处理规范

（1）做客房卫生时应小心谨慎，特别对客人放在台面上的东西，一般都不应该移动，有必要移动时也要轻拿轻放，做完卫生要放回原处。

（2）如不小心损坏客人的物品时，应如实向上级反映，并主动向客人赔礼道歉（若是贵重物品，应有主管或经理陪同），承认自己的过失“实在对不起，因为不小心损坏了您的东西，使您蒙受损失，实在过意不去”。

（3）征求客人意见，客人要求赔偿时，应根据具体情况给予赔偿。

### （十一）客人损坏物品时的处理规范

（1）接到饭店设备或用品被破坏的报告后，应立即赶到现场，请有关人员查看现场并核实记录；

（2）经查确认客人所为或负有责任后，根据损坏的轻重程度，参照饭店的赔偿价格，向客人提出赔偿。

（3）索赔时大堂必须礼貌地指引客人查看现场，陈述原始状态，尽可能向客人展示有关记录和材料，如果客人外出，必须将现场保留至索赔结束。

### （十二）客人未按时结账时的处理规范

（1）客人退房时间为14：00以前，如客人未能按时结账退房，应婉转地向客人说明；如果要续住，应按时间加全日房租。

（2）如客人行李较多而不便及时离店，可建议客人将行李寄存在行李部。

（3）如客人结账后需要休息，可请客人到大堂吧。

### （十三）客人送洗衣服损坏，要求赔偿时的处理规范

（1）向客人表示歉意。

（2）查洗衣房记录，如在洗衣前确有破洞记录，可向客人出示记录，加以说明。

（3）如无破损记录，则有可能是洗涤中产生的破洞，可根据洗衣费的10倍进行赔偿。

（4）员工在接受旧衣时，应提醒客人有可能会洗破，征求客人意见是否送洗及洗涤方式，送洗衣服如有破洞或纽扣丢失，应当面告诉客人并在洗衣单上做好记录。

### （十四）客人报告的“丢失/盗窃”物品事件的处理程序，有以下几种可能发生的状况应加以注意

（1）大堂副理所收到的所有报失案应当立即交给保安部经理。

（2）保安人员在大堂副理和其他部门主管的帮助下着手进行调查，所有员工应全力合作。

（3）如果事故发生在酒店范围外，客人要求报警，一名保安员就同他去公安局。

（4）如果事故发生在酒店范围内，保安人员将进行调查；保安部经理或主管会同大堂副理向客人了解丢失物品种类、价值等情况，并请客人填写“财务损失报告”。如果客人要求报警，可按程序报警并封锁现场，提醒客人不要随意翻动物品，待警方人员到来，在酒店范围内保安人员予以协助。

（5）安保主管应现场拍照、备案。

### （十五）发现房内有大量现金时的处理规范

（1）及时通知领班、保安部、大堂副理。

（2）由大堂副理、保安部、领班陪同将房门反锁。

（3）客人回来后由大堂副理陪同开启房门，同时请客人清点数目。

（4）大堂副理要提醒客人将现金存放在总台的保险柜内或房间的私人保险箱内。

### （十六）访客使用住客房间房卡并进入房间取物时的处理规范

（1）首先礼貌地了解访客对住客的资料掌握程度（姓名、国籍、性别、公司名称、与住客关系、入住日期等）。

（2）然后做好入住访客登记手续。

（3）陪同访客到房间取走物品。

（4）访客走后，及时将取走的物品做好登记。

（5）住客回房后，及时向客人说明情况。

（6）如果取走贵重物品，须出示住客的授权书，否则，予以婉言拒绝。

### （十七）客人外出交代来访客人可在其房内等待时的处理规范

（1）首先向客人询问来访者姓名及主要特征。

（2）来访客人到了楼层，经辨别确认后，请来访者办理访客登记表。

（3）来访者到房间后，客人未回来时，如访客要带物品出去，应及时上前询问，并做好记录。

## 十四、疑难或特殊问题处理规范

### （一）客人要求代办事项时的处理规范

（1）做到一准二清三及时，即代办事项准；账目清，手续清；交办及时，送回及时，请示汇报及时。

（2）填写委托代办事项通知单，送总台办理。

### （二）客人要求合影留念时的处理规范

（1）首先致谢并婉言谢绝。

（2）难以推辞时应多找几位同事一起合影。

（3）不要单独和客人拍照，事后向领导汇报。

### （三）客人欲购买房间用品留念时的处理规范

（1）房间用品是供房间配套使用的，通常是不出售的，倘若客人特别喜欢可向领导请示。

（2）在用品充裕的情况下，可考虑满足客人的要求，如用品不充裕，一时又难以满足客人的要求，应向客人表示歉意，不论可否将用品出售，均应尽快给客人答复，并做记录。

### （四）服务员清扫客房发现客人在房内时的处理规范

（1）应礼貌地询问客人是否可以清扫房间。

（2）清扫过程中，房门要一直开着。

（3）清扫时，动作要轻、娴熟，不能与客人长谈。

（4）若遇来访者应问客人可否继续清扫。

（5）清扫完毕应向客人道谢，询问还有什么事可以效劳，然后再次感谢，退出客房，关上房门。

## （五）发现客人行动不便时的处理规范

征求客人意见，并与有关部门联系，将房间调至电梯附近，以便于照顾，客人外出或回来时应主动按电梯，开门主动搀扶。

## （六）客人邀请出去玩时的处理规范

（1）服务员必须严格遵守外事纪律，不得私自陪宾客外出游玩。

（2）当客人请你外出时应婉言谢绝，如“实在对不起，今晚还要参加学习”“真抱歉，今天我还有别的事情要办”等，总之，根据实际情况，灵活运用语言艺术，婉言谢绝客人。

## （七）服务过程中心情欠佳时的处理规范

（1）在工作中，不论自己心情好坏，对客人均要热情、有礼。

（2）有些人可能在上班前遇到一些事情，以致心情很不愉快，但不管在什么情况下，都应该忘记自己的私事，把精力投入到工作中去，要经常反问自己，在服务中是否做到面带微笑和给人留下愉快的印象。

（3）只要每时每刻记住“礼貌”两字，便能够在服务过程中把握好自己的言行，给客人提供优质的服务。

## （八）服务过程中出现小差错时的处理规范

（1）在为客人服务的过程中，作为服务人员，要抱着认真负责的态度，尽最大努力，将工作做得完善妥帖，避免出现差错。

（2）当出现小差错时，若客人在场，首先要表示歉意，然后及时采取补救措施。

（3）事后要仔细查找原因，吸取经验教训，避免类似的差错再次发生。

（4）凡是出现的差错，均不能隐瞒，如自己不能解决，要马上请示上级，以免酿成更大的事故。

## （九）客人发脾气时的处理规范

（1）服务员接待宾客是自己的责任，即使挨了客人的骂，也应同样不折不扣做好接待工作。

（2）当客人发脾气时，要保持冷静的态度，认真检查自己的工作是否有不足之处，待客人平静后再做解释与道歉，绝对不能与客人争吵或谩骂。

（3）如果客人的怒气尚未平息，应及时向领导汇报。

### （十）客人提出批评意见时的处理规范

（1）客人向酒店提出批评意见，对酒店来说是有利的，应做好相关记录报告领导以做出相应的整改。如果客人批评的是服务员个人，服务员应虚心听取、诚意接受，对自己的不足之处表示歉意，并马上改正。

（2）如果客人因一时误解而提出意见，则要在适当的时机做耐心细致的解释，争取客人的理解，切不可在客人未讲完之前急于辩解。

（3）如果客人批评的是他人或其他部门，服务员同样要虚心接受，在客人的眼里，酒店的每一位员工都代表着酒店本身，切不可事不关己高高挂起，对客人的评语不关心或推卸责任。

### （十一）客人出现不礼貌行为时的处理规范

（1）客人出现不礼貌的行为，首先要分清此种不礼貌行为是属于什么性质的。

（2）如果客人向服务员掷房卡、讲粗言、吐口沫等，我们必须忍耐，保持冷静和克制的态度，不能和客人发生冲突，并根据情况主动向客人赔礼道歉，态度谦虚诚恳，客人自然也会做出理性的判断。

（3）如果是对女服务员态度轻浮甚至动手动脚的宾客，女服务员态度要严肃并迅速回避，男服务员应主动上前巧妙接替其工作。

（4）如果客人动手打人情节严重，则当事人应保持冷静和克制的态度，绝对不能和客人对打起来，应马上向部门经理和保安部报告，由其出面，根据客人不同的态度给予适当的教育，同时将详情以书面形式向上级汇报，并将事情经过及处理情况做好记录备查。

### （十二）难以回答客人提出问题时的处理规范

（1）服务员除了有良好的服务态度，熟练的服务技巧，丰富的业务知识之外，还需要熟悉本企业的概况和社会情况，尽量避免出现客人提出问题时我们不懂或不清楚，难以回答的现象。

（2）遇到自己不懂，不清楚，没有把握回答的问题，要请客人稍等，向有关部门请教查询后再回答。如果提出的问题较复杂，一下子弄不清楚，可请客人回房稍等，待弄清楚后再答复客人，经努力仍无法解答时，应给客人一个回复，并要耐心解释，表示歉意。

（3）客人提出的问题不能使用“我不知道”“我不懂”或“我想”“可能”等词语答复客人。

### （十三）如遇刁难客人时的处理规范

（1）服务工作是与人打交道的工作，所遇到的客人往往较为复杂，由于客人的性格、修养、社会阶层、年龄、性格等各有不同，且有些客人心情不愉快，有时就会对工作有所挑剔。

（2）服务员应在日常的服务中揣摩客人的心理，掌握客人的性格和生活特点，更要注意要热情、有礼、主动、周到地为客人服务，力求将服务工作做在客人开口之前。

（3）通过多方面的详细了解，细心观察，分析客人刁难的原因，以便做好客人的服务工作。

（4）注意保持冷静的态度，以礼相待，谦虚待客，严于律己，道歉态度诚恳。

（5）如仍未解决，应向上级反映，做好情况记录，留作资料备查。

### （十四）客人反映酒店设备有问题时的处理规范

（1）立即到实地查看，看看是设备有问题还是因客人未能掌握设备的使用方法而引起的误解。

（2）若设备正常，应向客人解释，同时介绍如何使用。

（3）若是设备有问题，应向客人表示道歉，立即通知工程维修人员前来修理。

### （十五）客人反映电话打不通时的处理规范

（1）首先要了解清楚客人是否掌握挂拨电话的方法，如果是客人未掌握挂拨电话的方法，应详细介绍使用方法，在未了解清楚的情况下不应随便下结论。

（2）由于线路忙打不通时，请客人耐心等候。

（3）如果时间较长仍未能打通，要与总机联系查明原因，如属设备故障，应立即采取措施，并向客人表示歉意。

### （十六）客人呼唤服务员入房时的服务规范

（1）客人呼唤入房间时，服务员应先在门上敲门，并说“我是客房服务员，现在方便进来吗”，征得客人同意后方可进入房间。

（2）进入房间时不宜把门关上，客人让座时，应表示感谢，但不宜坐下，对客人的吩咐要留心听清，站立姿势要端正，眼睛不可东张西望。

（3）办完事要立刻离开，不宜在房间逗留太久，离开房间时要面对客人轻轻关上房门。

### （十七）发现客人在房内煮东西时的处理规范

（1）明确告诉客人酒店有不能在房内煮东西的规定，同时弄清原因。

（2）如果是煮中药，可通知客房送餐代办，如果是为了方便而在房内煮食，可由餐厅厨房代煮，收取加工费，如果是客人对饭店的菜肴不满意，可介绍适合其口味的附近餐馆，以满足客人的需求。

### （十八）客人要求购买生日蛋糕和蜡烛时的服务规范

（1）问清庆祝生日的地点和其他服务，告诉客人蛋糕与蜡烛的费用及送抵的时间。

（2）免费送上鲜花，注明庆祝生日并附上饭店总经理名片。

（3）送上前应检查生日蛋糕、生日蜡烛，送上时应配备餐刀、餐叉、碟子，通知饭店高级管理人员前往祝贺。

（4）如在客房庆祝，大堂副理要通知客房服务员，及时为客人添加茶水和椅子。

### （十九）客人想在本地旅游时的服务规范

（1）向客人提供一张本地旅游地图，根据客人的兴趣，介绍有代表性的名胜和反映市民生活习惯、风貌的场所。

（2）询问客人的游览时间，据此向客人提出建议，组织路线。

（3）根据客人需要，联系导游人员和交通工具。

（4）祝客人游览愉快。

### （二十）住客喝醉酒时的服务规范

（1）立即上楼与楼层服务员一起处理此事，必要时，还须通知客人的接待单位、家属。

（2）将客人扶进客房，切忌单独扶客人进房，让客人躺在床上休息，避免醉酒客人在楼层大吵大闹，影响其他客人休息。

（3）将垃圾桶放在床边，备好面纸、漱口水、烧好开水、泡杯浓茶或蜂蜜水让客人解酒。

（4）密切关注客人动向，以防客人在房内损坏房间物品或因客人在房间吸烟而导致火灾。

（5）如有特殊情况应由大堂副理陪同一起进入房间检查。

（6）做好记录。

## 【徒弟记忆】

1. 宾客类型；

2. 普遍客人的服务要求；

3. 特殊客人的服务要求。

## 【徒弟操作】

根据每种宾客类型所普遍具有的特点，总结服务这种宾客类型时的注意事项，并整理成报告。

## 【师傅指点】

心肺脑复苏术的步骤：

1. 迅速判断意识情况；
2. 呼救；
3. 放置于仰卧位；
4. 通畅气道（亨利斯手法）；
5. 判断有无呼吸，进行人工呼吸；
6. 判断有无心跳，进行心脏按压。

## 【拓展提高】

案例陈述：7 月 16 日夜间，参加婚宴的客人入住 805 房，因饮酒较多脸色发青、神情有点呆滞，大堂经理用轮椅将客人送回房间。到达房间后，大堂经理与随行的保安与客人进行交流，询问其身体情况，是否需要送往医院，但客人当时的状态已无法交流。于是找到客人的同行人员询问是否需要送往医院，同行人员称不需要。但是大堂经理还是非常担心客人的状态，便请客房值班人员密切关注此房间。尽管如此，大堂经理仍然不放心，凌晨 2：50 再次至房间查看，多次敲门无人应答，开门后发现客人坐在马桶上，叫喊客人无反应，两眼微睁后又闭上。面对这种情况，大堂经理立即联系 830 同行客人，同行人依然表示不用管他。大堂经理与保安将客人扶上床盖好被子，照顾客人入睡后才离开。凌晨 5：45 再次进房查看，确认客人没有异常，这时，他们才长舒一口气，总算把心放了下来。

案例评析：虽然醉酒客人的朋友一直表示不用管他，客房部的整夜照顾也没有客人的感谢，但大堂经理能够本着高度的责任心，始终将客人的安危放在首位，坚持隔一段时间就前往客人房间查看，确保客人安全，像对待家人一样照顾着醉酒客人。他的服务是全方位的、超常规的，他用自己的坚持避免了宾客安全事故的发生。对于醉酒客人来说，大堂经理做到了金钥匙的标准服务，就是旅途中最可信赖的人。

资料来源：云台宾馆自编案例集

# 任务四　客人投诉处理

## 【师傅讲授】

酒店正确处理客人投诉，能改善客人对酒店的印象，体现出“宾客至上”的服务宗旨，有利于加强酒店与客人之间的沟通和交流，也有利于争取更多的客源。客人的投诉还是改进和提高酒店服务质量的重要途径。宾客的合理化建议能有效地提高酒店的管理水平，提高市场竞争力。所以，酒店各级人员对客人的投诉应持积极和欢迎的态度。

## 一、客人投诉利弊分析

国内外许多酒店公开亮出“向客人提供无差错服务”的口号，在把服务质量视作企业生命线的酒店业，这类口号是酒店参与市场竞争的重要手段之一。无差错服务（也称零缺陷服务）是否真正能够在酒店业做到是一回事，而无投诉则是另一回事。无差错服务不等于无投诉，因为客人投诉的起因多种多样，纵然酒店经过十二分努力，的确已经做到服务 100% 无差错，甚至上佳，客人仍有可能投诉。客人投诉，不仅仅意味着客人的某些需要未能得到满足，实际上，投诉也是客人对酒店、对酒店员工服务工作质量和管理工作质量的一种劣质评价。任何酒店任何员工都不希望有客人投诉，这是人之常情。然而，即使是世界上最负盛名的酒店也会遇到客人投诉的情况。成功的酒店善于把投诉上的消极面转化成积极面，通过处理投诉来促进自己不断提高工作质量，以防止投诉的再次发生。正确认识客人的投诉行为，把握投诉所隐含的对酒店的有利因素，变被动为主动，为酒店挽回声誉，使客人满意而归，这对于酒店来说至关重要。

### （一）客人投诉的利处

#### 1. 投诉是酒店管理工作质量和效果的晴雨表

通过投诉，酒店可以及时发现自己发现不了的工作漏洞，可以及时堵塞漏洞，对症下药，解决长期以来一直存在着的严重影响酒店声誉却一直不被发现的工作质量问题。即使是客人有意挑剔、无理取闹，也可以从中吸取教训，为提高经营管理质量积累经验，使制度不断完善，服务接待工作日臻完美。没有批评就难以有飞跃性的提高。客人投诉是使酒店保持稳定的工作质量、不断改进、提高自身工作水平的推动力之一。

#### 2. 客人直接向酒店投诉，给酒店提供了挽回自身声誉的机会

客人在酒店消费过程中不满、抱怨、遗憾、生气动怒时，可能投诉，也可能不愿去投诉。不愿投诉的客人可能是不习惯以投诉的方式表达自己的意见，他们宁愿忍受当前的境况；另一种可能是认为投诉方式并不能帮助他们解除、摆脱当前不满的状况，得到

自己应该得到的，一句话，投诉也没有用。还有一种可能是怕麻烦，认为投诉无济于事只会浪费时间，使自己损失更大。这些客人尽管没有去投诉，但他们会在酒店消费结束后通过其他途径来宣泄；或自我告诫，以后不再到该酒店消费；或向亲朋好友诉说令人不快的消费经历。而这一切意味着酒店将永远失去这位客人，酒店连向客人道歉的机会也没有了。客人向酒店直接投诉，酒店可以当面跟客人沟通，通过处理客人投诉提高服务质量，不让客人带着不满离开酒店，重新吸引客人来酒店消费，挽回酒店的声誉。

### （二）客人投诉的弊端

客人对酒店的投诉有时候并不一定直接面向酒店提出，客人也可能采取其他方式投诉。客人采取的其他投诉方式有如下几种。

（1）向旅行社代理商、介绍商投诉。

（2）向消费者协会等社会团体投诉。

（3）向工商局、旅游局等有关部门投诉。

（4）向新闻单位投诉。

（5）运用法律方式起诉酒店。

客人采取以上的投诉方式，会使酒店的形象和声誉受到极大影响，也会影响酒店与重要客户的业务关系，误导酒店潜在客户、客人的消费选择。这些对酒店的经营管理是非常不利的。

由此可见，客人投诉对酒店日后的经营有利也有弊。然而，我们深入探究下去，便能发现，纵然投诉会给酒店声誉带来负面影响，但如果酒店借此机会对自身各项工作来一次大透视，认真总结经验教训，完善规章制度和服务规范，堵塞漏洞，强化质检与培训，坏事成了好事，原先的弊端转变成了利益。因此，客人投诉从总体上讲对酒店是利多弊少的。

## 二、处理客人投诉的程序和方法

### （一）处理客人投诉的步骤

（1）耐心倾听客人的投诉，让客人把话说完，使客人的情绪自然平静下来。

（2）将所投诉之事做好记录，然后向领导报告，不要急于辩解与反驳。

（3）调查和了解。接到投诉后应及时进行调查和了解，重要的投诉必须报告上级主管人员，并弄清客人投诉的问题和客人投诉的心理状态。

（4）迅速答复。针对投诉的问题迅速做出答复，并及时采取相应措施。若当场无法答复，则应向客人明确答复时间，不可拖延。答复客人应表示感谢，重要的投诉应把调查情况及处理经过及时向客人说明，并提出今后改进的方法。对一些确实暂时不能解决的投诉，要耐心向客人解释，取得谅解，并请客人留下地址和姓名，以便日后告诉客人最终处理的结果。

（5）积极改进。客人投诉的问题，一般是酒店管理相对薄弱的环节，酒店应对客人投诉的方面及相关方面进行积极的改进，以利于今后工作的完善和预控。

（6）记录在案。对客人投诉内容及酒店处理办法等应记录在案，以备必要时核对。

### （二）宾客投诉处理的原则

（1）真诚地帮客人解决问题。应设法理解投诉宾客当时的心情，同情其所面临的困境，并给予应有的帮助，接待好宾客。首先应表明自己的身份，让宾客产生信赖感，相信受理人员能帮助他解决问题。

（2）高度重视。无论客人投诉的问题大还是小，都应给客人以足够的重视，因为在客人看来，只要投诉便不是一般的小问题。

（3）绝不与客人争辩。无论前来投诉的宾客情绪如何激动、态度如何不恭、言语如何粗鲁、举止如何无礼，接待人员都应冷静、耐心，绝不可急于辩解或反驳，与宾客争强斗胜。即使是不合理的投诉，也应做到有礼、有理、有节，既要尊重他们，不失宾客的面子，又应做出恰如其分的处理。

（4）不损害饭店利益。处理投诉亦不可损害酒店的利益，尤其是对于一些复杂问题，切忌在真相查明之前，急于表态或贬低酒店及其他部门、员工。除宾客物品、财产因酒店原因招致遗失或损坏外，退款或减少收费等方法绝不是处理投诉和解决问题的最佳方法，而应弄清事实，通过相关渠道了解事情的来龙去脉，再诚恳道歉并给予恰当处理。

（5）尊重客人。在处理投诉时一定要维护客人自尊心，即使客人有不合理的要求和误解时，也不可当面顶撞客人。

### （三）常见投诉的处理方法

（1）菜品慢，客人久等而未上时应安抚客人，催菜并回来给客人一个答案告知客人等候的时间，如需等候的时间较长，应送客人一道小凉菜让其品尝。

（2）菜品中出现异物时应第一时间由当值服务员撤下菜品——领班——重做/换菜/退菜；客人反映强烈的——主管/经理进行沟通。

（3）菜肴质量与加工出现问题：

①属于随意评价菜肴的客人——由当值服务员直接把客人的意见写在意见本上。

②客人对菜品的质量加工极为不满，反映强烈的——菜品重做/送果盘。

（4）服务不到位：

①在餐中投诉服务不周——换服务员并加派人手。

②餐后投诉服务不周——领班/主管去进行沟通。

（5）服务员操作失误，汤汁洒在客人身上引起的投诉：

①取纸巾替客人擦干，当事人赔礼道歉——区域负责人向客人赔礼道歉。

②态度反映强烈的客人，要求索赔的客人，主管 / 经理出面解决——博取客人对当事人的同情心。

（6）结账清单出错时，当值服务员—赔礼道歉—及时纠正—态度强烈客人主管 / 经理及时解决。

（7）客人发现海鲜的斤两不足时：

①在海鲜池—控水—与客人同时看秤。

②在餐桌上投诉海鲜斤两不足时—员工倾听法—主管 / 经理处理。

## 三、客人投诉类型

不管客人由于哪种原因生气或向酒店投诉，有一点可以肯定，即那位客人对酒店产品不满意，怀有失望的情绪。客人投诉往往是因为酒店工作上的过失，或酒店与客人双方的误解，或不可抗力，或某些客人的别有用心等因素而造成的。

就客人投诉的内容不同，客人的投诉类型可分为如下四种。

### （一）酒店服务项目的设置不能满足客人的需求

服务项目是酒店服务质量的重要组成部分。酒店服务项目的设置受制于酒店的规模、等级、可用资金、主要客源市场、设施设备、地理位置、员工素质等因素。客人对酒店服务项目感到最不满的是他们所需要的而且是他们认为酒店理所当然应该设置的项目并没有设置；或者虽已设置，却形同虚设，实际上不能发挥作用，于是客人失望了。如热水供应，客人要用热水淋浴，但打开龙头却只有冷水；或虽有所谓的热水供应，实际上却不比冷水热多少，客人怕着凉不敢淋浴。这两种情况都会使客人失望。

### （二）酒店设施设备出差错

因酒店设施设备使用不正常、不配套而让客人感觉不便造成投诉，如客房空调失灵、大厅电梯无法正常运转、排水系统不畅，等等。

### （三）酒店员工的服务态度与客人期望存在较大差异

从心理学角度分析，酒店员工的服务态度由以下三部分构成：员工对客人和自身工作的认知、情感与行为倾向。新进酒店的员工往往对服务工作的认识比较肤浅，他们图的是令人羡慕的环境、氛围，还有挺括、神气的服装。酒店严格的纪律、日复一日近乎机械、重复的简单操作以及客人对酒店服务质量的高期望，都与员工进店前的想法相距甚远。于是，他们在工作中投入的热情渐减，敷衍塞责，得过且过，表现懒散、冷漠、消沉、急躁。酒店客人普遍有较强的尊重需求，他们对服务态度的不满常源于员工对其不够尊重。因此，十分重要的一环是强化员工对客人尊重需求的认识，在服务过程中员工应尽一切可能避免有伤客人自尊心的言行，努力提供个性化服务，以满足他们的尊重需求。

### （四）酒店服务质量标准太低，达不到客人的需求水平

酒店的工作程序、操作规范和规章制度是在实践中逐步完善的。酒店的最根本目标是通过令客人对酒店产品质量满意而实现社会效益和经济效益，因此，酒店的各种程序、规范与规章制度都必须接受客人的检验。

## 【徒弟记忆】

1. 认清处理宾客投诉的重要性；
2. 处理客人投诉的步骤。

## 【师傅指点】

相对于显性投诉，存在更多的是隐性投诉。据国外的研究，只有占不满意顾客总数5%以下的人才会投诉，大多数人只是简单地转移到其他酒店那里。所谓隐性投诉是指当客人对酒店接待服务或者接待人员不满时，客人不向酒店主管部门、酒店或者服务员投诉，而是以“用脚投票”的方式来表现不满，具体而言就是自己或者影响他人不再购买该酒店的产品。显然，隐性投诉的破坏力更大，因为一般企业对于这种投诉并不重视，也无从了解客人不满意的原因。这部分客人比显性投诉的客人人数多，其意见更具有代表性，因而服务人员要时刻注意客人的满意程度，在出现客人不满意的情况时能够及时挽救。

## 【拓展提高】

**案例一：**

案例陈述：2011年7月的一天晚上，客人郭先生一行12人入住宾馆12楼的6个房间。次日早晨8点多，郭先生致电总台要求在吃早餐时提前查房，以减少退房等待时间。当班收银人员较为生硬地告知客人：“宾馆有规定需要收回房卡后方可查房。”郭先生听到此番话心里很不满，随即挂断电话不再与其进行沟通。当班管理人员得到此信息后非常重视，及时与郭先生取得联系。通过沟通了解到，郭先生的不满主要来自服务人员语言及语气的表达方式较为强硬，让客人感觉面对的是职能机关而不是服务行业。

案例评析：当班管理人员认真分析了郭先生不满意的原因：

1. 郭先生接待的客人比较重要，希望引起宾馆方重视；
2. 郭先生接待的客人赶时间，需要快速办理退房；
3. 当郭先生致电总台要求提前查房时，得到的回答是当即否定，让郭先生觉得作为

五星级饭店，在对客服务时态度存在问题，语气非常强硬。

此案例说明总台员工应在服务态度和处理问题的灵活性这两个方面吸取教训。在服务中应时刻从客人的角度考虑问题，灵活应对客人的临时要求，如遇自己不能处理的问题，应及时婉转地向客人做好解释工作，或请示当班管理人员来解决客人的燃眉之急，而不是一口回绝。

**案例二：**

案例陈述：一天午餐时间，咖啡厅零点用餐的客人有好几桌，一位客人招呼服务员："小姐，请给我倒一杯白开水好吗？"服务员小姬微笑着回答："好的，请稍等，这就给您送过来。"服务员迅速为客人送到餐桌上，这位客人看到自己要的白开水，从口袋里拿出一包药，摸了摸水杯，皱了皱眉头。服务员小姬发现客人的细微动作后，立即主动询问客人："给您的杯里加些冰块降温好吗？"客人立即高兴地说："好的，太谢谢了。"很快给客人拿来冰块放入杯中，水温立即降下来，客人及时吃了药。客人临走时，写了表扬信，对小姬的服务表示感谢。

案例评析：本案例中的服务员在服务中善于观察客人的体态语言，发现客人皱眉的细微动作后，就主动询问客人，服务做到客人要求之前，而受到客人赞扬。这种热情主动为客服务的意识，值得赞扬。

资料来源：云台宾馆自编案例集

# 项目二　客房服务工作项目

## 【企业标准】

在本项目中，要求学徒熟知且掌握关于开夜床的步骤和注意事项，要求学徒能够规范地对客衣收取和送回，要求学徒能够规范接待 VIP 客人，要求学徒能够正确查退房。

## 【师傅要求】

1. 学徒规范地为宾客进行开夜床的服务；
2. 学徒正确对客衣进行收取和送回；
3. 学徒能够接待 VIP 客人；
4. 学徒了解查退房的注意事项；
5. 学徒掌握客房其他服务项目。

# 任务一　夜床服务

## 【师傅讲授】

## 一、开夜床的基本要求

（1）双床房住一人时，以床头柜为准，如果住一位女宾，开靠近浴室的一张床；

（2）双床房住一人时，以床头柜为准，如果住一位男宾，则开靠近床前区的一张床，折角应朝向卫生间；

（3）双人床睡两人时，可两边都开；

（4）两人住双人间，则各自开靠近床头柜的一侧，也可同方向开。

## 二、开夜床的基本程序和标准

### （一）开夜床的基本程序

（1）敲门进入房间，敲门时报称“Housekeeping”或“客房服务员”。如客人在房内，先礼貌地询问客人是否要做夜床，征得同意后方可进入。客人不需要做夜床，要向客人表示歉意，并道晚安。房内无人，则应启门进入房间。

（2）开灯，将空调开至适宜温度，轻轻拉上窗帘。

（3）房间的整理。

①进入房间后打开房间内灯具，留意灯泡是否完好，工作是否正常。

②更换客人使用过的茶具，添加冷热水。

③将烟灰缸内的烟头等倒入指定地方，清理纸篓里面的垃圾。

④简单清理桌面卫生，整理房间内物品的摆放位置。

⑤补充房间物品。

（4）做夜床（开床）。

西式床开夜床：

①将床罩取下，折叠整齐，放于规定的位置；

②将床头柜一侧的盖单和毛毯一起向外掀起，折成45°角；

③折松枕头并将其摆正，如有睡衣应叠好放在枕头上，同时摆好拖鞋；

④按饭店的规定在枕头上放晚安卡、早餐券、小礼品等。

中式床开夜床：

①将床头柜一侧的棉被向外掀起，折成45°角；

②折松枕头并将其摆正，如有睡衣应叠好放在枕头上，同时摆好拖鞋；

③按饭店的规定在枕头上放晚安卡、早餐券、小礼品等。

（5）整理卫生间，冲洗马桶，擦洗脸盆、浴缸等，撤换 VIP 房用过的毛巾、杯具等，其他客房的布草稍作整理。放置地巾和防滑垫。

（6）补充房间茶叶、热水和其他用品。

（7）检查一下房间及卫生间，查看是否有纰漏，然后将灯关掉（床头灯、廊灯除外）。最后退出房间，关好门。若客人在房间，要向客人道声“打扰了，晚安”，然后将门轻轻地关好。

（8）填写“晚间服务记录”。

### （二）夜床服务标准

（1）夜床服务的时间一般为 17：00~21：00。

（2）提供夜床前必须事先做好准备工作，在茶水车上备好工作日志本、报纸、茶具、烟缸、垃圾袋、抹布、备用布草、一次性用品、清洁桶等。

（3）房间的窗帘必须充分拉闭合，不可有透光现象。

（4）房间只留床头灯、卫生间灯，其余灯全部关闭。

（5）必须按照进房程序进入每一个房间，关注客人动向，在客人外出时提供夜床服务。

（6）床的反折部分打角标准为 45° 等腰直角形，直角边与被子中线重合，折角平整、自然下垂。

（7）早餐牌放于床头柜处，晚安字样要朝外，天气预报放于便签本上，报纸摆放在欢迎夹上。

（8）客人衣物凌乱，应帮助客人折叠摆放整齐。

（9）地巾摆放于折角一侧，地巾靠床头边与被子反折 45 厘米边（靠近床头一侧）齐平。

（10）卫生间门打开 30° 角。

（11）夏天时必须插上电蚊香器。

（12）所有物品整理整齐、宾客用品添补齐全。

（13）客人使用过的杯具必须帮客人更换，烟缸、垃圾桶必须清空，房间与卫生间清扫干净并确保无毛发、无灰尘、无污渍。

（14）卫生间地巾摆放于浴缸及淋浴房前，铺设平整。

（15）拖鞋摆放于地巾中间，便于使用。

（16）工作结束后必须在工作日志上做好记录。

（17）普通接待夜床：按照登记的人数进行开床，点菜单、枕头管理卡叠放在开床一侧的床头柜靠右摆放，除按常规方式开夜床外，摆放时注意点菜单在下，枕头管理卡叠放在上，方便客人查看并了解酒店服务；床头柜晚安字样要朝外、背景音乐打开、天气预报与早餐券放于便签本上、报纸摆放在欢迎夹上、洗衣单和洗衣袋放于电视柜抽纸盒下角框内；红心晚安卡、环保卡、早餐牌放于被角处。

（18）贵宾接待夜床：按照登记的人数进行开床，洗衣单和洗衣袋、早餐牌、点菜单、枕头管理卡放在小黑盒内（大床房和标间放床尾中间、行政房和套房放床榻中间）；洗衣单与洗衣袋放在黑盒的左边，洗衣单上酒店标志露出；右边摆放点菜单，上方叠放枕头管理卡，早餐牌横放在黑盒上面。床头柜上放置牛奶、巧克力、金嗓子、温馨提示卡用果盘装；将矿泉水和玻璃杯置于床头柜处；单枝鲜花放被角处。

## 三、开夜床服务的要点提示

（1）是否进行夜床服务，应根据饭店的档次和经营成本而定。

（2）除按常规方式开夜床外，还应注意客人的生活习惯和个性化服务。

（3）清理台面时要注意客人的易碎品。床上如有易碎物品，经客人同意移换位置后方可开床。如客人不在，可暂时不开夜床。

（4）一位客人的房间，每天要开固定的床位，不可同时开两张床，以免引起客人的误解。

（5）不得将客用布巾当作抹布使用。

（6）更换杯具时，要认真检查杯内是否有客人的假牙及其他物品。

### 【徒弟记忆】

1. 开夜床的基本要求；
2. 开夜床的基本程序；
3. 夜床服务标准。

### 【师傅指点】

1. 补充客房服务用品、文具用品时要重点注意《酒店服务指南》里的规定。

2. 凡是第一天入住的客人均按照规范操作，客人续住后被角不用翻，早餐牌、环保卡、枕头管理卡、点菜单均复位。

### 【徒弟操作】

徒弟实际为客人开夜床服务。

## 【拓展提高】

案例陈述：小王和妻子新婚，前往拉斯维加斯的酒店度蜜月，两人在酒店收拾行李，正准备出去逛街，正好碰到服务员 Mary 敲门询问是否需要夜床服务，小王和妻子表示他们刚好要出去购物，并很开心地向 Mary 分享了他们来此出游的目的，Mary 为他们的新婚表示了祝福。小王夫妻二人开心地出去购物，等回到房间后，看到 Mary 精心为夫妻二人准备了夜床服务，在床上用玫瑰花拼出了心型造型。夫妻二人很是感动，度过了美满幸福的一天。夫妻二人离店时，除了给 Mary 留下了一笔不菲的小费，还写下了感谢的话语。

案例评析：服务员稍加用心，就可以为客人提供一次超值服务，给客人带来一次不平凡的入住体验。

案例来源：网络

# 任务二　客衣收送服务

## 【师傅讲授】

### 一、住客送洗衣物的方式

（1）留下字条，让服务员代填洗衣单，并把衣物放在明显的地方。

（2）将待洗衣物和填好的洗衣单放入洗衣袋，挂在门锁上或放在房间内。

（3）致电服务中心要求送洗。

（4）将衣物直接交给服务员。

### 二、客衣收送服务

酒店一般会在洗衣房内设置“客衣服务组”这个岗位，主要负责客衣的收发、清点、核对、检查、打码，对洗好后的衣物进行叠放、核对、包装以及送回客房等工作。一般的工作流程如下。

**1. 客衣收取**

（1）服务员在清扫房间时或接到客人服务要求时，应马上到达房间。

（2）从客房中心拿取备用洗衣袋与洗衣单进房，取出的同时要补充到房间，确保房间有一套洗衣单和洗衣袋。

（3）按照进房程序进入房间，遇到 DND 房间应在楼层打电话到房间询问客人是否方便进房收取衣物。

（4）进房后征得客人同意后将衣服倒出检查核对，从洗衣袋中取出洗衣单，查看是否填写清楚、完整。

（5）和客人说明洗烫的衣服在上午10：30前收出，当天晚上可取回，如是在上午10：30以后收出的需当天送回，则属快洗，另收加快服务费，特快洗一般最快需要4小时左右洗好。

**2. 客衣核对**

（1）客人在洗衣单上应填写客人的姓名、房号、送洗日期、送洗衣物的名称、件数、洗涤的要求（干洗、水洗、净烫）。

（2）征得客人同意后将衣服倒出检查，对照洗衣单的数目进行核对，清点时要核对衣服的件数、检查衣服口袋有无钱物、纽扣有无脱落、有无严重的污渍、查看衣服的质地等，如有问题向客人指出，并在洗衣单上注明，以免造成不必要的麻烦，如客人不在房间，要在客人房内留下说明条，写上时间。

（3）洗衣单核对正确或服务员帮忙填写后要与客人重复洗涤要求，送回时间、洗涤要求（干洗、湿洗、熨烫），如果是快洗的衣服要特别强调。

（4）洗衣单一定要让客人签字确认方可送洗，洗衣单一式三联，一联收银、一联洗衣房、一联随物。

**3. 客衣打码**

一般情况下，客衣在核对无误后，再进行打码分类。

**4. 叠衣、核对和包装**

客衣在洗衣房洗烫完成后，交至客衣组负责折叠、核对和包装。

（1）客衣收发员在从洗衣房收取客衣时，要仔细检查洗烫后的衣物是否洗净、熨干，是否熨平、挺括、有形，是否有破损、衣扣脱落或被染色等现象。若发现有问题，应及时退回，重新处理。对于无法去除的污渍，需在送衣时留言，一般可使用《客衣服务单》。

（2）按照酒店规定的标准或客人的要求进行衣物的折叠。

（3）按衣物上的号码对照洗衣单上的房号，将衣物放入客衣存放柜的相应木格内。同时检查衣服折叠是否符合标准，有无按客人的要求做好。

（4）在挂衣牌和洗衣单上要注明件数，并将水洗和需用衣架挂起的衣物件数记录下来，核查过的衣物按楼层顺序排列好。

（5）核对木格内衣物，是否同洗衣单上件数、份数和备注中的要求等相符。相符后在洗衣单上签名并放在衣物上面。

（6）按规定进行装包放置。装包时，大件放两边，小件放中间，手帕和袜子、内裤等应分开放置。一般衬衣折叠要用衬衣板、领结板，然后再用塑料薄膜包装封好。西服、裙子、中山服和其他好面料的衣服，要套上薄膜衣罩并挂在衣架上。衣物包装好后把洗衣单叠好钉在封口处，在装包记录上签上自己的代号和衣服的件数。并把衣物按楼层顺序排列好，不得挤压，以免影响客衣洗涤后的质量。

有许多酒店为减少塑料制品的使用，推广“绿色环保的理念”，不再对衬衣等进行折叠包装，而是直接将衣物挂在衣架上，然后送入客房内。当然，对常客和贵宾也可征求客人意见，提供一些个性化的服务。

**5. 送回客衣**

（1）客衣洗烫完后，通常于每天16：00~18：00，由客衣收发员送回到客人的房间。也有的酒店规定水洗、熨烫衣物当日送还，干洗衣物第二日送还。送回前再次查看客衣包装是否符合要求。将客衣按楼层和房号顺序整齐地放进洗衣车里，将挂件有序地挂到车上。如果当天的客衣较多时，必须分批送上楼层。

（2）到楼层后请客房服务员开门。按相应的房号把客衣送入房内。一般需用衣架挂起的衣物直接放进房内的壁橱或衣柜里。袋装或折叠的客衣，可放在桌上或床上。放进壁橱的衣物应在房内醒目的地方给客人留言说明。在送衣记录上注明水洗、干洗、熨烫洗涤方式、挂件数和包数，并签名。如果经过洗衣房特殊处理还是无法去除的污渍，或无法修补的问题，如果客人不在房间要在洗衣反馈单上留言，连同衣物一起放在房间。

（3）若客房挂了“请勿打扰”牌（或亮“请勿打扰”灯）时，一般将客衣放在楼层工作间，并从客房门缝下放入“衣服已洗好”的说明来提示一下客人，如客人需要取回衣物时，可以与客房中心联系，再由服务员将洗好的衣物送到客人房内。若客衣有其他问题，可根据需要，送上相应的留言单以示提示。

（4）洗衣服务结束后要及时汇报客中做好送房时间的登记记录。

## 三、收取及送回客衣的途径及注意事项

最常见的送洗途径是客人将要洗的衣物和填好的洗衣单放进洗衣袋，留在床上或挂在门把手上。洗衣单一式三联，一联留在楼面，另两联随衣物送到洗衣房。为避免客人将要洗的衣物放在房内而延误收洗时间，服务员应在上午某一规定时间之前（一般为9~11点）巡查一下可能有洗衣需求的房间，及时收出。电话接收客衣是国际上大部分酒店的例行做法。客衣服务员在电话中往往需提醒客人填写洗衣单，并将其与所需洗烫的衣物一同装入洗衣袋，放于客房内。客人有时会有一些特别要求，服务员应问清楚并做好记录。送洗工作由楼层服务员承担。在收取客衣的过程中，要特别注意以下问题。

（1）接到客人洗衣要求，服务员应迅速前往客人房间收取客衣。

（2）楼层服务员要配合客衣服务员的工作。发现客人把洗衣袋挂在门外后，要将其收至楼层工作间并电话告知客衣组。

（3）不要将客衣随意乱放，不要把洗衣袋放在地上拖着走，要爱护客人的衣服；对于需熨烫的高级时装，应用衣架挂好。

（4）检查洗衣袋内是否有洗衣单，洗衣单上的房号是否与房号一致，洗衣单上的有关项目的填写是否符合要求，衣服的数量是否正确。

（5）服务员收取客衣时必须仔细清点件数，检查衣袋里是否有遗留物品，纽扣有无脱落，有无严重污渍或破损。

（6）放在床上、沙发上，未经客人吩咐、未放在洗衣袋内的衣服不能收取。

（7）接收客衣后，客房服务中心应立即通知洗衣房前来收取客衣，并按规定与洗衣房收发员进行交接。

送回客衣主要有两种方式。一种是客衣服务员将客衣送至楼层服务台，再由楼层服务员将其送给客人。洗衣房送还客衣后，客房服务员应将经过核收的衣物及时送往客人房间，并请客人检查签收。另一种是由客衣服务员直接送回客人房间。客衣服务员上楼层送客衣前，应设计好送客衣的线路，从而节省送衣时间。

送返客衣工作中需要特别注意保证准确无误，常见的错误是送错楼层和送错房号。对于已挂"请勿打扰"牌及双锁房的客间，客衣服务员不可打扰，要把客衣交给客房服务中心服务员，并从门下放入说明卡，注意记下客人房号。

送回客衣是一件十分细致的工作。按国际惯例，由于酒店方面原因造成衣物缺损，赔偿金额一般以洗涤费用的10倍为限。我国由于洗涤费用便宜，按10倍赔偿客人也不一定令其满意。也有饭店推出"保价洗涤收费方式"，即按客人对其所送衣物保价额的一定比例收取洗涤费。所以要求经手员工认真负责，不能出一点差错。

## 【徒弟记忆】

1. 客衣收送服务流程；
2. 客衣收送注意事项。

## 【师傅指点】

1. 根据洗衣单上的房号，在打码机上拨号，把水洗、干洗或熨烫方式及自己的代号一同拨上，先打在洗衣单上，核实无误后，再打在客衣上，同一件衣物的号码要一致。

2. 打码部位。上衣打在领子上，裤子打在裤袋上（或打在裤腰上），袜子打在袜底。

3. 打码后的衣物，如是同一种洗烫方式的，再按上衣、衬衣、内衣、内裤、长裤、袜分开放，丝巾与手帕需另外处理。

4. 打码的同时，要求再次核对客衣数量，再次检查衣服的质地与所填的干 / 湿洗、熨烫单是否相符，并按洗烫方式的不同将衣物严格分开。

5. 对标有"加急服务"的衣物要按要求打码分类，要及时进行处理，并保证洗涤质量。

6. 由于衣物面料原因，不能直接打码的，应用布签或纸号代替，不得损坏衣料。

7. 将客衣交洗烫服务员洗涤、熨烫，并填写客衣交接的表格。对有特别要求和不易烘干的衣物，要和洗烫服务员交代清楚。

8. 按规定使用和保养打码机，每天添加药水，擦拭机器，保证打码效果。

### 【徒弟操作】

在师傅陪同下，学徒对客人客衣进行收取，师傅根据学徒实际操作情况，判断学徒规范标准。

### 【拓展提高】

案例陈述：902 的客人需要洗衣服务，一位刚独立工作的值台员收到客房中心的通知后，立即来到 902 房间。由于没有严格按照“五清一主动”的操作规范收取客衣，险些将客人带有贝壳纽扣的衬衫（其中有几粒纽扣已损坏）未与客人确认就送洗，幸好被洗衣场的工作人员发现，与客人确认后为客人提供了洗衣服务。

案例评析：新值台员单独值台，对于客衣收取的实践经验不足，将客人带有贝壳纽扣的衬衫（其中有几粒纽扣已损坏）在未与客人确认的情况下就送洗。对此，部门利用班后会对客衣的收取进行了再培训，要求值台员严格按照“五清一主动”的操作规范收取客衣，发现问题及时找客人签字确认。另外在日后新员工培养中，必须在其具备独立工作的能力时，方可安排其独立作业。

资料来源：云台宾馆自编案例集

## 任务三　VIP客人接待

### 【师傅讲授】

VIP 是 Very Important Person 的简称。VIP 是饭店给予在政治、经济以及社会各领域有一定成就、影响和号召力的人士的荣誉，是饭店完善标准的接待规格服务对象，是饭店优质服务体系的集中体现。

## 一、VIP 客人的服务步骤和标准

### （一）准备工作

（1）从预订处或销售部接到 VIP 通知单或每天从预计到店名单中获知贵宾的姓名、到达时间、职务等资料后，应立即报告总经理，填写 VIP 申请单（即重点客人呈报表），请示饭店是否派管理人员来接待及接待规格等。

（2）大堂经理在客人到达前 1 小时检查房间；客人抵达前半小时，大堂副理应准备好客房门卡、欢迎卡及住宿登记单，在门厅迎候客人抵店。检查房间时主要看空调是否打开，设施设备是否完好，鲜花、水果、总经理名片、欢迎卡等是否按规格要求摆放妥当，其他物品是否一应俱全，确保房间状态正常。

（3）根据接待规格安排适当的房间。提前准备好房间钥匙、欢迎卡和住宿登记单及有关客人信件等。VIP 房分配力求选择同类房中方位、视野、景致、环境、保养处于最佳状态的客房。

（4）VIP 客人到达饭店前要将装有房卡、钥匙等的欢迎信封及登记卡放至大堂经理处，同时要通知有关部门按照接待规格做好准备。

（5）安排服务技能娴熟的服务员对客服务。服务员应熟悉并掌握客人的各种生活习惯、喜好和禁忌。

（6）了解客人的行程安排，对从入住到退房的全程安排做到心中有数。

（7）对有些名人要根据需要安排 24 小时专人服务。

### （二）迎宾服务

（1）准确掌握当天预抵 VIP 客人姓名，以客人姓名称呼客人，对不同级别的 VIP 客人，相应地通知饭店总经理、驻店经理、前厅部经理及大堂经理等亲自迎接。

（2）客人进房后，服务人员要用客人的姓氏和职务称呼客人，并送上独具地方特色的迎宾茶和小毛巾。

（3）为客人烧水，向其介绍客户设施设备的使用方法。

（4）征求客人的意见，是否需要整理行李物品，是否需要洗衣、擦鞋。

（5）表示很高兴为客人服务，提供客服联系方式等。

### （三）储存信息

（1）总台接待人员复核 VIP 客人的有关资料，并准确输入电脑；在电脑中注明“VIP”以提示其他各部门或人员注意。

（2）为 VIP 客人建立客史档案，并注明身份，以备查询。

### （四）住店日常服务

（1）保持客人在房期间周围环境的安静，严禁任何外界噪声的干扰。

（2）在任何情况下不得打扰客人，不能移动客人物品，不能泄露客人信息。

（3）根据不同的客人提供准确的服务。

（4）VIP 房间经常要进行小整理，以保持美观；在进行此类服务时，一定要在客人外出后立刻进行。

## 二、VIP 的等级划分

酒店一般将 VIP 划分为三个等级，按级别高低依次为 VA 级、VB 级和 VC 级。

### （一）VA 级

党和国家领导人，外国总统、首相、总理、议长等。

### （二）VB 级

我国及外国的各部部长，世界著名大公司的董事长或总经理及省、市、自治区主要官员。

### （三）VC 级

各省、市的党政官员；旅游部门、文化艺术界、新闻界、体育界等的负责人或著名人士；各地星级酒店的总经理；国内外著名公司、企业及合资、外资企业的总经理；与酒店有重要协作关系的企业厂长或总经理；酒店总经理要求按 VIP 规格接待的客人。

## 三、VIP 客人接待原则

### （一）对等接待

VIP 客人的接待要特别强调对等接待的原则。即不同级别的 VIP 客人应由饭店相应级别的管理人员接待，以表示饭店对 VIP 客人的尊重和礼遇规格。例如，上级领导、公司总经理等级别的 VIP 客人到饭店应由饭店总经理出面接待等。所以饭店往往要将 VIP 客人划分为不同的级别：一是强调礼遇规格；二是规范饭店的接待程序。

### （二）及时传递信息

保持信息传递的畅通和及时是做好服务工作的一个重要环节。客房部应掌握 VIP 客人的活动安排计划，及时跟踪和了解 VIP 客人的动态，及时向饭店有关部门传递 VIP 客人的信息，做好针对性服务。

### （三）用心极致，做好细节服务

做好对 VIP 客人的细节服务，最能体现饭店的服务水平和礼遇规格，而细节服务的成功则来源于用心极致地了解和预测 VIP 客人的需求，达到并争取超越客人的期望值。

### （四）服务适度

在 VIP 客人接待中切忌过度关心客人而造成对 VIP 客人的干扰。做好恰到好处的服务是服务艺术的最高境界。

## 四、派送 VIP 物品工作程序

### （一）准备工作

（1）查看当日 VIP 预排单。

（2）查看公关销售部发送的 VIP 接待计划单，了解当日 VIP 接待的具体要求，包括预排房的类别、数量及特殊要求。

（3）准备 VIP 房的水果、鲜花。

### （二）通知楼层

（1）立即通知相关楼层服务员、领班和楼层经理当日入住楼层 VIP 情况，包括数量、类别、客人姓名或团队名称、抵店时间及其特殊要求。

（2）通知完毕后，在 VIP 单上做好记录，注明通知时间及通知人姓名。

### （三）派送 VIP 物品

（1）要求楼层经手人在《物品领用表》上注明楼层、日期、VIP 物品名称及数量、VIP 房号、离店时间，经办人及客房中心值班员均需签字确认。

（2）向相关楼层发放 VIP 鲜花、水果及其他配备物品。

（3）监督楼层存档，VIP 通知单在指定存放处保管。

## 【徒弟记忆】

1. VIP 客人的服务步骤和标准；
2. VIP 的等级划分；
3. VIP 客人的接待原则。

## 【师傅指点】

1. 对 VIP 提供个性化服务的重点在于满足客人高层次的精神需求。如本地名人对家乡的怀念特别明显，最好挑选本地员工为客人服务，让客人能够听到亲切的乡音，房间摆放一些当地景色的老照片，让客人感受到浓浓的故乡情。

2. 作为一名合格的酒店客房人员，应该具备为 VIP 客人保密的意识，客人的个人资料、生活习惯等都不应该随便泄露，以免产生不必要的矛盾和纠纷。

## 【拓展提高】

**案例一：**

案例陈述：6 月 23 日上午，当班客服经理小伏按照部门的 GRO 服务流程提前到 VIP 张主席所入住的房间走廊等候，准备引领其至早餐厅用餐。在跟踪服务过程中，小伏发现张主席肠胃不舒服，立即安排餐厅准备葛藤粉并送到在四楼 A 厅开会的张主席处请其服用，以便缓解肠胃不适，并留下留言条，令张主席非常感动。在会后张主席特别感谢提供跟踪服务的小伏，认为宾馆的金钥匙服务很细致、温馨，她入住的房间还准备了金钥匙欢迎信，其中特别注明了连云港以及返回地点的天气预报，非常人性化。

**案例二：**

案例陈述：6 月 14 日下午 5 点左右，1518 退房外宾在咖啡厅上网，需要打印有识别码的电子机票，但由于 VIP 外宾客人需要打印的网页无法保存，希望得到我们的帮助。当班客服经理小伏得知这一情况后立即到咖啡厅查看情况并联系弱电师傅前来帮忙，通过大家的共同努力，最终在商务中心帮助外宾顺利地打印出需要的电子客票，并得到了外宾的感谢。事情虽然很小，但是做到了急客人之所急。

案例评析：以上两则案例充分体现出金钥匙用心极致、满意加惊喜的服务精神，小伏通过细致入微的观察，及时发现客人的隐性服务需求，并及时提供服务，获得了宾客的赞誉。

资料来源：云台宾馆自编案例集

# 任务四　查退房服务

## 【师傅讲授】

客人离店后，服务员或领班要及时查房。若有客人遗失物品，应登记上交；若发现有丢失和损坏的物品，应及时报告主管，并与有关部门取得联系。

查退房服务标准如下。

（1）服务员接到客房中心退房通知后，应快速抵达房间内进行查房，查房时间控制在3分钟之内。

（2）服务员应对房间设施设备、物品配备等情况了如指掌。

（3）按照抹灰程序对房间进行检查，发现房间设施设备、固定资产、有偿物品等有损坏或遗失等情况时应及时报给客房中心及收银处，由客房中心进行入账赔偿。

（4）服务员在查房过程中不仅要检查酒店财产方面的情况，更重要的是及时查出客遗物品并及时归还客人。

（5）服务员在查房过程中，要特别注意以下几个地方：床底下、冰箱柜后、行李柜后、电视柜后、写作台下、所有家具下、浴衣口袋里、床褥枕头下、床头柜后等地方有无客人遗留物品。

（6）如在规定时间内，服务员未按工作标准及时汇报检查结果，则前台可让客人先走，由服务员承担客房内酒水消耗等物品的赔偿责任。

（7）客人通知客房部退房时，服务员应按退房程序进行查房，并在规定时间内将结果报于前台，由前台做好相关记录。

（8）入住一个月以上的常住客人退房，前台应提前一天通知客房预查，以减少客人当天的查房时间。

## 【拓展提高】

案例陈述：4月20日早7：42，入住1203房的客人来到总台结账。楼层值台员按程序迅速来到房内进行查房，发现房内地巾不见了，到处寻找也未发现，于是报总台要求宾客进行赔偿。面对宾馆的赔偿要求，客人显得十分激动，因为他根本没在意房内有没有地巾，更不会将地巾带出房间。本着相信客人的原则，前台礼貌地向客人致歉，并为客人退了房。

事后，客房部对此事进行了彻查。1203客人于4月18日10：45入住1203房，4月20日7：42退房。该房间是4月17日领班小玲查过的OK房，确认当时毛巾配备齐全，4月18日早班值台员于10：36~10：37进空房时房间毛巾依旧配备齐全。随后该房间到客，晚班值台员于20：08~20：13做夜床时地巾还在卫生间，并按规范铺放地巾。4月19日清扫员小利于8：40~8：55清扫该房间，在清点卫生间毛巾时发现无地巾。清扫过程中多位客人进房，清扫员当时只是验证客人身份，但未与客人就地巾缺失进行核实，也未在清扫报告单上注明及反馈管理人员。领班检查到该房间时，因房内有客人未能进入查房。晚间，值台员小阳于20：24~20：27为其做夜床时发现卫生间无地巾也未做反馈，只是在交班本上注明该房间少地巾。4月20日7：42，该房间客人退房，值台员小阳报地巾客赔。

案例评析：

1. 该房间在客人入住时确实配入地巾，地巾系客人或其同行客人带走。

2. 清扫员小利、值台员小阳发现房间缺少地巾，但缺乏反馈意识，工作责任心不强，需进一步培训和强化部门反馈机制。

3. 因员工未及时反馈，使得部门就客人房间缺少地巾没有和客人当面沟通、弄清原因、及时解决问题，导致工作被动。

资料来源：云台宾馆自编案例集

# 任务五　管家服务

## 【师傅讲授】

最早的管家源于法国，但在英国发扬光大，最具影响力的就是代表尊贵服务的“英国管家”。提起英国管家，人们往往映入脑海的是身穿燕尾服、斑马裤，扎着黑色领结，戴着白色手套的中年男士，彬彬有礼而举止文雅，一派绅士风度。英国管家结合了英国人特有的礼貌和气质，将管家的素养按照宫廷礼仪进行了严格的规范，使管家服务在理念、内容、技巧等各个方面带上了英式烙印，代表了高贵和奢华，成为管家服务的经典。可否记得电影《大腕》中的经典台词：“一定得选最好的黄金地段。什么宽带呀，光缆呀，卫星呀，能接的全接上，楼上边有花园，楼里边有游泳池，楼子里站一个英国管家，戴假发，特绅士的那种。业主一进门，不管有事没事都得跟人家说，May I help you，Sir？一口地道的英国伦敦腔儿，倍儿有面子！”这段话说的就是英国管家。在漫长的演变过程中，管家服务经历了多次发展，从服务于王公贵族的“管家”、服务于达官显贵的“管家”，直至走出家庭，走进酒店的“管家”，服务对象、服务内容都发生了根本性的变化。英国管家最早走进酒店，将管家服务与酒店服务完美地结合起来，创造了酒店管家这一职业。酒店管家的英文名是“butler”，其职责就是24小时随叫随到，为顾客提供贴身的温馨的服务。真正的“管家式服务”的本质在于它是一种主动的全方位服务，是希望在日常公共物业服务的基础上将服务延伸至主人的商务需求和居家生活中，同时保证客人的个性化需求。酒店的管家式服务是建立在诚信基础上的，处理客人的要求、关注客人在整个过程中的细节，确保客人满意，是管家式服务的基本任务。以顾客为本是他们的出发点，细致、周到、精益求精而且有着很强的个人定制化色彩是管家式服务的基本目标。

随着管家服务在酒店业的兴起与发展，管家服务已经成为国际顶级酒店高品质、高质量的代名词。2003 年 7 月 1 日起实施的《旅游饭店星级的划分与评定》标准中，增设了“白金五星级”的级别划分，其中明确规定“对行政楼层提供 24 小时管家式服务”，正式将管家服务引入饭店星级评定和划分中，推动了国内高星级酒店管家服务的发展。2007 年年末，央视热播海岩剧《五星大酒店》将“贴身管家”推到了公众的视线中，男主角将贴身管家的角色塑造得惟妙惟肖，近乎完美，使得“贴身管家”成为人们一时间热议的话题，也使这一职业受到认可和追捧。随着管家服务的日益兴起，酒店出现了楼层管家、贴身管家等服务岗位。

酒店的贴身管家服务对员工的综合素质要求较高，贴身管家一职也仅限于高星级酒店，成为酒店形象的代表，体现了酒店最高的服务水平。贴身管家服务是酒店业持续发展的趋势，是酒店提升服务质量的重要途径。

## 【拓展提高】

**案例一：**

案例陈述：11 月 30 日早晨，当班服务员在早餐厅服务时发现一名住店客人行动不便，且没有人陪同，她随即上前将客人引领并搀扶到座位上，并向客人介绍了自助餐的一些品种，对客人说：“您喜欢吃什么或者想吃点什么我可以帮您取。”客人听了介绍后，点了几样餐品，服务人员不一会儿为客人送来了可口的早餐，客人非常感动，连声说谢谢，五星级的服务真的与众不同，太人性化了。

**案例二：**

案例陈述：12 月 10 日，某医药公司在四楼云海厅开会，金钥匙在会议服务中发现一名王女士手捂着肚子，非常痛苦的样子，立即上前询问客人是否需要帮助。得知客人胃不舒服，客人表示：“这是老毛病了，可惜今天没带药。”于是问她平时吃什么胃药，得知客人平时服用的是三九胃泰颗粒冲剂后，立即到医务室查看，正好医务室有这种药，便取来一袋三九胃泰颗粒冲剂送给客人，客人非常惊讶，连声说谢谢。

案例评析：案例中员工所做事情虽然不大，但体现了宾馆员工良好的职业素养和综合素质。员工通过观察客人，从客人的需要出发，能够根据实际情况为客人提供人性化和个性化的服务，让客人感受到宾馆所提供的“用心极致，满意加惊喜”的服务精髓。

资料来源：云台宾馆自编案例集

# 任务六　客房优质服务

## 【师傅讲授】

### 一、客房送餐服务

送餐是按客人预订要求，将餐食送进房间的一种服务。这种服务体现了酒店的档次、等级及豪华程度。酒店设立“钟仔房”，即“客房餐饮服务部”（Room Service）专司其职。如果客人需要在房内用餐，只需打电话到“钟仔房”就可以了。如果宾客把早餐牌挂在房门外把手上，客房服务员应及时收取，并检查有否填写了房号、姓名、食品种类、日期等。将收集到的早餐牌做好记录后，统一交到客房服务中心转送“钟仔房”。客人用餐完毕，客房服务员应主动地协助“钟仔房”做好客房用餐的善后工作。

### 二、擦皮鞋服务

擦皮鞋这项服务在大多数酒店是免费提供的，在一些高档酒店的楼层都设有擦鞋机，但不尽如人意。这项服务是在房间内放擦鞋服务的鞋篓，若客人需要就会把鞋放于鞋篓之上，或把鞋放于房间门外。台班服务员发现之后第一时间取回工作间，并通知副班服务员或主管安排人员把鞋擦干净，尽量在客人回来之前把鞋放于房间适当的位置，但切忌在服务台附近帮客人擦皮鞋。其操作顺序和规范为：

（1）楼层服务员接到通知后，应及时进房收取鞋子，并注意语言规范：“您好，我是客房服务员，请问我现在方便进来取鞋吗？”征得客人同意后，再征询客人：“请问擦好后什么时候方便给您送过来？”听清客人要求后，道别并退出房间。

（2）鞋子取出后，应先将皮鞋上的泥土等污渍去除，然后根据皮鞋颜色上相同颜色的鞋油，如遇到特殊颜色的鞋子，可上无色鞋油，然后用鞋刷把鞋油刷均匀，最后用擦鞋布把皮鞋擦亮，并保持鞋口、鞋底干净。

（3）送鞋要准确、及时，如遇到很多鞋子要擦时，必须在收取鞋子的时候将写好房号的纸条放入鞋内，以免搞错。

（4）遇到 DND 时，必须先打电话征询客人意见。语言规范，如：“对不起，打扰了，您的鞋子已擦好，是否现在给您送来？”征得客人同意后进入房间：“您好，先生（或小姐），您的鞋子已擦好，请问放哪里比较方便？”

（5）根据客人指定的位置摆放好鞋子，然后询问客人鞋子擦得是否满意，最后将鞋篮放回衣柜内，并礼貌地退出房间，注意语言规范，如“请问这鞋擦得是否满意”，得到客人认可后，表示感谢。

（6）礼貌询问是否还有哪些地方不满意，若有，应向客人致歉，立即重新为其擦拭干净，直到客人满意为止。

（7）最后，询问客人是否还需要帮忙，并祝客人心情愉快，同时在工作报表上做好擦鞋记录。

## 三、借用物品服务

一些酒店免费向客人提供借用品，如电吹风、万能插座、熨斗、熨衣板、各类文具用品等。在客人借用电器时，须向客人说明本酒店使用的是220V（或110V）的电压，并请客人使用完后归还。

（1）服务中心对客人借用的物品的数量、名称等要有明确记录，并经常进行盘点。

（2）物品借出后，如由于客人未能当班交回的，要每班交班直至客人交还。

（3）客人借用物品时，服务中心记录好借用物品的种类、房号、借用日期、交还日期后，交楼层服务员将物品送到房间。

（4）借出物品前，应对借用物品进行检查和清洁，确保其使用功能正常。

（5）楼层退回借用物品时，楼层、服务中心双方要及时办清手续，取消借用记录。

（6）客人使用完物品后，要退还服务中心以便其他客人再借。如物品紧缺，客人借用需求较多时，服务员在借出物品若干小时后应征询客人是否用完，能否交还（VIP客人除外）。

（7）花盆、果刀、叉、果碟、果篮等，按借用物品操作。

（8）客人退房时，如客人有借用物品的记录时，服务中心要提醒服务员留意房间的借用物品是否存在，及时收回，在当天下班前退还服务中心。

（9）填写“宾客物品租赁表”。

## 四、叫醒服务

（1）客房中心接到客人要求协助叫醒服务时，应认真填写客人的房号、叫醒的时间，是否需要二次叫醒等。

（2）将客人叫醒的要点告知总机，由总机提供叫醒服务。

（3）叫醒要准确无差错，若房内无人接听，应通知服务员进行人工叫醒；服务用语：“早上好！我是客房服务员，现在是您的叫醒时间，总机已给您电话叫醒，但您未摘机，今天天气××××××，祝您入住愉快，再见！”倒退三步后，面向客人将房门轻轻关上。

## 五、加床服务

（1）接到客人要求加床的通知，应迅速答复客人，问清客人房号，告知客人加床的收费标准，同时做好接听电话的记录。语言规范，如“好的，请稍等，我们马上为您加床，请问您住几号房间，感谢您的来电，很高兴为您服务”。

（2）接到总台加床服务的通知，迅速为客人提供加床服务。

（3）加床时要检查床具是否牢固，避免发生意外事故。

（4）按规格铺床，并添加一套卫生间布草：方巾、脸巾、澡巾、浴巾、浴衣、漱口杯；添加一次性用品：拖鞋、牙具、梳子、剃须刀、矿泉水、卷纸、浴帽。

（5）铺放必要的床上用品：保护垫一条、舒适垫一条、床单一条、被子一条、被套一条、枕芯一个、枕套一个。

（6）在工作报表上做好记录，并做好交接工作。

## 六、托婴服务

（1）接到提供看护婴儿服务要求后，客房中心应及时反馈上级安排有经验的服务员提供此项服务。

（2）向客人说明酒店将不承担因看护者非故意疏忽而造成的事故，且不给予任何赔偿。

（3）看护接受任务时，向客人了解看护对象的特点和要求，以确保其安全，尽量使看护对象愉快、使客人满意。

（4）照看期间，若看护对象发生突发事件应及时请示部门经理。

（5）托婴服务完成后，应当面与客人交接清楚。

## 七、换房服务

（1）楼层服务员接到客人需要换房的通知后，问清情况，请客人到总台办理换房手续，并将有关情况通知总台。

（2）总台办理客人换房手续后，通知客房中心。

（3）客房中心接到通知后，做好原有房间的查房工作。

（4）楼层的服务员根据客人的要求提供各项服务。

（5）如果房间有问题，应及时通知工程部进行维修并做好相关记录。

## 【徒弟记忆】

1. 送餐服务；

2. 擦皮鞋服务；

3. 借用物品服务。

## 【师傅指点】

1. 记清楚住客的房号，用纸写上放于鞋内，以免弄错；
2. 在工作间擦皮鞋时要用旧报纸垫底；
3. 分辨清楚所用鞋油的颜色；
4. 特别注意，雨天擦鞋要小心细致；
5. 擦干净后送回房间适当位置。

## 【拓展提高】

案例陈述：1028房间的王先生致电咖啡厅送餐，但只点了一份紫菜蛋花汤，听电话的服务员小姬感觉有些奇怪。待将汤送至房间时，主动询问王先生是否还有其他需要，王先生因醉酒身体非常不舒服，无用餐胃口，故只点了一菜蛋汤。于是小姬回至岗点后，细心地准备了蜂蜜水和花生米为王先生送了过去，得到了王先生的感谢。

案例评析：服务中用心观察，为客人提供具有针对性的服务，让他们感受到酒店对他们的尊重和重视，为客人带来惊喜的同时也会得到客人的赞许，就会在广大消费者中树立良好的口碑。

资料来源：云台宾馆自编案例集

# 模块四

# 客房部管理

## 项目一　客房部人力资源管理

### 【企业标准】

在本项目内容中，要求客房部能够合理有效地对客房部人员进行管理和分配，有效完成日常工作和用户要求，能够应对紧急突发事件。

### 【师傅要求】

1. 学徒了解客房部的人力资源分配；
2. 学徒对良好员工的标准有所了解；
3. 学徒清楚客房部的劳力分配。

## 任务一　客房部编制定员

### 【师傅讲授】

人力资源管理中的一个重要部分就是编制定员，编制定员的主要工作任务就是对客房部的人员根据酒店的客流量进行合理有效的分配，以保证客房部工作顺利进行。

## 一、编制定员的原则

### （一）高效

客房部在确定所需配置的员工数量时，一定要将满负荷、快节奏、高效率作为前提条件，要确保人人有事做、事事有人做。

### （二）够用

够用是一种通俗的说法，具体的要求是所确定的员工数量必须与实际需求相符合，要在满负荷、高效率运作的前提下，高质量地完成各项工作任务。

### （三）精简

在编制定员时既要保证够用又要力求精简，要改变那种人多好办事的观念。从现代科学管理的角度看，人多未必好办事，人多也未必能够办好事；相反，有时往往因为人多反而导致效率低下、状态不佳、负担沉重、责任不清、是非增多。

## 二、编制定员的方法

客房部的员工构成十分复杂，各区域、各岗位的各类人员的工作性质和工作特点也各不相同，所以在确定定员时的具体方法也就不一样，但常用的方法主要有 4 种：一是比例定员法，即根据酒店的档次、规模定员；二是岗位定员法，指按酒店各岗位的工作特点、工作量、劳动效率、开工班次和出勤率来确定人员，适合客房部楼层台班服务员、公共区域的部分员工等；三是职责范围定员法，即根据酒店的组织机构、人员职责范围、业务分工和工作复杂程序定员，适合于主管以上人员定员；四是效率定员法，是指按工作量、劳动定额和出勤率来定员，它适合从事以操作为主的各工种定员。

客房部编制定员的基本方法有两种，即按劳动效率定员和按岗位定员。

### （一）按劳动效率定员

按劳动效率定员，就是根据工作量、员工的劳动效率（工作定额）和出勤率等，计算确定所需配置的员工数量，计算公式为：

$$\text{定员人数}=\frac{\text{工作量}}{\text{员工劳动效率}\times\text{出勤率}}$$

按劳动效率定员的方法，主要适用于实行定额管理、从事变动性工作的岗位，如客房清扫员岗位。

### （二）按岗位定员

按岗位定员，就是根据组织机构、服务设施等因素，确定需要人员工作的岗位，再根据岗位职责及业务特点，考虑各岗位的工作量、班次、员工的出勤率等，确定各岗位所需配置的人员数量。这种方法适用于从事固定性工作的岗位，如客房中心、楼层值台员。

### 【徒弟记忆】

1. 编制定员的原则；
2. 编制定员的方法。

### 【师傅指点】

根据工作地点、工作情况以及工作时间的不同，对客房部人员进行合理有效的编制，合理分配人力资源。

# 任务二　客房部员工培训

### 【师傅讲授】

现代酒店业的竞争，其本质就是酒店员工素质的竞争，而员工素质的高低又很大程度上取决于酒店对员工培训的重视。客房部必须高度重视、认真做好员工的培训工作。“从一家酒店的培训实力上，可看出这家酒店的管理水平”“培训是酒店成功的必由之路”“培训是酒店发展的后劲之所在”“没有培训就没有服务质量”。因此，对员工的培训十分重要，员工直接接触客人，客人的反应能够直接代表员工的表现。

## 一、客房部员工的确定

### （一）良好的职业道德

职业道德是指酒店行业的从业人员在职业生活中应遵循的行为原则和基本规范，是职业素质的重要构成因素。作为一名酒店员工，良好的职业道德是必须具备的职业素质之一，是对员工的最普遍、最基本的道德要求，也是做好工作的前提和基础、个人发展必备的条件之一。良好的职业道德，会帮助从业人员热爱自己所从事的酒店行业，端正学习、工作态度，提高履行职责的自觉性，刻苦钻研业务，增强自己的服务技能，为宾客提供高质量的服务。酒店客房部员工应具有的职业道德为：

（1）敬业爱岗，勤奋工作；

（2）无私奉献，诚实守信；

（3）遵纪守法，文明礼貌；

（4）真诚公道，信誉第一。

### （二）诚实正派、自律性强、踏实认真

因劳动独立性强，大多数客房部的岗位是在无管理人员在场监督的情况下工作运转的。尤其是楼层清扫员，大多数时候是在客人外出后进房工作的。整天面对客人的物品和客房内的各种生活实用品，如果没有诚实的品质和较好的自律性，是经受不住物质考验的。也需要他们在没有管理者和其他同事在场的情况下，照旧一丝不苟地执行操作规程和各项规章制度，踏踏实实地工作，而那些只会做表面文章、好出风头，虚荣心强的人绝不适合做客房工作。

### （三）沟通交流能力

酒店的人际关系较为复杂，在酒店服务中，酒店员工需要处理好与客人、同事、上下级之间的关系，这需要酒店员工具有较强的交流沟通意识，掌握交际沟通的原则，具备良好的沟通交流的技巧与能力，积极地与同事、上下级交流，及时化解人际关系中的误解与矛盾，学会倾听不同的意见、建议。服务过程中出现一些问题也需要员工用恰当的方式方法主动去沟通协调，从而使其在复杂多变的社会交往中建立良好的人际关系，有效地进行工作，取得事业的成功。

### （四）了解岗位的需求，乐于分担工作

在选择客房服务员时，要将各岗位的职责范围、用人条件详细地列出，让应聘者仔细阅读，然后再做出抉择。要如实介绍任职环境和要求，不能夸大和美化；否则，应聘后会因能力不符而使双方都显得被动，也易使员工产生上当受骗的感觉。

### （五）要有充沛的精力和较强的动手能力

客房部服务工作的任务相对来说内容较为繁杂，体力消耗较大，客人要求标准较高，因此，要求客房部员工反应敏捷，有充沛的精力和较强的动手能力是十分重要的。客人对客房的要求是舒适、整洁、安全。而要做到舒适整洁，首先是搞好清洁卫生。房间和卫生间的卫生，这是客人对客房最基本的要求，也是客人最爱挑剔、最为讲究的。客房要无虫害、无水迹、无锈蚀、无异味；地面、墙面要无灰尘、无碎屑；灯具和电器设备、镜面、地面、卫生设备等要光亮洁净；卫生设备要每天消毒；床单、枕套等卧具必须按规定时间及时更换；房间内装饰布置雅致和谐；酒店物品的放置要按规格整齐划

一；中式铺床要看上去床单折痕居中，平整自然，毛毯、枕、被放置统一，被子四角整齐，外观无塌陷感，枕口朝内；西式铺床应床单、被单、毛毯三条中折线重合，床罩平整，四角整齐，包角严紧无皱褶。清洁而符合规范的房间，是礼貌服务的物质依托。忽视了这一宾客对于房间的基本需求，其他的礼仪便无从谈起。而要保证客房能够达到舒适整洁的标准，就要求客房部员工付出巨大的努力，在辛勤的劳动中提高工作效率。

### （六）酒店英语应用能力

随着旅游业的发展，酒店业接待外国客人的数量快速增长，自 2008 年奥运会在中国举办后，酒店对员工英语应用能力的要求大大提高，英语作为酒店员工的基本素质，越来越重要。作为一种交流服务工具，如果酒店英语表达能力不强，不能很好地与客人交流，满意的服务就无从谈起。调查表明，酒店员工最欠缺的是流利的英语口语和酒店专业英语知识。酒店客房部员工应具备较强的英语应用能力，掌握酒店的岗位常用服务英语和交流英语，有较强的英语口头表达能力，自如地应对国外客人。

### （七）合作能力

乐于合作、善于合作是现代社会人文精神的主要基石。酒店产品是团队协作的结果，酒店工作需要各部门以及员工的密切合作才能实现，$100-1 \leqslant 0$ 告诉我们，只有团结合作、顾全大局，才能获得良好的整体利益。酒店员工具备良好的合作能力，与上下级、同事相互支持，密切配合，相互协作，相互尊重，团结合作，彼此信任，企业才会有较强的凝聚力和战斗力。

客房部的服务工作与大多部门存在差别，更多的时候，它的劳动强度大而与客人直接打交道的机会少，也就是说抛头露面的机会少。这就要求客房部员工要有踏踏实实和吃苦耐劳的精神，在每天要做的大量琐碎的工作中，能够具有良好的心理素质，不盲目攀比，以高度的责任感从事自己的工作。不少酒店按照服务规程，要求清扫客房时应两人同行、结伴互助。这就需要客房部员工具有以我为主、善与同事合作的能力。以各自的努力，营造一个和睦相处、分工明确、配合默契、心境愉快的小范围内部工作场景，提高效率、以利于本职工作的完成。

## 二、员工培训的种类及内容

酒店的培训不仅是应急之需，更是企业发展的长久之计。培训并不是员工进店以后才实行的，而是在招聘时就已经开始了。对员工的培训，不单是人力资源部门的事，也是各个经营部门的一项重要工作。客房部承担了本部员工的大多数培训任务，应本着系统、激励、有偿培训（为防止正常流动）、实用的指导思想制定出一套较完整和可行的培训程序及方案。

### （一）岗前培训

一般酒店对新招收的员工，在上岗前都应进行职业教育的培训，使他们认识到所从事酒店服务工作的社会意义，特别是让他们了解自己工作的职责、服务程序、服务标准以及从业人员应具备的条件和素质，接着让他们对酒店的概况有一个初步的了解。这一阶段，通常要花费一周到半个月的时间。客房服务员的岗前培训内容主要有：部门组织机构及岗位职责，部门的规章制度，安全守则，礼貌礼节，仪容、仪表及个人卫生要求，沟通技巧；客房常识；清洁器具的使用和保养；清洁剂的使用方法和注意事项；客房清洁保养的程序和规范；对客服务的程序和规范；楼层的物资管理；各类表单的使用。仪容仪表及礼仪规范仪容，通常是指人的外观、外貌。其中的重点则是指人的容貌。仪表综合了人的外表，它包括人的形体、容貌、健康状况、姿态、举止、服饰、风度等方面，是人举止风度的外在体现。风度是指举止行为、待人接物时，一个人的德才学识等各方面的内在修养的外在表现。风度是构成仪表的核心要素。

（1）服务员应着工作服上岗，工作服要整洁、挺直、干净，按规定扣好衣扣，不得穿破损工服上岗。上班时一律穿黑色工作鞋，工鞋保持干净。穿着袜子要求男深女浅，袜子要完好无破损，不准赤脚穿鞋。

（2）女员工淡妆上岗，不可浓妆艳抹。头发干净整洁，并将头发盘起。男员工头发要保持前不遮眼，侧不遮耳，后不盖领。男员工不得留胡子，女员工不得留长指甲、不得涂指甲油。

（3）服务员上岗期间不准佩戴各类饰物，如项链、耳环等。

（4）上岗时按要求将工牌佩戴在左胸位置。

（5）保持口腔卫生，上岗前不吃异味食物，如葱、蒜等。

（6）面带笑容，亲切和蔼，端庄稳重，不卑不亢。

（7）坐姿端庄，身体挺直、重心垂直向下、腰部挺起、双肩放松、双膝并拢，手自然放在膝上，不可摇腿跷脚，不可将腿跨在扶手或茶几上。

（8）站姿：挺胸收腹，双臂自然下垂或在体前交叉，左手上右手下，男生将手自然背扣，站立时不可叉腰、弯腿或手扶柱子服务台等。

（9）走姿：昂首挺胸，两臂自然下垂摆动，女子走一字，男生行走双脚跟平行，行走时不准摇头晃脑吹口哨、吃零食，不得手叉口袋，不得奔跑跳跃，不得在宾客中穿行。

结束了上一阶段的培训工作后，在考试和总结提高的基础上，可进入下一阶段的培训。第二阶段主要进行具体的部门工作和服务程序与操作程序的培训，可采用讲演与模拟训练的方法进行。其目的是使新职工掌握自己本职工作的技能技巧，以便上岗后能尽快独立完成自己所担负的工作，为宾客提供快速敏捷、热情周到的服务。培训一般需

10~15 天，内容如下。

① 日常工作中的礼节礼貌。

② 住宿登记手续及程序。

③ 办理宾客退房结账的程序。

④ 受理宾客代办服务的方法和程序。

⑤ 常见的几种国际性礼节礼貌。

⑥ 清理客房卫生的程序和卫生标准。

⑦ 晚间开夜床服务的操作程序和要求。

⑧ 各种清洁剂和清洁用具的使用。

⑨ 本店服务设施及娱乐设施的位置、营业时间及基本概况。

⑩ 语言技巧与站、坐、行姿态训练。

⑪ 服务工作中技能技巧的训练。

⑫ 怎样处理宾客的遗失物品。

⑬ 怎样处理宾客的一般性投诉。

⑭ 介绍并实际观察客房日用品的数量、用途、摆放标准及要求。

⑮ 对酒店整体环境的熟悉度等。

### （二）在职培训

对在职员工进行培训是客房部及整个酒店培训工作的重点，也是客房部及整个酒店日常工作的重要内容。员工在职培训主要有以下几种形式。

#### 1. 日常培训

日常培训是指在日常工作中对员工进行的培训。此类培训不需专门安排和特别准备，也不会影响正常工作，通常是管理人员对下属进行临时的个别指导。日常培训方便实惠、针对性强，管理人员要善于在日常工作中发现机会、合理安排。

#### 2. 专题培训

随着工作标准和要求的不断提高、酒店内外各种因素的变化，客房部有必要对员工进行具有针对性的专题培训，强化员工的进取心，提高员工素质。如随着酒店商务客人的增多，酒店可进行商务客人服务需求分析、商务客人服务规程、客房上网常见问题和处理等专题培训。

#### 3. 交叉培训

交叉培训是在员工做好本职工作的前提下，安排员工学习其他部门和岗位的业务知识和操作技能。完整的交叉培训应该包括部门交叉培训（如客房部与工程部）、班组交叉培训（同一部门不同班组或岗位之间进行交叉培训，如楼层客房与洗衣房）、上下级交叉培训（通常是某一级别的员工接受高一级别岗位的培训，如客房服务员——楼层领班，楼层领班——楼层主管）。这种综合性交叉培训有许多好处：既能丰富员工的工作内容，又能保证岗位或部门之间的人力调配；既可以使部门之间达到完整的了解，避免不必要的麻烦，又可以使员工在工作出现问题时容易换位思考，利于工作协调；还可以使下级充分体会上级的甘苦，在工作中更加配合，全力支持上级的工作。

**4. 待岗培训**

对于一些不称职的在职员工，如果尚未达到解雇的地步，可以让其暂时下岗，接受相关培训，培训考核合格后再重新安排工作。

**5. 脱产进修**

对一些专业性较强或准备提拔晋升的人员，以及由于其他某种原因而必须接受培训的人员，酒店或部门可安排他们脱产，参加一些专门的培训班或到专业院校进修学习。

### （三）发展培训

发展培训的主要目的是培养管理人员和业务骨干。通过培训使其能够担任更高层次的职务或承担更重大的责任，发挥更大的作用。发展培训的内容和方式需根据培训对象的基础、发展目标与具体情况来确定和安排，通常需有一套系统的方案，包括培训的内容、要求、时间安排、指导老师、培训方式、考试办法等。

目前，很多酒店存在的一个共同问题是忽视对准备提拔和晋升的这部分人员到职前的培训，往往是一经任命立即就职，让他们自由成长。如果被提拔晋升的人没有经过相应的发展培训，就任新职后往往需要一个较长的适应过程，而在这一阶段，他们会遇到很多新的问题和困难，甚至会遭受一些挫折，从而影响信心、影响威信，难以有效地开展工作。

国际酒店管理集团非常重视员工的发展培训，如洲际酒店管理集团设有管理培训生计划。该计划专门为培养主管级别的员工设置，主要是从社会上招募有 1~2 年经验的优秀人才，进行 12~18 个月的在职培训。培训期间每个学生都有一位指定导师，由导师跟踪其学习过程，并随时给他们反馈，进行阶段性评估，帮助他们尽快成为合格主管。

### （四）岗后培训

员工上岗后的培训是一项长期的工作，比上岗前的培训难度要更大一些。在培训中需根据不同年限、不同等级和不同水平的员工制定出不同的培训目标、程序及内容。培训形式主要有在职培训和脱产培训两种。

在职培训具有灵活性、选择性和针对性等特点，因此，不受时间、地点及人数的限制。其主导思想是以岗位练兵和实际操作为主，通过实际操作，达到使其掌握和提高业务技术的能力。培训的具体方法可采用专题讲座、座谈讨论、岗位练兵、技术比赛和业余教育等方式进行。

脱产培训是以加强员工理论知识为主要目的，以教学为主的培训方法。脱产培训学习时间、精力、人员及内容都很集中，能使员工在思想和业务素质方面有很大提高。脱产培训最好按服务员的不同等级分别进行，通常以工作年限为依据，或按业务分，可分为初、中、高三级培训。

## 【徒弟记忆】

1. 客房员工的基本素质；
2. 培训的内容；
3. 培训的种类。

## 【师傅指点】

客房人员要具备基本的素质，牢记培训的内容，熟练掌握培训的技能。

## 【拓展提高】

案例陈述：凌晨2点多，一位醉酒客人要求开房。客人刚到总台就情绪不太好，嘴里骂骂咧咧。当班接待员小杨保持微笑，与客人确认是否有预订。客人表示有预订，但无法想起预订信息，一时之间无法顺利办理入住，客人的情绪就变得更加不耐烦。

值班经理发现这一情况后，立即过来了解情况。在发现值班经理靠近后，客人不好的情绪进一步升级，对值班经理的到来表现出排斥和不信任。此时值班经理快速反应表明身份，并表示是来送客人进房间的，小杨利用此段时间立即通知客房中心给客人配送解酒的蜂蜜水，客人喝下后情绪缓和了许多。

待客人情绪稳定些后，小杨开始耐心地帮助客人回忆预订信息。这时客人想起接待方发的短信里有预订的房间号，经过确认后，终于顺利地办理了入住。

考虑到客人的状态，值班经理送客进房，并告知客房中心客人醉酒的情况，协同做好客人服务。

案例评析：在夜间遇到情绪激动的醉酒客人，员工依然能够始终保持良好的态度来提供服务，体现了员工较强的应变能力和业务素质。

资料来源：云台宾馆自编案例集

# 任务三　客房部劳动力调配

## 【师傅讲授】

### 一、对员工进行调配

酒店在营业之前都会对客源进行计算，但是根据实际情况的变化，劳动力事先的调配和实际的需求之间存在着一定的差异，所以要对员工进行合理的调配，使其具有“弹性”。

#### （一）了解客源市场动向，力求准确预测客情

客源情况是不断变化的，因而由客房部承担的那部分可变工作量也在不断地变动着，而掌握了客情的大致动向后就可以做好应对准备，以免到时措手不及。由于酒店每天的客情是不断变化的，客房部的工作量也因此而不断变化。客房部的员工排班必须依据客情变化而灵活操作。原则上是先安排固定工，然后根据工作量的变化安排临时工。客情预测是客房部日常用工人数计算的基础。及时、准确地将客情预测信息传递到客房部也就显得非常重要。为确保这一点，除了要求客情预测部门努力提高预测的准确性之外，还应规范部门之间信息传递的内容、时间及方式。传递到客房部的客情预测表内容如下。

（1）次日及近期一段时间内（如 3 天、一周等）的住客情况。

（2）预计客人抵离情况。

（3）团队预订情况。

（4）会议预订情况。

（5）重大活动安排。

当酒店举办大型会议等活动时，往往需要提前清洁、准备场所，公共洗手间也可能需要安排专门人员，因此，这类信息同样要提前通知客房部。客情预报通常要求每天下午送到客房部，以便客房部有时间估算第二天需要调用多少服务人员，进行预排班。客房部除要做出年度及季度的人力安排外，更应做好近期的劳动力安排。这样，掌握客情预测资料就成为一项十分重要的工作。客情预测资料主要包括每周预测表、团队会议预订报告、每日开房率及客房收入报表、住客报表和预计离店客人报表。

#### （二）制订弹性工作计划，控制员工出勤率

客房管理者必须通过制订工作计划来调节日常工作的节奏。每天用工人数的确定，

应该根据预测的客情、工作计划及员工工作定额进行科学计算。在客房部工作中，由于楼层每天所需人数不同，需要每天进行此项工作。为方便操作，客房部管理人员可预先制作一份客情与人员需求数对照表。如在考虑客房服务员时，由于客房出租率直接决定工作量的多少，可预先制作一张客房出租率与所需服务员的对照表。还可预先排出员工在未来一段时间内（如 15 天内）的各班次，然后每天再根据当天的客情对人员安排做适当调整。控制员工出勤率的方法有许多，除利用奖金差额来控制外，还可通过合理安排班次、休假等来减少缺勤数或避免窝工。对于一些特定工种，可灵活安排工作时间，采用差额计件制等各项行之有效的方法。

**1. 采用小组作业制**

客房部的许多工作，如客房清扫、地毯洗涤、棉织品洗烫等工作，既可以采用个人单干的形式进行，也可以采用几人一组的形式进行。采用小组的工作方式，不仅可以提高员工的工作效率，也利于降低劳动强度、增加员工工作安全系数。

**2. 合理排班**

客房部人员的工作班次，应顺应客人的生活习惯及酒店经营的需要。一些酒店经常出现班次安排不合理的情况，原因是服务员上班过早或过晚，用于等候的时间过长或工作堆积造成人力闲置或紧张。为避免这种情形，客房部应根据客人生活习惯来灵活安排工作时间。比如，一些大城市中心的商务酒店，客人夜生活比较丰富，喜欢晚睡晚起，早班客房服务员的上班时间也应安排得晚一些。而在旅游景点较多的度假型酒店，客人一般都会尽量早起，以便有更多时间到各处景点游玩，客房服务员的上班时间也要相应地提早一点。一些靠近火车站、码头、机场的酒店，需要结合当地交通工具的抵离时间安排客房部员工的工作时间。

### （三）根据劳动力市场的情况决定用工的性质和比例

如果劳动力较饱和，则制定编制时应偏紧，以免开房率较低时造成窝工而影响工作氛围；而在旺季开房率较高时，可征招临时工缓解压力。反之，则要将编制做得充分些，以免在开房率较高时造成工作质量的下降。

通常，为了控制正常编制，减少工资和福利开支，许多饭店愿意使用临时工来做一些程序比较简单、技能要求并不太高的工作。这对于增强人员编制的弹性、降低培训费用等较为有利。但这种编制弹性应限制在可控范围内，同时不能因此而放松对合同工的技能和观念的训练，以便掌握劳动力安排的主动权。

## 二、应急情况的处理

由于客情预测工作很难做到与实际情况完全一致，所以难免会出现人员安排过多或过少的情况。服务员多出时，可以安排客房专项清洁保养工作，也可以安排一部分员工提前下班，这对部门来说，压力不大。压力大的情形往往是服务员人数不足，尤其是在住店客人人数突增或集中退房时，常出现房间来不及清扫、人力明显不足的情况。这时，通常可采取以下几种方式应急。

### （一）适当增加员工的工作量

采用这种方法，需要控制好增加的房间数，以免员工过度劳累，降低工作质量。为提高员工积极性，酒店可考虑以下两种补偿方式供员工选择：一是给予调休的机会；二是增加报酬。

### （二）临时抽调后台区域的服务人员和基层管理人员

如果临时抽调的人员都曾接受过客房清洁整理的基本训练，并掌握这一技能，将会有效地缓解人力紧张的压力，不会出现手忙脚乱或帮倒忙的混乱景象。这就要求客房部平日注重多面手的培养，尤其是小型酒店，更要注意培养多面手，做到一专多能。

### （三）通知相关人员

碰到紧急情况时，可与相关人员取得联系，在征得他们同意的情况下，要求其来上班，为方便联系。客房部事先应保留所有人员的住址及电话号码的记录，否则很难保证及时通知到相关人员。

### （四）跨部门进行劳动力的合理调配

如果内部调配仍无法解决问题，客房部可通过酒店人力资源部跨部门调配人员。为了保证调配人员来了就能投入工作，酒店要加强交叉培训，这既有利于酒店临时性的人力调配，又有利于调动员工积极性和酒店的人员调整。

## 【徒弟记忆】

1. 了解应急情况的处理；
2. 知道人力资源配置的原则。

## 【拓展提高】

案例陈述：10月的一天晚上8：00，保安员小杨正在大堂前指挥车辆，突然接到监控室老周通知一楼手动报警器报火警。火情就是命令，小杨立即提起附近的灭火器奔赴报警地点，当到达报警现场并未发现明火，于是在神泉普润厅仔细地检查了一遍，并未发现异常，找到当班服务员了解，原来是服务员在打扫卫生的时候无意中碰到了按钮，不知道怎么复位，从而导致了误报。

案例评析：安全无小事，此次火警虽然是误报，但是保安能够快速反应，说明员工对于应急事件的重视和日常培训工作的落实到位。通过这件事也提醒各部门要熟悉了解消防设施，日常在做好保养的同时，还要做到不能擅自报警设备。

资料来源：云台宾馆自编案例集

# 任务四　客房部工作例会

## 【师傅讲授】

酒店例会与每日早会在酒店内部管理中不可或缺。例会与每日早会通过安排工作内容和工作要求来开展每一天的工作，这样不仅能够有效地进行信息反馈，还能进一步改善酒店的管理，起到良好的沟通协调、妥善解决问题的作用，达到部门协调、团结一致等目的，从而实现各部门协调有序地工作，也有利于形成开放、自由、民主的企业文化氛围。因此，开好例会与早会，是管理者必须重视的问题。

酒店管理过程中或多或少会出现一些问题，例会与每日早会就成为酒店管理者解决当前酒店问题的重要途径。例会与早会的内容切实，开得成功，就可能化腐朽为神奇，改变酒店出现的危机。相反，不重视例会和早会，内容随意含混，会议开得心不在焉，就不能有效发现问题并找出解决问题的方法，酒店运营将会走下坡路。所以，确立例会与每日早会的内容至关重要。

## 一、确立例会内容

酒店的例会一般是依据约定的惯例每隔一段时间举行一次。不同企业，组织形态不同，例会形式也不同。一般例会形式有日例会（晨会）、周例会、月例会、季度例会等。

具体而言，酒店例会的目的主要有：

（1）实现有效管理，促进酒店内部的沟通与合作。

（2）提高酒店各部门执行工作目标的效率，跟踪各部门的工作进度。

（3）集思广益，提出工作方案。

（4）协调各部门的工作方法、工作进度，调配人员及设备。

那么，最大限度地发挥例会的作用，达到预定的目标，就有赖于例会内容的选择了。一般来说，例会的内容主要包括以下几点。

### （一）通报情况

酒店召开月（周）例会时，本职、本部门不仅要通报自己工作的完成情况，还要对上次例会要求落实的情况做详尽的说明。上次例会安排的任务没有完成，就要总结原因，吸取教训，加以改进。任务完成或超额完成，则要鼓励表扬，以延续良好的状态。此外，管理活动的开展情况，诸如卫生管理、细节管理这些方面，也应在例会上通报，以便用“有形的手”进行管理调控，不让工作自由泛滥，最后不了了之，达不到预想的效果。这里主要以客房部经理参加酒店的周（月）例会为例来讲述客房部经理需要汇报的内容。

（1）一周内对客服务与营业收入情况。比如，商务会议服务情况、常住房服务情况、VIP 客户的接待情况等。

（2）员工培训情况及员工对客房部或整个酒店的相关建议。

（3）对客服务的优秀案例。

（4）前台客房散客的住店情况，包括房间数、总人数、总金额、最大 / 小金额、销售提成的数值。

（5）客人在消费过程中遇到的问题及处理情况。

（6）洗衣房的营业情况。

（7）员工拾遗和其他事项。

（8）下个月的主要工作计划。

### （二）协调工作

由于酒店内部协调性差而导致客人不满的现象在我国酒店业很常见，其首要原因在于员工缺乏协作意识、部门之间缺乏良好的沟通，导致客人不满，从而造成客人流失。这就要求酒店加强对内部的协调及增强团结意识。通过开例会，可以协调各部门、各岗位，实现资源优化配置。在员工各司其职的同时，互助互利，达到功用最大化。

（1）日常工作、计划落实中遇到的问题需要哪些部门配合解决。通过部门协调解决工作中遇到的问题，通过合作改变部门工作停滞不前的局面，一方面增强了酒店的凝聚力，另一方面也提高了工作效率。

（2）日常工作、计划落实中人力、设备、权限上有何不足，需要哪些支持。工作中遇到困难寻求帮助，努力解决，不让困难继续阻碍工作；暂时解决不了的，大家集思广益，想方设法解决困难。

### （三）提出和解决问题

再成功的酒店也不可能一帆风顺，总会遇到种种难题。酒店运营中遇到的问题、困难都可以在例会上提出来讨论解决。下面是酒店常见的问题。

（1）商品问题。了解酒店商品中存在的问题，在问题未造成巨大影响之前，积极审查，防患于未然。

（2）人员配备问题。在人员分配上提出增、减、借的意见和请求，实现人力资源的最优化，避免出现人员短缺或人员闲置的现象。

（3）流程、规章和标准问题。针对酒店在工作流程、规章制度和服务标准方面出现的问题，提出相应的解决方案。

## 二、例会准备工作与注意事项

了解了酒店例会的内容后，客房部经理还需要考虑自己在参加部门经理周例会时要做好哪些准备工作，注意哪些事项。

### （一）有准备地参会

客房部经理在走进会议室前要做好准备工作。周例会作为常规性会议，一般情况下参会者都比较清楚具体时间、地点和主题。但如果是紧急会议就不同了。适时了解和掌握房间动态，如前厅部反映房态信息不准确，经常出现客人预订后没有空房，或者是回绝客人预订后却出现空房的情况，就能及时提供准确的数据。当然，如果是紧急会议，则需要明确是谁召集的这次会议，为何召集这次会议等事项。

### （二）做好会前沟通

客房部经理如果有新的提议，而且可能会威胁到另一个部门或另一些人的利益，那么在会议之前应该先与这些可能反对你建议的人沟通，找出两全其美的解决方法。必要时，可以让他们用他们自己的名义提出你的观念。如由于营销部的营销人员缺乏，导致客房销售不佳。在召开周例会之前，可以与营销部经理沟通，让其申请招聘新员工。

### （三）注意沟通媒介

会议场合中的沟通媒介除了有声语言之外，还存在无声语言——仪容、姿态、手势、眼神、面部表情等，它们也扮演着十分重要的角色，应该特别引起重视。

（1）仪容要整洁，注意个人卫生。

（2）要有时间观念，准时或提前抵达会场。

（3）着装规范，避免穿着奇装异服。

（4）留意坐姿，两眼应正视发言者或倾听者。

（5）可借手势或物品引起现场人员注意，并强调自身观点。

## 三、确立早会内容

早会是在每个工作日内，开始正常工作之前的简短会议，又称晨会。客房部作为酒店运营中的一个重要部门，早会的召开十分重要。客房部的早会包括两个部分：一是各楼层主管召集各个楼层客房服务人员召开的早会；二是客房部经理召集各个楼层主管召开的早会。

早会对酒店的重要性在一定意义上相当于早餐对人的重要性。酒店开早会，可以看作是一群人在一起吃早餐。如果每天的早餐都健康营养、美味可口，每个人都会吃得很开心，轻松愉悦地完成一天的工作。相反，没有早餐，或者提供的早餐千篇一律，那员工很难有食欲。吃不下早饭，自然也就没有多少力气工作了。

因此，客房部经理应针对客房部的实际情况，根据当日的工作状况确定早会内容，妥善策划每日早会，这对客房部经理来说意义重大。具体来讲，每日早会的内容大致包括以下几点。

（1）首先要向员工问好。微笑可以传染，亲切的问候可以让员工如沐春风，提高员工的工作热情。

（2）检查员工的仪容仪表。查看员工着装是否得当，是否有违酒店关于员工仪表仪容的相关规定，及时发现并整改，维护酒店形象。

（3）各楼层主管报告当日所属人员到岗情况。各楼层主管统计当日到岗人数，发现有旷工缺勤的员工，要实事求是地向上汇报，不得隐瞒。这样才能方便客房部经理及时掌握酒店服务人员到岗信息，做出相应处理。

（4）各楼层主管报告其负责楼层的客用品短缺与补齐情况。楼层主管掌握各楼层客用品的使用情况，统计名目，有利于酒店资源的合理配置，避免重复分配造成资源浪费和短缺用品得不到补给的情况。

（5）按照当天酒店入住客人表单上的备注信息，指出哪些是VIP客人，详细说明这些客人的到店时间、个性要求，要求楼层主管监督员工在客人入店前做好准备工作，并细致检查，确保准确到位。

（6）其他交代事项。客房部经理要特别交代楼层主管怎么处理客人投诉，哪些服务做得还不够好，需要加强等。

客房部经理在召开早会前，可以在前一天工作重点的基础上理出当天早会的思路和方式，记录下来并加以整理，使其脉络清晰。同时，可以针对部门员工中出现的状况，插入一些有趣的小游戏或小故事，以激起员工的工作热情。

## 【徒弟记忆】

1. 例会内容；

2. 例会准备；
3. 例会目的。

# 项目二　客房部设备用品管理

## 【企业标准】

在本项目内容中，要求学徒对客房用品进行系统的认识，了解客房设备的管理，掌握酒店清洁器具的使用，掌握酒店客房清洁药剂的使用。

## 【师傅要求】

1. 学徒对客房用品进行系统的认识；
2. 学徒能够掌握客房设备的管理；
3. 学徒能够掌握酒店清洁器具和清洁药剂的使用方法。

# 任务一　客房部设备与用品的类型

## 【师傅讲授】

### 一、客房设备用品的分类

根据客房设备和用品使用性质分类，将其分为固定性客房设备和用品、周转性客房设备和用品、消耗性客房设备和用品三大类。

#### （一）固定性用品

凡单位价值较高、品种少，使用年限 1 年以上的机器设备、电器设备、娱乐设备、家具等均视为固定性客房设备和用品。此类用品品种占总数的 10%~20%，资金额占总数额的绝大部分。

### （二）周转性用品

指瓷器、玻璃器皿、布件、宾客租借物品等。此类品种占总数的 20%~30%，资金额占总数额的 30% 左右。

### （三）消耗性用品

指价值较低，使用周期短或一次性使用的物品。如清洁剂、一次性消耗用品等。此类品种占总数的 60% 左右，资金额占总数额的一小部分。

根据用途，客房设备分为电器类、卫生洁具类、家具类、安全装置、地毯等。

## 二、家具设备

客房家具可以分为实用性家具和陈设性家具两大类。客房使用的家具以实用性家具为主，如床、床头架、写字桌、软座椅、沙发、小圆桌、行李架、衣柜等。

客房家具的配备应注意以下几点。

（1）家具表面应使用高密度阻燃材料或涂料，座椅扶手以木质为佳，写字台椅子应有软靠背以使客人坐着感觉更加舒适。

（2）供写字的台面面积最小应不低于 0.6 平方厘米，梳妆台镜应能照出全身。

（3）供客人放东西的抽屉或格架面积最小应不低于每人 0.7 平方厘米。

（4）行李柜表面应贴有可更换的软毯面，防止家具表面损伤。

（5）床头柜上不仅应设计有电器控制面板，最好设计成斜面状。

客房家具设备的配置主要包括客房应该配置的家具设备的种类、家具设备的样式等内容。客房家具设备的配置情况直接影响客房的功能、档次和特色。因此，饭店必须从产品设计的角度来解决客房家具设备的配置问题。

## 三、其他设备

### （一）照明设备

客房照明设备主要是指客房过道灯、顶灯、吊灯、落地灯、台灯、地灯、床头灯等。客房各种灯具既是照明设备，也是客房的装饰品。客房灯具的设计和选用要注意：灯具的色调、款式要与室内的墙面、窗帘、床罩等相协调，与客房的建筑、家具的式样相统一。

### （二）电器设备

客房电器设备包括空调、音响、电视、电冰箱、电话、传真机等。

### （三）卫生设备

客房卫生设备主要包括洗脸盆、浴缸、马桶等卫生洁具。

### （四）装饰用品

客房装饰用品所包含的内容多而杂，具有很强的实用价值，如沙发套、椅套、花边垫布、靠垫等。对饭店客房窗帘的要求是需要配备两层窗帘，其中内层配制质地较薄的纱窗帘，外层配制质地较厚、不透明的窗帘。纱窗帘的主要作用是调和光线、美化房间，一般不拉开，以便客人可以透过柔和的光线眺望窗外的自然景色。外窗帘则白天拉开，傍晚开灯时再关闭，以保证客人休息、睡眠不受窗外光线的干扰。外窗帘一般按季节更换，入冬时挂深色的厚窗帘，春末时挂上浅色的薄窗帘。

## 四、安全设备

为了保证客人的安全，客房内必须配备安全装置。如消防报警装置有烟感器、温感器及自动喷淋，其他安全装置有窥镜和防盗链等。高档次客房在房内还配有小型保险箱。

客房用品配置设计的重点是让宾客感到舒适和方便。每一件客房内的用品都应充分发挥它们的效用，不能因浪费或过剩的现象造成宾客或酒店的损失，造成社会资源的浪费。因酒店等级与客房价位的不同，配备用品的种类多少、质量均有显著的差别。高星级酒店客房内物品配置的档次，均能显示出其华丽和名贵；价位较低的酒店客房物品的配备则较为简单，只求达到卫生和方便的标准即可。不同星级或档次的酒店，可依据《星级酒店客房用品质量与配备》的要求来进行配置。

## 五、客房用品的管理

### （一）房间客耗物品入账程序

（1）客房中心人员收到客房消费信息，进行电脑入账操作程序。

点击客房中心选客房入账，双击客房（酒吧、赔偿、杂项）输入房号，按回车键，按代码 F2 选择该房间消耗物品名称更改数量点击存盘入账。入账后在本日明细中查看该费用是否已收到，核对无误后报前台。并在客房消耗登记本和客房消耗领出登记台账上记录。

（2）退客房电脑入账操作程序。

首先点击客房中心选客房入账项目，代码按 F1，存盘，点击未结账一栏，结账，付款码第一格按 F1，然后转前台，付款码第二格按 F1，主单所有状态检索相应的宾客姓名或团队确定。

（3）客房中心入账、冲账操作程序。

首先点击客房中心本日细账查询检索，接着选中需要冲账的一栏冲账。

（4）客房中心入账项目新增、删除、更改操作程序。

①新增：客房中心客房菜单设置选择营业项目进行双击增加，输入代码、名称、价格，存盘。

②删除：客房中心客房菜单设置选择营业项目，进行双击删除。

③更改：客房中心客房菜单设置选择营业项目进行双击修改选择你需要更改的项目（譬如物品名称或者价格），存盘。

（5）当班入账的消耗品下班前开出杂项单，交与前台。

（6）出现需输入负数冲账时，要写情况说明并由总监签字后交与前台。

## （二）房间客赔物品规定明细

### 1. 用品设施设备类

（1）进价200元（含200元）以下按进价乘以2计算。

（2）进价200元至500元（含500元）按进价乘以1.5计算。

（3）进价500元以上按进价乘以1.2计算。

### 2. 地毯类

（1）地毯烟点100元/平方厘米。

（2）地毯烟洞500元/平方厘米。

### 3. 大理石类

2000元/平方米。

### 4. 家具类

（1）可修复，按500元计算（人工费、材料费、税金）。

（2）可修复，按照第1条规定，按进价乘以相应比例计算。

## （三）客房用品保质期更换标准

### 1. 食品类

（1）方便面：保质期为6个月，提前2个月进行更换。

（2）开心果：保质期为1年，提前6个月进行更换。

（3）薯片：保质期为10个月，提前5个月进行更换。

（4）杏仁：保质期10个月，提前5个月更换。

（5）九制话梅：保质期18个月，提前5个月更换。

### 2. 饮料类

（1）青岛啤酒：保质期为1年，提前5个月进行更换。

（2）依云矿泉水：保质期为2年，提前1年进行更换。

（3）雪碧、可乐：保质期为 12 个月，提前 6 个月进行更换。

**3. 一次性用品类**

（1）袋泡咖啡：保质期为 24 个月，提前 3 个月进行更换。

（2）茶叶：保质期为 24 个月，提前 3 个月进行更换。

（3）白砂糖：保质期为 36 个月，提前 3 个月进行更换。

（4）咖啡调糖：保质期为 24 个月，提前 3 个月进行更换。

（5）咖啡伴侣：保质期为 24 个月，提前 3 个月进行更换。

## 【徒弟记忆】

1. 客房用品类型；
2. 客房用品设备；
3. 客房用品管理。

## 【拓展提高】

案例陈述：3 月 5 日，1126 房客人送来一封表扬信：近期陆续在贵酒店入住，深深感受到贵酒店员工的热情服务和无微不至的关怀，在此着重感谢客房部服务员小毕和小韩两位同志。

此次出差恰遇春节，每天都有朋友拜访，小毕和小韩看到我们都有吸烟的习惯，每天都送来润喉糖和烟嘴，小韩更是不厌其烦地为我们提供清洁、整理房间服务，小毕每天都用卡片温馨提醒，嘘寒问暖，这么多年在外过春节，今年是最温暖的春节。在此，向贵酒店的宾至如归、如沐春风的服务表示由衷的感谢，向小毕、小韩的精心、细心、用心、热心的服务表示感谢。祝贵酒店生意兴隆。

案例评析：关注细节，注重服务，在满足住店客人的需求时，同样关注其来访客人的服务，这样不仅让住店客人有了“面子”，也为我们获得了“潜在客人”选择云台的肯定。

资料来源：云台宾馆自编案例集

# 任务二　客房用品管理

## 【师傅讲授】

### 一、客房用品的总配备量

客房的消耗性用品一般是非循环性用品，它的使用量与客房开房率和物品使用率有关，实际使用量可能远远大于根据房间配置需求量预算的标准储备量。如果消耗性客用品仅是根据出售房标准量的配置需求量，那么就会导致严重的物品短缺。所以，要保证消耗性客用品的正常供应，就必须通过确定最小库存量与最大库存量来设置和控制。购置件数一般以物品运输的容积为单位，如箱、盒、桶。酒店客房的消耗性客用品的数量绝不能低于该项物品确定的最小储备量。

### 二、客房用品各分发点配备量

在客房楼层区域（工作间内）应有一定的储备量，同时也要制定一个合理的储备量，既不会过多地占用流动资金，又可以满足对客服务的需要。

#### （一）客房配备标准

客房配备标准详细规定了各种类型及等级的客房用品配备及摆放的位置，将其以书面形式固定下来并附有图片，以供日常发放、检查及培训时使用，这也是控制客房用品的基础。

#### （二）工作车配备标准

工作车配备的标准，一般是以一个班次的“耗用量”为基准，如以早班清洁员每天清洁客房的耗用量为标准来配备各类物品。一般客房均会以 12 间或 13 间客房的耗用量为参照标准，来进行各类物品的配备。

#### （三）楼层工作间储备标准

楼层工作间一般备有一周的客房用品储存量，客房用品消耗用量应列出明确的标准，并置于工作间明显的位置，以供申领物品时参照使用。

### （四）客房部库房储备标准

客房部库房通常会储备一个月的客房用品量。它既可供各楼层定期补充，又可满足楼层因耗量过大而产生的临时领料。目前有一些酒店为了加强对物品的管理、减少人员开支，通常只设总库房（一级库），各部门不另设库房（二级库）。总库房分早、中、晚班，以服务于使用部门直接领料。

## 三、客房用品的日常管理

客房用品控制工作中最容易产生问题的一个环节就是日常的管理，也是客房工作中最重要的一环。一般酒店客房部对客用品的日常控制会采取“三级控制”的方法：

### （一）第一级控制，楼层领班（主管）对服务员直接控制

**1. 通过“每日清洁工作表”来直接控制服务员的消耗量**

楼层领班（主管）通过客房服务员的做房报告表，控制每个服务员领用的消耗品量，分析和比较各个服务员每房、每客的平均耗用量。服务员按规定的数量和品种为客房配备和添补用品，并在服务员工作表上做好相应的记录。领班（主管）凭服务员工作表对服务员领用客用品的情况进行核实，目的是防止服务员偷懒或克扣客人用品并占为己有。

**2. 督导与检查**

领班（主管）通过现场督导和指挥，减少客用品的损坏和浪费。领班（主管）督导服务员在引领客人进房时，必须按客房服务的规程介绍房间设备用品的性能和使用方法，避免不必要的损坏。同时，督导和检查服务员清洁房间的工作流程，杜绝员工的违规操作。如少数员工在清洁整理房间时为图省事，将一些客人未使用过的消耗品当垃圾一扫而光，或者乱扔客房用品等，领班（主管）应及时对其加强爱护客用品的教育，尽量减少人为的破坏和浪费。

### （二）第二级控制，建立客用品的领班（主管）责任制

各种客用品的使用主要是在楼层进行的，因此，客用品的好坏和定额标准的掌握，其关键在领班（主管）。建立楼层客用品的领班（主管）责任制是非常必要的。

**1. 楼层配备客用品管理人员，做到专人负责**

楼层可设一名兼职的行政领班（主管）和一名专业领班（主管）。行政领班（主管）负责楼层物资用品的领发和保管，同时协助业务领班（主管）做好对服务员清洁、接待工作的管理。小型酒店则不设行政领班（主管），而由楼层领班（主管）直接兼管物资用品的保管和领发工作。

**2. 建立楼层“固定资产管理”的档案**

平时如资产增减或移动时，必须获得楼层主管或经理的批准，并由楼层主管在固定

资产登记卡上进行更改，以加强领班（主管）的责任心。

**3. 领班（主管）每天汇总本楼层消耗用品的数量，向大库房汇报**

领班（主管）每周日应根据楼层的存量和一周的消耗量开出领料单，交客房中心库房。每月月底配合客房中心人员对库房各类物品进行客用品的盘点。

### （三）第三级控制，客房部对客用品的控制

客房部在对各楼层的用品进行控制时，一般可以从两方面着手：一是通过客房中心库房的管理员（物品领发员），其主要是负责整个客房部客用品的领发、保管、统计和汇总工作；二是通过楼层主管建立相应的规范和采取相应的控制措施，使客用品的消耗在满足业务经营活动需要的前提下，达到最低消耗的限度。

**1. 中心库房对客用品的控制**

设立客房部中心库房的酒店，可由中心库房的物品领发员或客房服务中心人员对每日客房楼层的客用品耗费的总量进行直接的控制，同时其也负责统计各楼层每日、每周和每月的客用品使用的总损耗量，并结合客房出租率及上月耗损情况，制作“每月客用品消耗分析对照表”。

**2. 楼层主管对客用品的直接控制**

楼层主管或客房部经理对客用品的控制主要通过加强对员工的思想教育和制定有关的管理制度来实现。客房备品流失的一大主要原因是由员工造成的，因此，要对员工做好思想教育工作并加强管理，这是非常重要的。楼层领班或主管也要通过服务员每日清洁房间的数量，及时有效地控制其物品的消耗量，并加以分析和比较每个服务员每间客房的平均耗用量。

**3. 防止客人的偷拿行为**

这就要求酒店实行访客登记制度，尽可能少设置出口通道，对多次性消耗用品，如茶杯、茶叶盒、烟灰缸等可印上酒店的标志，管理好工作车，将衣架固定起来等。

## 四、宾客借用物品管理

酒店向客人提供所需的各种常用设备是酒店的一项宾客服务内容。它根据宾客的要求提供出借（免费使用）物品。通常客房部负责储备、出借及收回宾客借用的物品。

### （一）宾客借用物品的种类

各个酒店向宾客出借的物品种类都有所不同，一般可借给客人使用的物品包括：熨斗、烫衣板、吹风机、闹钟、转向插头、多功能充电池电器、儿童床及变压器。其他物品有：雨伞、电热垫、冰袋、剃刀、卷发钳、电动剃须刀、毛毯、羽绒被、不引起过敏的枕头、折叠床及玩桥牌的桌椅等。

## （二）确定宾客借用物品的数量

酒店客房出借给宾客使用的物品种类很多，通常取决于典型客户的需求及酒店的服务水平。而出借物品的库存量则取决于酒店的规模及预期的宾客需求量的大小。宾客借用具体物品的频度，一般也取决于酒店的类别、开房率水平、宾客当日到店与离店的模式及住店客人的类别。客房部经理有权决定酒店宾客借用物品的种类与数量。客房部经理也有责任为满足宾客的要求而备足物品，并做好借用物品的供应工作。

## （三）宾客借用物品的控制

### 1. 制定宾客借用物品程序

客房部经理要制定一套完整的宾客借用物品程序，以更好地跟踪出借的物品情况，以及确保借出物品能及时归还。程序的制定将根据酒店通常接待的客户的性质及酒店过去借用物品丢失或被窃的记录来完成。不论使用哪种方法去跟踪出借的物品，都必须在控制酒店损失及提供优良宾客服务这两个方面取得一种平衡。

### 2. 制定宾客借用物品记录

客房部还应建立一个“宾客借用物品记录簿”，同多记录内容而直接对宾客借用物品加以有效的监督。记录簿上应记载借出物品的客人房号、物品名称、种类、要求、借出和归还物品的时间等信息。同时还应注明预期客人结账离店日期，这也有助于借物的及时跟踪。客房部经理通过记录簿，可以推测何时要求借物的宾客人数最多，何时要求借用某项物品，以及不同物品借用时间的长短。该记录簿还有助于客房部经理跟踪使用物品的地点，并确保所有物品得以及时归还（如转向插头、充电器这样的物品，这些物品通常在客人住店期内出借和使用）。有些酒店也要求宾客借用物品时“签单”，即当员工把借用物品送至客房时，除在签单上记录物品的宾客姓名、房号、种类及物品送达的日期和时间外，还要求员工让客人在借物单上签名确认。

### 3. 制定宾客借用品清单

客房部应储存一套完整无误的“宾客借用品的清单”。清单上能有效反映出每项物品的名称、购买日期、货价、保修、制造商、供应商或售货商以及存放地点等信息。记录还应注明各项物品的数量和种类。当破旧物品不再使用预计报损或新购入物品投入使用时，该“宾客用品清单总表”应及时进行更新。

## （四）借用品押金制度

有些酒店要求客人在借用物品时付“押金”，押金的金额大小视借出物品而定（酒店客房部已根据不同物品，提前制定了相应的借物价格）。在此情况下，员工将出借物品送至客房时，应向客人说明：如果发生借用物品不能归还的情况，押金款将记入其住店房账中。

为有效控制宾客借用的物品，在客房中心通知服务员给每一位借用物品的客人送完物品后，客房中心员工可以再给客人打一个跟踪电话，确认客人是否已收到物品，并询问是否还需要其他帮助；当物品已送至宾客房内时，应提示客人在使用完后，可以拨打电话通知客房部人员去取回物品。多数情况下，凡借用给住店宾客的物品，一般都不应过夜不还（特殊情况除外）。

借用给宾客的物品，还应定期进行检查，保证物品在借用给宾客时，始终处于正常使用和安全的状态。物品出借当日也应先测试好物品，确保客人使用该物能达到预期的目的后，再给客人使用。对破旧、受损或破碎的物品，部门应根据具体情况进行报损或更新。

### 【徒弟记忆】

1. 宾客借用品管理；
2. 客用品日常管理；
3. 客用品总配量。

### 【拓展提高】

案例陈述："五一"期间，举家出游的客人较多，值台员小臧在为 1311 房做夜床时发现房间有宝宝行李，便及时为其配备了儿童洗漱用品及儿童拖鞋。

次日，该房留下了感动留言：亲，感谢服务员臧女士及各位为我们提供热情而周到的服务，当我们走进卫生间看到您特意为宝宝准备的洗漱用品及眼镜布，超级感动哦。由于孩子调皮，给您增添了不必要的麻烦，深感歉意，谨祝云台宾馆蒸蒸日上、红红火火。

案例评析：酒店提倡个性化服务时就包含提前考虑特殊群体宾客的服务需求，为他们准备一些常用品供其所需，弥补外出不便而使其满意，这样才能有效地赢得回头客。

资料来源：云台宾馆自编案例集

## 任务三　楼层物资管理

### 【师傅讲授】

客房楼层物资包括客房设备设施及客房用品两大部分。品种多、投资大，是客房服务的物质基础。对这些设备、用品的管理是否科学合理，将直接影响客房的服务水平及经济效益。为此，客房部要加强客房设备用品的管理，在满足客人需求、保证服务质量的前提下，努力降低费用、减少支出，提高经济效益。

客房设备主要包括：家具、地毯、电器设备（空调器、电视机、电冰箱、各类灯具、电话机），卫生洁具（浴缸、恭桶、洗脸盆）、安全装置（防盗、防火装置）等。客房设备的管理工作主要有以下措施。

## 一、建立账卡

（1）建账就是将客房楼层各类设备详细地登记在设备账本上。账本一般以一个或若干个小组为一个单位，将所管辖的设备设施如实登记在册。各小组的账本按一定要求汇集一起，即构成饭店设备的总账本。在建账过程中要做到“账物相符”“账账相符”。账物相符是指各类设备的品种数量一定要与账本所登记的相符合。账账相符是指各小组的分账本要与客房总账及饭店总账相符合。

（2）账本要求。小组账本要求分类细致，通常设备有多少种，账本就应有多少页。

## 二、建立设备档案卡

设备还要建立相应的档案卡。建卡时要求做到“账卡相符”，即档案卡登记设备的品种数量要与小组账本相符合，以便核对控制。设备在使用过程中发生维修、变动、损坏都应在档案卡片及财务账册上做好登记。设备的使用状况也要做好记录，以便设备维修部门全面掌握设备的使用情况。在建立客房设备档案时要按一定的分类法进行分类编号，使每件设备都有分类号，以便管理。

## 三、设立设备日常管理制度

（1）做好设备使用培训工作。客房部要加强对客房楼层员工的技术培训，提高他们的操作技能，培养其良好的职业道德及责任心，自觉爱护设备，掌握楼层各类设备的用途、性能、使用及保养方法。

（2）制定保养制度。所有的设备均应制定保养条例，定期对设备进行检查维护，使其处于正常的完好的状态。如定期家具上蜡、电话机消毒擦拭，各种设备都应注意防潮、防锈、防腐蚀、防超负荷使用。那些存在库房中的备用设备或维修、报废设备必须擦干净、摆放整齐，并有防护措施。

（3）做好相关记录。楼层客房设备不能随意搬进搬出。在一些管理严格的饭店，客房设备的搬动或更换，都必须办理相关手续。所有需要出门维修的设备，即使是从客房部拿到工程部，都必须经过客房中心并做好记录，填写维修单，同时要在原设备摆放处打上维修标志或用备用品补充上去，直到维修的设备送回原处。

（4）制定报损、赔偿制度。如果住客不慎损坏了客房设备，应根据饭店有关赔偿制度索赔。如果无法修复，应按有关程序报损或报废。若是员工损坏设备，则应根据具体情况做出相应的处理。

（5）定期盘点。客房楼层设备要定期盘点，以免因日久或交接频繁出现误差。发现账物不相符合，要找出原因，及时处理。

## 四、楼层设备的更新改造计划

为了保证饭店的规格和档次，保持并扩大对客源的影响力，满足客人不断变化的需求，饭店要制订客房设备的更新改造计划，并根据市场情况对一些设备用品进行强制性的淘汰。客房部虽然不是客房更新改造工作的直接承担者，但也要参与此项工作，根据市场情况及客人的需求提出有关的设想、建议。

（1）常规修整。这项工作一般每年至少进行一次，其目的是对客房进行促新，保持客房的基本标准。如墙面进行清洗和粉饰、装饰物料的调换、设备的保养、家具的维修上漆等。

（2）部分更新。客房使用5年甚至不到5年，对下列项目应实施更新计划：地毯、墙纸、沙发布、靠垫、窗帘、床罩等。由于饭店业竞争日趋激烈、客人需求不断变化，饭店客房更新周期越来越短，有些饭店几乎年年在部分更新。

（3）全面更新。全面更新往往7~10年进行一次。它要求对客房陈设、布置和格调等进行全面彻底的更换、改变及调整。如更换地毯、改变客房风格、调整房内布局等。

（4）客房设备的更新。尤其是全面更新改造前，一定要做广泛的市场调查研究，了解国内外同行业情况，掌握饭店业、旅游业最新发展趋势。根据饭店自身的经济实力，既不能贪大求全，又要有一定的远见性，适度超前，搞出自己的特色。切勿将更新改造简单地看作更新设备。主要根据市场需求合理地调整设施配备和产品结构，以保持和增强自己的竞争力。另外，也不能简单地生搬硬套某些规定和标准，而需要考虑投入与产出的关系，力求有投入就要有回报。

### 【徒弟记忆】

客房设备管理。

# 项目三　客房部安全管理

### 【企业标准】

在本项目内容中，要求学徒牢固掌握客房安全知识，了解客房部安全设备的使用方法，掌握客房类型与功能布局。

## 【师傅要求】

1. 学徒掌握客房安全知识；
2. 学徒掌握客房的布局；
3. 学徒灵活使用安全设备；
4. 学徒能够应对紧急情况。

# 任务一　客房部安全基础知识

## 【师傅讲授】

### 一、客房安全的内容

#### （一）客房的安全

酒店应保障客房辖区内的所有基础设施设备功能完善、正常运行，定期进行检查、维修和保养，坚决杜绝因硬件设施的使用不当或缺陷造成的身体上或生命的伤害。在酒店内导致客房不安全的因素，一般情况有：火灾、偷盗、食物中毒、骚扰、疾病传播、利用客房进行“三毒活动”（黄、赌、毒的犯罪活动）等，都会对客房安全造成影响。

#### （二）客人的安全

客房的安全首先是“客人安全”。根据国际酒店的惯例，宾客在酒店办理完住宿手续后，即与酒店构成了合同关系，契约行为使酒店有责任和义务对客人的人身、财产和心理安全等方面进行保障和维护，并保证宾客在客房区域内的人身、财产和正当权益不受到侵害，以及心理上和精神上也不受伤害。

#### （三）员工的安全

酒店有责任和义务保护员工的人身、财产安全，其中包括健康保障和职业安全，这是因为酒店与员工之间已经建立了“雇佣关系”；同时作为酒店的员工也必须履行自己的职责和义务，在加强自我保护意识的基础上，还要完成对宾客的安全保护。

总之，客房安全是伴随着酒店接待服务的始终来进行的。“安全系于大局，责任重于泰山”，安全内容有客房、宾客、员工等；保护对象是人身安全、财物、心理等方面，它是一项有专业特点、持久和复杂的工作。因此，加强客房安全管理，提升顾客安全感，对于树立酒店社会的公众形象、增强行业竞争力是十分有益的。

## 二、影响客房部安全管理的主要因素

### （一）硬件设施

主要指酒店客房部设施的安全情况，客房部高质量的设施设备是宾客安全感的物质载体，也是酒店安全管理工作的基石。客房部存在的不安全因素主要包括地板潮湿、通道阻塞、楼梯缺少扶手、应付火灾和其他紧急情况的太平门不足、未接地线的电器设备、未张贴危险标志、灭火器未经过试验或失检、未备急救箱、急救人员未经过训练、照明设备差、厕所和更衣室不卫生、通风设备不良等。火灾事故是在酒店中极易出现的突发事件。酒店由于建筑高、装饰多，建筑和装修材料大多含有大量的易燃物，一旦出现火灾事故，后果不堪设想，这是极为重要的防范对象。

### （二）软件设施

指酒店为宾客提供的无形服务产品。员工的失职、犯罪等虽是个人行为，但酒店管理者无论在道义还是在法律上，都负有不可推卸的责任。

### （三）环境因素

首先是人文环境因素，客房部是一个存放有大量财产、物资及资金的场所，极易成为偷盗活动的目标，加之酒店人员聚集、活动频繁，易被某些居心不良分子和罪犯乘虚而入。宾客的生理原因、心理原因也可能使其产生不安全感。其次是自然因素，主要指自然灾害等。

## 三、客房安全工作的原则

### （一）预防为主

预防为主就是集中主要精力做好积极主动的防范工作，防止案件和事故的发生，这是饭店安全工作的基点。

预防维护，一是要加强防范，不给犯罪分子以可乘之机，把违法行为扼制在预谋阶段；二是要定期进行安全检查，及时发现和消除各种不安全因素和事故，将其扼杀、消除在萌芽阶段。

客房部应从客房设备的配备及工作程序的设计两个方面来保证客人在客房内的人身及财产安全。

**1. 客房设备的配备**

（1）为防止外来的侵扰，必须在客房门上安装安全装置，包括智能双锁的锁装置、安全链及广角的门窥镜（无遮挡视角不低于 160º）。

（2）客房内的各种电气设备都应保证安全，防止发生意外伤害事故。定期检查家具，尤其是床与椅子的牢固程度，以免客人受伤害。卫生间的地面及浴缸都应有防止客人滑倒的措施。客房内的茶具及卫生间内提供的漱口杯及水杯、冰桶等都应及时、切实消毒。如果卫生间的自来水未达到直接饮用标准，应在水龙头上标上“非饮用水”的标记。

（3）在客房写字台上应贴有有关安全问题的告示或须知，告诉客人如何安全使用客房内的设备与装置、专门用于安全的装置的作用、出现紧急情况时所用的联络电话号码及应采取的行动。

（4）提醒客人注意不要随便将房号告诉其他客人和陌生人，注意有不良分子假冒饭店员工进入客房及识别他们的方法等事项。

2. 客房工作程序的设计

（1）客房服务员在清扫客房时，房门必须是开着的，并注意不能将客房钥匙随意丢在清洁车上，应随身携带。

（2）在清扫工作中，服务员应检查客房里的各种安全装置，如门锁、门链、门窥镜等。如有损坏，及时报告客房部。

（3）服务员不应将客人的情况向外人泄露。如有不明身份的人来电话询问某位客人的房号时，不要将房号直接告诉对方，可以请总机将电话接至该客人的房间，请宾客自己决定。

## （二）提高客人安全意识

酒店安全问题的发生，很多是由于客人自身的原因造成的。例如，客人因疏忽大意而在酒店丢失东西，客人抽烟引起火灾等。2010 年 8 月 10 日，义乌市某酒店 2011 房间一名叙利亚游客卧床抽烟，引起火灾。当时该客人已睡着，所幸被该酒店的巡查保安及时发现，并立即将火扑灭，未造成进一步的损失和人员伤亡。因此，客人应该遵守酒店的规章制度，充分认识到酒店中潜在的安全隐患。酒店员工也应提醒客人提高警惕，引导客人遵守酒店规定，并妥善保管好自己随身携带的贵重物品。

保证客人生命和财产安全是酒店为客人提供优质服务的前提和根本，是酒店最大的社会效益。酒店经济效益也是以安全为前提和保证的。因此，安全虽然不直接创造经济效益，但是它能够保障经济效益的实现。一旦失去安全保障，酒店的社会效益和经济效益都会付之流水。因此，酒店应做好安全管理，保证客人的生命和财产安全。这是对客人负责，同时也是对经营管理者自身负责。

## （三）消防安全管理

防火工作是饭店安全工作中最为重要的内容。饭店必须建立一套完整的预防措施和处理程序，防止火灾的发生，减少其带来的不良后果。

### （四）职责清晰

客房部应该实施总经理领导下的客房部经理负责制。采取“谁主管，谁负责”的原则，把安全工作分解到各个部门，由部门经理落实负责。仅仅依靠保安部，是很难把具体的安全工作做好、做实的。

## 四、应急疏散操作程序

（1）当客房中心接到酒店疏散指令后，及时通知上级及客房部负责人，迅速组织客房各岗人员按酒店疏散指令要求对客人进行疏散，客房中心应按照先通知失火楼层及上下楼层的顺序下达疏散指令，并将对讲机统一调到 4 频道（客房中心必须紧急疏散撤离时，将电话转至总机后从消防通道迅速撤离至总机房）。

（2）客人疏散完毕后，客房中心下达撤离指令，各岗点组员从消防通道迅速撤离，客房中心将电话转至总机处后从消防通道迅速撤离至总机室。

## 五、消防安全常识

（1）我国的“119”消防宣传活动日是每年的 11 月 9 日。

（2）我国消防工作贯彻的方针是：预防为主，防消结合。

（3）我国目前通用的火警电话是：119。

（4）火灾发展通常分为三个阶段：初起、猛烈、熄灭。

（5）四会是指：会报警、会使用消防器材、会扑救初起火灾、会逃生自救。

（6）人身上着火，应就地打滚，或用厚衣服覆盖压灭火苗。

（7）发生火灾紧急疏散时，人员要用湿毛巾捂住鼻嘴，防止有毒气体吸入体内。

### 【徒弟记忆】

1. 客房安全的内容；
2. 影响客房安全的主要因素；
3. 保证客房安全的原则。

### 【师傅指点】

牢记有关客房安全的所有内容，遵循标准进行客房安全作业，保证客房、客人、员工的安全。

## 【拓展提高】

案例陈述：1月2日19：10，一位男子戴着口罩和头盔骑电动车进入酒店院落，从东往北至西车场一路张望，形迹十分可疑，外岗保安发现后第一时间通知监控员。监控员跟踪一段时间，并没有发现其不轨的行为，误认为该男子是在车场等人，便放松了警惕，也未将情况反馈外岗保安。在此后的短短三分钟内，该人员突然在路边拿起一块大石头敲碎了西车场一辆奔驰商务车的后窗玻璃，偷走了车内的一个包，迅速逃离了现场。等保安人员发现车辆被砸，该人员早已逃离酒店。事后，领导陪同车主报警，向客人表示歉意。好在客人丢失的包内只有换洗的衣服，客人也通情达理，未要酒店赔偿，整件事情处理较为圆满。

案例评析：春节将至，社会上作案分子十分猖獗，一些手头紧、无职业的人员更会铤而走险，时刻要求我们加强责任心和安全意识，加大对院落的安全巡视力度，监控好各角落，确保无盲区，这样才能为客人提供一个安全、舒适的环境。

资料来源：云台宾馆自编案例集

# 任务二　客房部安全系统

## 【师傅讲授】

安全设施是指一切能够预防、发现违法犯罪活动，保障安全的技术装备，由一系列机械仪表、仪器、工具等组合而成。当前，饭店常用的安全设施有以下几种。

### 一、电视监控系统

电视监控系统是一个由摄像机、控制器、监视器和录像机组成的闭路电视系统。配备了电视监控系统，就可以通过安装在各个角落的摄像头，将现场的动态汇总到监控中心的屏幕上。如发生意外，监控中心可立即通知有关人员前往解决，这样既可以减轻保安人员的负担，又可以提高饭店处理问题的效率。

为使整个监控系统充分发挥其安全防范的作用，应从以下几个方面确保系统安全可靠。

（1）前端设备品质必须高度可靠，尽量选用性价比高的名牌产品，同时充分考虑到特殊且恶劣的环境因素对设备的影响。

（2）必须按照国家标准及工艺要求进行施工。

（3）控制系统应采用可靠性高、功能全的产品。

（4）严格的管理制度，规范的操作。

（5）操作简便。具有一定的扩容和升级能力。

## 二、安全报警系统

安全报警系统是由饭店在一些关键部位安装的各种类型的报警器联结而成的安全网络系统，其目的在于防盗、防火等。常用的报警器有以下几种。

### （一）微波报警器

微波报警器是根据波的反射原理设计制造的。微波发射器向前发出一束微波信号，微波信号遇到障碍物反射回来，被接收器接收。微波器适用于发现动态的目标，对固定目标作用不大。

### （二）红外线报警器

任何物体都会发射红外线，物体本身的温度越高，发射出的红外线就越多。当红外线达到一定的数量时，红外线报警器控制装置就发出报警信号。这类报警器适用于气温适宜的春秋季节和有空调的场所。

### （三）超声波报警器

超声波报警器由发射装置向控制区域发出超声波，只要入侵者进入控制区域，就会立即被发现。这类报警器受外界以及气候的干扰大，适用于密封性较好的仓库和比较安静的客房环境，冬天灵敏度比夏天高。

### （四）声控报警器

声控报警器由一个特别敏感的话筒和放大器组成，话筒接收微弱的声音信号，放大器将之放大后送入扬声器，值班人员就能听到现场的声音。这类报警器适用于室内，具有话筒探头小、便于隐藏和价格低廉的特点。

## 三、消防监控系统

火灾是饭店最大的隐患，饭店必须建立一套完善的消防监控系统。消防监控系统一般由火灾报警器、灭火设施和防火设施组成。

### （一）火灾报警器

（1）烟感器。

（2）热感器。

（3）光感器。

（4）手动报警器。

### （二）灭火设施

（1）消防放水系统。
（2）化学灭火器材。
（3）防火设施。

## 四、通信联络系统

通信联络系统是以安全监控中心指挥枢纽，即由电话、传呼机、对讲机等器材组成的联系网络。

## 五、钥匙系统

钥匙系统是饭店最基本的安全设施，其目的在于防止饭店钥匙的偷窃、遗失和复制。为了应对日益复杂的安全隐患，越来越多的饭店采用了电子磁卡钥匙系统。此系统的工作程序是：客人到达时接待员根据房号和其他信息，通过钥匙制作一张磁卡，同时将房间的信息译成密码输入客房的钥匙安全装置。客人入住时，钥匙插入锁槽，前一张磁卡钥匙的信息就会自动报废。这种钥匙系统还具有防撬和记录使用的功能，避免了可能出现的漏洞和缺陷。

### 【徒弟记忆】

1. 电子监控系统；
2. 安全警报系统；
3. 消防监控系统；
4. 通信联络系统；
5. 钥匙系统。

### 【师傅指点】

客房人员要牢记各种安全设施的使用方法，一旦发生紧急情况能够利用安全设施处理紧急情况。

# 任务三　客房部安全事件的预防和处理

## 【师傅讲授】

客房安全管理重在预防，客房一旦发生安全事故，对酒店负面影响很大，而且很难补救，因此，客房部必须贯彻预防为主的思想，切实做好各项预防工作，尽量避免任何客房安全事故的发生。

## 一、防盗

### （一）失窃案件的类型

客房是酒店失窃最多的地方。社会上不法分子混入酒店作案，此类案件占酒店客房失窃的多数。此类案件的作案手法主要有以下几种：

（1）冒充酒店的客人，骗取服务员的信任，取得房间的钥匙作案。

（2）以会客的身份到房间作案。

（3）宾客中一些不良分子进行作案，住店客人在住店期间，窜入别的房间作案，有时趁别的客人忘记关门而进房行窃；有时趁别的客人在卫生间窜入客房进行作案。

（4）内部员工利用工作之便进行作案，此类案件在酒店中也不容忽视，内部员工如有小偷小摸的陋习或内部管理混乱，就易发生这种情况。

### （二）防盗措施

防盗工作是客房服务管理工作的重要环节，客房部除加强员工思想教育、增强责任心外，还应完善内部管理制度和规则，防止偷盗案件的发生。

（1）接到客人投诉在房间内有财物损失，应立即通知以下单位（人员）：值班经理、保安科、房务部。

（2）封锁现场，保留各项证物，会同警卫人员、房务部人员立即到客人房内。

（3）将详细情形记录下来。

（4）找保安部调出监控系统的录像带，以了解出入此客房的人，便于进一步调查。

（5）过滤失窃前曾逗留或到过失窃现场的人员，假如没有，则请客人帮忙再找一遍。

（6）千万不能让客人产生“饭店应负赔偿责任”的心态，应树立客人将贵重物品置放在保险箱内的正确观念，这才是首要预防盗窃的措施。

（7）遗失物确定无法找到，而客人坚持报警处理时，立即通知警卫室人员代为报警。

（8）待警方到达现场后，让警卫室人员协助客人及警方做事件的调查。

（9）将事情发生原因、经过、结果记录于值班经理交代本上。

（10）对于此类盗窃意外，除相关人员外，一律不得公开宣布。

## 二、防火

酒店火灾的发生率虽然很低，但后果极为严重。它不仅直接威胁到酒店内人员的生命和酒店的财产安全，而且会破坏酒店的声誉。客房人员多，一旦发生火灾，扑救和疏散工作都很难进行，因此，酒店必须制定健全的火灾预防措施，防止火灾的发生。

### （一）常见的客房火灾起因

了解火灾的起因，可以起到防患于未然的作用。

（1）乱扔未熄灭的烟头、火柴棒，引起地毯、沙发、衣服等可燃物起火。

（2）宾客酒后在客房内吸烟，不慎引起被褥或窗帘起火。

（3）宾客睡觉前在床上吸烟不慎，烟头引起可燃物起火。

（4）客房内使用电饭锅、电炉，不慎引起火灾。

（5）无限度增加电器设备，引起负荷量超载造成电路短路，引起火灾。

（6）客房内客人所带的易燃、易爆物品引起火灾。

（7）服务员为了方便把未熄灭的烟头吸到吸尘袋内引起火灾。

（8）客房内使用电熨斗不慎引起火灾。

（9）客房内台灯、壁灯、立灯等灯罩与灯泡相触或距离太近，引起火灾。

（10）在客房内维修动火，未采取防火措施引起火灾。

（11）在客房内使用化学涂料、油漆等，没有采取防火措施。

（12）可燃气体发生燃料爆炸。

（13）客房电器设备安装不良，绝燃材料损坏，短路引火。

（14）电冰箱、电视机、电风扇等开启后，使用时间过长，导致元器件发热起火。

（15）防火安全系统不健全等。

### （二）火灾预防措施

客房部应成立防火组织，由客房部经理担任负责人，结合本部门的运转特点，制定具体的火灾预防措施及处理程序，在其管辖的客房及公共区域内预防火灾、处理火灾事故。

火灾的预防措施如下。

（1）客房内安装烟感报警器，地毯、床罩、家具、房门等的制作应选用具有阻燃性能的材料。房内“安全须知”中包括防火灾要点及需客人配合的具体要求。房门背面应有遇火灾时的安全指示图。客房服务员在房内清扫时，应注意可能引起火灾的隐患。

（2）客房走道上应安装报警及灭火装置；较长的走道中间应有防火隔离门；安全通道应保持畅通，定期打扫检查；安全通道应有抽气机、通气装置，在发生火灾时能自动启动，抽排燃烧产生的大量烟雾，使安全通道真正起到安全的作用。

（3）配合保安部定期检查防火、灭火设备及用具，提出维修保养及更换的要求，训练员工掌握知识和操作技能。

（4）制定客房部各岗位员工在防火、灭火中的职责和任务。

（5）制订出现火警时的紧急疏散计划，包括如何引导客人疏散、保护重要财产等。

## （三）火灾事故的处理

客房楼层发生火灾时，客房服务人员应充分表现平时良好的专业服务能力和紧急应变能力，沉着冷静地按平时防火训练的规定要求迅速行动，确保宾客的人身财产安全和饭店财产安全，努力使损失降到最低。

### 1. 发现火情时的处理

（1）立即使用最近的报警装置，发出警报。

（2）及时发现火源，用电话通知总机，讲清着火地点和燃烧物质。

（3）使用附近合适的消防器材控制火势，并尽力将其扑灭。如使用灭火器：拔下安全插销，喷嘴对准火源，用力压下握把。

（4）关闭所有电器开关。

（5）关闭通风、排风设备。

（6）如果火势已不能控制，则应立即离开火场。离开时应沿路关闭所有门窗。在安全区域内等候消防人员到场，并为他们提供必要的帮助。

### 2. 听到报警信号时的处理

（1）客房服务人员首先要能辨别火警信号和疏散指令信号。如有的饭店规定一停一响的警铃声为火警信号，持续不断的警铃声为疏散信号。

（2）客房服务员听到火警信号后，应立即查看火警是否发生在本区域。

（3）无特殊任务的客房服务员应照常工作，保持镇静、警觉，随时待命，同时做好宾客的安抚工作。

### 3. 听到疏散信号时的处理

疏散信号表明饭店某处已发生火灾，要求宾客和全体饭店员工立即通过紧急出口撤离到指定地点。该信号只能由在火场的消防部门指挥员发出。

（1）迅速打开紧急出口（安全门）、安全梯，有组织、有计划、有步骤地疏散客人。

（2）组织客人疏散时，一定不能乘电梯。

（3）帮助老弱病残、行动不便的客人离房，楼层主管要逐间查房，确认房内无人，并在房门上做好记号。

（4）各楼梯口、路口都要有人把守，以便为宾客引路。

（5）待人员撤离至指定的地点后，客房部员工应与前厅服务人员一起查点宾客。如有下落不明或还未撤离人员，应立即通知消防队员。

## 三、其他安全事故的预防和处理

### （一）意外事故

（1）如发生打架、失窃和危及酒店财产、客人安全的事件，应立即报告保安部。

（2）如遇有其他意外发生，应立即通知值班经理和医生，并陪伴客人直至有关人员到达现场。

（3）现场加设标志，警告无关人员勿接近危险区，做好现场的警戒保护工作。

（4）应主动迅速帮助受伤客人，但切勿代表酒店承担责任。

### （二）紧急事故

如遇台风或水灾，员工应服从指挥，听从调遣。

### （三）宾客负伤、生病时的处理

（1）开房门发现客人倒在地上时，应注意宾客是否在浴室倒下；是否因病（贫血或其他疾病）倒地；是否在室内倒地时碰到家具；身上是否附着异常东西（绳索、药瓶等）；倒地附近是否有大量的血迹；应判明是否因病不能动弹，是否已死亡。

（2）在发生事故后，应立即安慰客人，稳定伤（患）者的情绪，注意观察病情变化，在医生来到之后告知病情。

（3）服务人员在医护人员来到之前，也可以进行临时性应急处置：如果伤处出血时，应用止血带进行止血，如果不能缠绕止血带时，用手按住出血口，待医生到达后即遵医嘱。

（4）如果是轻度烫伤，先用大量干净水进行冲洗；对于重度烫伤，不得用手触摸伤处或弄破水疱，应听从医生的处理。

（5）如果四肢骨折时，先止血后用夹板托住；如果是肋骨骨折，应在原地放置不动，立即请医生处置。

（6）如果头部受了伤，在可能的情况下要小心进行止血，并立即请医生或送往医院。

（7）如果后背受了伤，尽量不要翻动身体，应立即请医生或送往医院。

（8）如果杂物飞进眼睛，应立即上眼药水或用洁净的水冲洗眼睛。

除此之外，为尽量减少发生客房内的意外事故，在平时的工作中，服务员要增强责任心，细心观察，严格按照岗位职责和操作规程办，管理人员查房时也要认真仔细，不走过场，许多不安全因素就会被消灭在萌芽状态。

### （四）客人食物中毒的处理

食物中毒多是因为食品、饮料保洁不当所致，其中毒症状多见于急性肠胃炎，如恶心、呕吐、腹痛、腹泻等。

（1）采购人员把好采购关，收货人员把好验货关，仓库人员把好仓库关，厨师把好制作关；

（2）客房服务人员发现客人食物中毒时马上报告总机讲明自己的身份、所在地点、食物中毒人员国籍、人数、中毒程度症状等；

（3）做好记录，并通知医务室和食品检验室、总经理、副总经理、保安部、餐饮部、公关部、行李房、车队到达食物中毒现场。

### （五）外来侵入的处理

为防止住客在客房内遭受外来的侵扰，客房门上的安全装置是十分重要的，包括能双锁的门锁、安全链、无遮挡视角一般不低于160°的门镜、其他能进入客房的入口处的门（阳台门、连通门等）都应能上闩或上锁。

## 四、客房应急预案

### （一）未接到有关停电的通知却突然停电的处理

（1）遇此情况，服务员应保持冷静，及时向上级反馈，检查楼层应急照明是否正常。

（2）楼层服务员加大巡视力度，了解停电原因和维修进展，告知客人正在抢修并尽量平复客人的情绪，请客人留在房间，提醒客人房内有消防电筒可备急用。

（3）如是夜间发生此情况，在没有管理人员在场的情况下应保持冷静，及时与大堂或值班经理取得联系，告知此情况，如遇不能解决的问题等应请大堂或值班经理协调解决，保证客房管理的正常运作。

### （二）预先已接到停电通知后停电的处理

（1）客房接到停电通知后，服务员应提前在房内放置“告宾客书”。

（2）楼层服务员应在各楼层加大巡视力度，提前检查楼层应急照明是否正常，遇到客人询问时，及时做好解释工作并安抚客人情绪，提醒客人房内有消防电筒可备急用。

### （三）停水、停空调时的处理

（1）接到停水通知后，客房服务员应预先在房间放置“告宾客书”。

（2）楼层服务员应在各楼层加强巡视，遇有客人询问时应做好解释工作，并注意安抚客人情绪。

（3）客房服务员应在停水之前在每一个工作间准备好水，以备不时之需。

（4）停水会影响到空调的开启，如果天气很冷，客房服务员应预先在未停水前将房间和走廊的空调打开，让房间能有足够的温度，如遇客人询问应做好解释，并及时告之客人房间有备用被子。

## （四）暴雨、打雷时的处理

（1）接到通知有暴雨天气时，做好相应的准备工作。

（2）保持通信工具畅通，立即将各楼层窗户关闭、锁好，准备好一定的雨具。

（3）检查所有区域是否存在漏水的现象或可能渗水的隐患。

（4）天色较黑时调节各楼层的灯光。

（5）放置打印好的“告宾客书”提醒宾客将房间的窗户关好。

（6）应再次复核各项工作的落实。

（7）根据上级安排在不影响对客服务的前提下安排关闭电器设备及卫生清洁电器，避免被雷击而导致损失。

（8）根据上级安排，尽可能将房间内的电视机闭路线及电源拔掉，避免雷击。

（9）雷雨时注意不能站在高大金属物下及高大的植物下行走或避雨。

（10）雷雨期间不断巡视各个楼层，反复检查窗户等是否关好，是否有漏水现象。

（11）雷雨过后要及时通知各点将门窗打开，其他均需恢复正常，将闷热的空气排出走廊。

## （五）应对台风的处理

（1）接到台风警告时，立即做好防范准备工作。

（2）准备好通信工具，预防突发事件发生，及时做好防范措施，如停电等。

（3）放置打印好的“告宾客书”提醒客人注意安全是否落实到位。

（4）检查客房所有区域的门窗是否锁好、关好，时刻提醒客人注意安全。

（5）在台风来临期间尽可能不要外出，避免受伤。

（6）查看宾客是否有衣物晾晒的现象，告知客人注意收好。

## （六）遇消防检查时的处理

（1）在接到消防检查通知后，应立即做好各项准备工作。

（2）如需停电，按应急方案做好准备工作。

（3）将打印好的“告宾客书”放置房间以免客人惊慌，通知各点做好对客解释工作。

（4）熟记消防知识、消防器材的使用及注意事项。

（5）检查房间时注意每间客房内的逃生面具是否正常、有效，数量是否足够。

### （七）防风、防汛等自然灾害的应急处理

**1. 准备工作**

（1）保安部经理必须到现场，各岗位人员各就各位，各部门要保证人员值班。

（2）通知总经理等酒店领导同时做好防风、防汛的准备工作。

（3）加强酒店内外的巡逻，外报人员检查酒店外墙的玻璃窗是否关闭，指挥车辆不能停在风口、紧急出口处，发现情况及时报告。

（4）做好沙包等各种抢险救灾物资的准备。

（5）紧急情况下，执行酒店领导的指令。

**2. 各部门的职责**

（1）工程部将外围用电设备和电源关闭，以免造成短路，发生火灾。

（2）管家部检查各楼层，劝告客人不要在酒店外围活动。

（3）总机时刻保持酒店内外联络畅通。

（4）大堂副理做好客人的解释工作，并随时做好抢险、协助医务人员抢救伤员等工作。

**3. 事后检查抢修**

（1）迅速集合人员，各部门加强对受损情况的检查。

（2）及时与工程部联系抢修补救工作，同时部门间开展互救。

### （八）电话、网线线路瘫痪，客人的手机也将没有信号时的处理

（1）房间摆放告宾客书提示客人此情况。

（2）总台在客人入住时一定要对客人做好解释工作并告知如果房间电话不能使用时到走道呼唤服务员。

（3）有客人的楼层必须有一名员工待岗，如果客人需要服务时只能在楼层呼唤服务员。客中中班负责在房间电话外线和内线出现瘫痪、网络和客人的手机也将在没有信号之前电话通知到每位住店客人。

## 【徒弟记忆】

1. 盗窃事件出现的类型以及处理措施；
2. 火灾出现的原因以及处理措施；
3. 客人突发紧急情况时的处理措施。

## 【师傅指点】

客房人员要保持良好的心态，遇到安全事件要在第一时间进行处理，牢记各种情况的处理措施，根据现场情况采取灵活多变的处理方式。

## 【拓展提高】

案例陈述：5 月 20 日中午，红涛浴日厅将举行一场豪华婚宴，此次婚庆策划费用 20 万元，足以看出主家对婚宴仪式的重视程度。豪华盛宴所用的设备非常多，保安部也高度重视，专门安排技术骨干江师傅在仪式举行前去现场检查接电情况。当江师傅来到电井房后，就闻到了焦煳味，检查发现由于婚庆规格高、接电多，导致电井内的电线因超负荷运转而烧黑，如果不及时处理的话，将影响婚庆活动的顺利进行。对此，江师傅赶快带领值班工程师徐师傅到值班室拿工具，再次前往现场更换烧煳的电线，加大电线负载功率，一切准备好后，婚庆仪式正好可以按照既定的时间开幕了，所有电器设备运行正常，婚庆仪式顺利完成。

案例评析：因为这次婚宴规格高，使用的电器设备很多，事先想到了设备用电可能出现负载情况，因此提前去检查用电是否正常。因为发现及时、维修及时，一场事故得以避免。如果不是及时巡查，及时发现烧焦的电线，后果不堪设想。防患于未然，检查设备真的太重要了。

资料来源：云台宾馆自编案例集

# 模块五

# 客房部其他相关知识

## 项目一　客房部与其他部门的联系

**【企业标准】**

要求学徒了解客房部与餐饮部、工程部、前厅部、安全部、财务部等的关系；要求学徒对前厅部、餐饮部、工程部、安全部、财务部的基本概念有所了解。

**【师傅要求】**

1. 学徒明白客房部与其他部门的联系；
2. 学徒正确认识客房部密切与其他部门进行联系的重要性；
3. 对其他部门的性质、工作内容等有所了解。

### 任务一　客房部与前厅部的联系

#### 一、前厅部的概念及性质

现代饭店是设施设备完善、功能齐全、智能化控制的综合性群体建筑，它是能够为客人提供住宿、餐饮、商务、购物、娱乐和健身等不同服务项目的营利性综合接待服务企业。前厅部的称谓来源于英语对该部门的称谓——Front Office。所谓 Front Office，直译过来就是“前面的办公场所”的意思，这是前厅部名称的最初含义。前厅部是酒店的一个重要部门，是负责招徕并接待宾客，销售饭店产品和服务，协调饭店各部门的对客服务，为饭店高级管理决策层及各相关职能部门提供参考信息的综合性部门。前厅是饭店对客服务开始和最终完成的场所，还是客人对饭店产生第一印象和最后印象之处。因此，人们常常把前厅比喻为饭店的“门面”和“橱窗”。由此可见，前厅接待服务和管理的水平会直接影响饭店的企业形象和经营业绩。前厅接待服务及管理区域所设置的相关岗位及结构单元组成了饭店组织机构中十分重要的部分——前厅部。前厅部是饭店服务和管理的中心。

## 二、前厅的构成及布置

### （一）酒店大门

酒店的大门由正门和边门构成，大门的外观要新颖、有特色，能对客人有较强的吸引力。一般的酒店都采用玻璃门作为正门。酒店的玻璃门要选用厚度、强度、颜色适当的玻璃制作，安装要牢固，防止玻璃落下碰伤客人。玻璃门要有醒目的中英文及图形标志，酒店的店名牌、店徽及星级标志要醒目、美观，不易被来往的车辆挡住。大多数酒店的正门分成两扇，便于客人进出及门卫为客人提供开门服务，也可以根据客流量的大小增设更多扇门，正门两侧应各开一两扇边门，以便于酒店员工及团队客人的行李进出酒店。正门安装自动感应门的酒店，应同时开设手开边门，以防感应失灵时客人无法进出酒店。有些酒店使用双道门，即两道有一定间距的门，内道门开则外道门关，外道门开则内道门关，这样可以节约能源。使用旋转门为正门的酒店，旋转门的性能应可靠，螺钉要牢固以防夹伤客人。为安全起见，酒店的正门在夜间应关闭，只留边门。

酒店的大门前，应有供客人上下车的空间及回车道、停车场，车位数不少于客房总数的15%，使客人进出方便、安全；正门外还应留有足够的空间，以暂时摆放进出店团队客人的行李；有些酒店正门前还设计了小花园和喷泉，以给客人留下良好的第一印象；正门前台阶旁还应设立专供残疾客人轮椅出入店的坡道，以方便残疾客人出入店；通常在大门口还铺设一块地毯，供客人擦干净鞋底后进入前厅，以维持前厅的整洁，防止湿鞋带入前厅的水珠滑倒客人；边门旁应设置伞架，供客人存放雨伞；酒店大门外的空地，通常应设置旗杆，一般设置三根，分别用来挂店旗、国旗和在酒店下榻的各国国家元首所在国的国旗。

### （二）服务区域

前厅的对客服务区域主要包括总服务台、大堂副理处和行李处等。

总服务台，简称“总台”，是为客人提供住宿登记、结账、问询、外币兑换等综合服务的场所。总台是前厅活动的主要焦点，应设在大堂中醒目的位置，最好正对大堂入口处，这样可以使工作人员观察到整个前厅、出入口、电梯、商场等的活动情况，也能清楚地观察到正门外宾客车辆的到达，从而做好接待准备工作，也有利于及时发现各种可疑的人或物，确保酒店的安全。总服务台的柜台长短和台内面积视酒店的规模、等级而定。例如，国际喜来登集团的服务台指标是：200 间客房的酒店，柜台长 8 米，台内面积 23 平方米；400 间客房的酒店，柜台长 10 米，台内面积 31 平方米；600 间客房的酒店，柜台长 15 米，台内面积 45 平方米。总服务台的外观形状与整个大堂的建筑密切相关，较常见的有直线形、折线形、半圆形等。大堂副理的办公地点应设在离总台或大门不远的某一视野开阔的安静之处。通常放置一张办公桌、一两张座椅，以供办公和接待客人。行李处一般设在大门内侧，使行李员可尽早看到汽车驶进通道，以便及时上前迎接。柜台后设行李房。小型酒店不单设行李处，行李处与总台合二为一。

另外，前厅部办公室、总机房、账务室等机构，与前厅接待服务密切相关，但又不必直接与客人打交道，因而一般设在总服务台后面的联络方便但较为隐秘之处。

### （三）休息区域

休息区域是顾客来往酒店、等候、休息或约见亲友的场所。它既要位置明显，又需保持相对安静和不受打扰。休息区域的主要家具是供顾客休息的沙发座椅和配套茶几。沙发可根据需要围成几组方形，也可围着柱子设置，在人流进出频繁、充满动感的大厅空间中，构筑一个隔而不断、既围又透的宁静舒适的小环境。前厅休息区域的风格、面积必须与酒店的规模和星级相适应，前厅中应有足够的空间供客人活动和休息。例如，美国的 Ramada 国际酒店规定，要按每 15 间客房一个座位的比例配备免费休息座。

### （四）公共设施

前厅内应有齐备的公用电话等公用设施，较高档的酒店还应配备供客人查询有关酒店服务设施位置及时间等信息的电脑。前厅内或附近应设有用中英文文字及图形明显标志的供男女客人使用的洗手间，洗手间要宽敞，各种用品如手纸、面巾纸、香皂、干手器、小毛巾、擦鞋机等要齐全，洗手间应干净无异味。洗手间位置的选择要充分考虑顾客的需求，要能给顾客提供方便，尤其是酒店中设有大堂吧时，顾客从大堂吧到洗手间的距离不宜过长，酒店的设计标准手册明确写着：酒吧和餐厅到洗手间的距离，绝对不能超过 45 米。

## 三、客房部与前厅部的业务协调

客房部和前厅部是两个业务联系最频繁、关系最密切的部门。从经营角度讲，客房部是客房产品的生产部门，前厅部是客房产品的销售部门。两个部门之间能否密切配合，会直接影响酒店客房的生产与销售。为便于统一管理、沟通合作，很多酒店已不再分设客房部和前厅部，而是由这两个部门组成房务部。

客房部与前厅部之间的业务关系主要有：

### （一）相互通报和核对客房状况，保证客房状况的一致性和准确性

对前厅部来说，要销售客房，并能快速、准确地为入住客人安排客房，就必须准确了解每一间客房当时的实际状况，否则就会出现差错。对客房部而言，要合理安排客房的清洁整理工作、保证对客服务的质量，同样也必须准确了解每间客房的状况。所以，前厅部和客房部每天都须适时通报和核对客房状况。

### （二）相互通报客情信息

（1）前厅部在客房销售和接待服务过程中，对客房及客人的信息了解和掌握比较及时、全面，这些信息不仅有利于前厅部本身的工作，也有利于其他部门的工作，因此，前厅部应将这些信息及时通报给各有关部门。前厅部通报给客房部的信息主要包括：当日客房出租率，次日及未来某一时期的客房预订情况，重大接待活动及重要接待任务，预期离店、抵店客人情况，客人的信息资料等。

（2）客房部与客人直接接触的机会较多，对客人的具体情况及要求了解也比较全面、准确。客房部不仅在自己的工作中要很好地利用这些信息，还应将这些信息及时通报给前厅部。前厅部根据这些信息为住客提供针对性服务，并将这些信息整理后记入客史档案。

（3）客房部及时提供保质保量的客房供前厅部销售，为提高客房的出租率、加速客房的周转，客房部须合理安排清洁整理房间的顺序。在住客率较高时，要优先清洁整理走客房、预订房和控制房，尽可能考虑前厅客房销售和安排客房的需要。

（4）客房部为前厅部的对客服务工作提供方便和协助，如行李服务、留言服务、邮件服务、叫醒服务等工作。

（5）对携带少量行李的住客，客户部和前厅部要保持密切联系，防止因住客逃账给星级酒店带来损失。

（6）客房部根据前厅部提供的客情预报获得即将抵店的 VIP、团队等信息后，应根据客人的特殊要求做好准备工作。客房部还要根据客情预报定期安排清洁计划和客房维修。

（7）两个部门之间进行人员的交叉培训，了解并熟悉对方部门业务。

（8）两个部门与工程部等部门共同安排客房大清洁和大维修工作。

## 四、前厅设计的基本原则

前厅的设计随着酒店业的发展不断更新，各类酒店在前厅设计上都突出自己的特点，但是前厅的设计都要遵循一些基本原则，以利于前厅的运转。

### （一）经济性原则

前厅一般设在酒店的大堂，而大堂是酒店的寸金之地。经济性原则即要在“力求在酒店的每寸土地上都要挖金”的经营理念下，充分利用大堂空间。大堂的面积取决于酒店的类型和客流量。一般来讲，大堂的建筑面积与酒店客房数之间有一定关系，为0.4~0.8 平方米 / 间套，也可以根据酒店的目标客人来确定大堂面积。比如，会议酒店需要大面积的大堂，小型酒店或只有住宿设施的酒店，大堂的面积就小。

酒店大堂的空间就其功能来说，既可作为酒店前厅部各主要机构（礼宾、接待、问讯收银、商务中心等）的工作场所，又能当成商务洽谈、会议、餐饮娱乐等来使用。香港半岛酒店的开放式大堂设计，使酒店大堂从一开始开业就成为许多航空公司和旅行社的服务基地，也曾作为机场出港登记处；现在，它的大堂已成为商人洽谈生意，新闻界收集信息，社会名流聚会、闲坐、聊天消磨时光的好场所。因此，前厅的设计要讲究经济性原则，充分利用大堂空间。

### （二）独特性原则

大堂的设计应该以酒店的经营特色为依据，设计效果应充分显示和烘托酒店的特色，讲究独特性。千万不可盲目仿效其他酒店，只有风格独特、创意新颖的前厅设计，才能给客人带来赏心悦目的感觉，也才能增强酒店的品牌价值和竞争优势。因此，酒店的大堂设计一定要形成自己独特的形象定位，增加形象识别特点。泰国的东方大酒店、北京的香山饭店都以其独特的设计风格而著称。

### （三）美观性原则

前厅工作人员不仅要高效、准确地完成客人的入住登记手续，而且要能够给客人留下深刻的良好形象。因此，前厅的布局、灯光、色彩以及气氛都是不容忽视的内容。例如，北京中国大饭店的大堂非常气派，金碧辉煌、壮丽非凡、宛如皇宫。酒店大堂的几根红色大柱，配上大理石底座和金色顶饰，俨然皇家气派，给顾客以美的视觉享受。

### （四）明显性原则

前厅的位置应该是明显的，也就是前厅的可见度比较强。客人一进入酒店就能发现前厅，同时前厅的员工也能够看清酒店大堂出入的过往客人。如果一家酒店的前厅不易让客人找到，那么其设置是不合理的。此外，前厅的明显性原则还包括前台各业务处的明确的中英文标识。

## 五、前厅的环境

前厅作为整个酒店的中心，其环境和氛围是非常重要的。为了创造好的气氛和环境，必须重视前厅的装饰美化，把满足功能需求与创造环境、氛围的艺术效果结合起来，把体现民族风格、地方特色与适应国际环境艺术新潮流结合起来。

### （一）前厅的光线

前厅内要有适宜的光线，要能使客人在良好的光线下活动，员工在适当的光照下工作。前厅内最好通入一定数量的自然光线，同时配备层次、类型各不相同的灯光，以保证良好的光照效果。客人从大门外进入大厅，是从光线明亮处进入到光线昏暗处，如果这个转折过快，客人会很不适应，睁不开眼睛，所以，灯光的强弱变化应逐步进行。要使每位客人的眼睛都能逐步适应光线明暗的变化，可采用不同种类、不同亮度、不同层次、不同照明方式的灯光，配合自然光线达到上述要求。为追求热烈的气氛，大厅一般采用高强度的华丽吊灯。客人休息处设有便于阅读和交谈的立灯或台灯，灯光昏暗，形成舒适、安静和优雅的格调。而对总服务台的工作人员则要使用照明度偏高的灯光，创造一种适宜的工作环境。各种光色都应和谐、柔和而没有耀眼的感觉。灯具除用以照明外，其本身就是一种装饰品，所以大厅内的各种灯具必须配套，其造型应与大厅内的建筑风格相呼应。

### （二）前厅的气味

气味也是影响前厅环境的因素之一。一位资深的前厅管理人员说过：一进大堂，看看酒店地面是否干净光洁，再闻闻大堂的气味，你就可以知道酒店管理水平如何。空气中的臭气对人体健康造成的损害，一方面是身体上的，会影响呼吸系统和感染疾病，甚至会危及生命；另一方面是心理上的，使人情绪不稳，甚至暴躁。以前很多酒店是在大堂喷洒空气清新剂，现在一些酒店开始推行“大堂香氛”，即在酒店大堂里释放酒店自己特制的香气。中国大饭店的大堂据说是CBD最香的地方。一进门，檀香里带着玫瑰香甜，那是酒店集团独特研制的“香格里拉大堂香氛”。这种嗅觉记忆绝对会是酒店印象的增值项。

### （三）前厅的色彩

前厅环境的好坏，还受到前厅内色彩的影响。色彩经人的心理和生理反应会产生不同的感觉，色彩具有感情象征。例如，红色有迫近感、扩张感，使人兴奋，可以造成热情、温暖、喜庆的气氛；绿色意味着自然和生长，使人情绪平静而稳定等。因此，前厅内客人主要活动区域的地面、墙面、吊灯等，应以暖色调为主，以烘托出豪华热烈的气氛。而前厅的服务环境及客人休息的沙发附近，应以冷色调为主，使人能有一种宁静、平和的心境，适应服务员工作和客人休息对环境的要求，创造出前厅特有的安静、轻松的气氛。

### （四）酒店的声音

前厅声源多、音量大。如噪声过于集中，就会超过人体感觉舒适的限度，使人烦躁不安，容易出错，易于激动和争吵，降低效率。因而在建造前厅时，应考虑使用隔音板等材料，降低噪声。酒店员工工作交谈时，声音应尽量轻些，有时甚至可以使用一些体态语言，代替说话进行沟通（如用手势招呼远处的同事）。要尽量提高工作效率，使客人在高峰时间不致长久滞留于大厅，破坏大厅安静的气氛。酒店应尽可能播放轻松动听的背景音乐，以减少噪声对客人的影响。

## 六、前厅部的地位和作用

前厅部并不是酒店主要的营业部门，但它对酒店市场形象、服务质量乃至管理水平和经济效益都有至关重要的影响。

### （一）前厅部是酒店的信息集散中心

前厅部是酒店信息集散的枢纽。作为酒店业务活动的中心，前厅部直接面对市场、直接面对客人提供各种服务，是酒店中最敏感的部门。前厅部每天都能收集大量关于市场变化、客人需求、产品销售、营业收入等方面的信息。这些信息为酒店提供优质服务奠定了基础，顾客从预订开始，其信息就进入到酒店的信息管理系统，随着顾客在酒店消费活动的开展，顾客的更多信息不断被获取和充实，这些信息将成为酒店对客服务的依据。另外，前厅部将这些信息及时进行整理和分析后向饭店决策管理部门汇报，作为制订和调整饭店计划及经营策略的重要参考依据，从而发挥饭店管理的参谋和助手的作用，为饭店决策提供了科学的依据。

### （二）前厅部是酒店形象的代表

前厅部是酒店对外的营业窗口，有经验的客人通过酒店前厅的服务与管理就能判断这家酒店的服务质量、管理水平和档次的高低。前厅服务的好坏不仅取决于大堂的各项硬件设施，更取决于前厅部员工的精神面貌、礼貌礼节、服务态度、服务技巧、工作效率等软件，其管理和服务水平直接影响酒店声誉。

### （三）前厅部具有一定的经济作用

前厅部不仅可以通过提供邮政、电信、票务、委托代办以及出租车服务等直接取得经济收入，而且可以通过各种推销方式向顾客推销各种酒店产品，从而获得隐性收入，并且销售工作的好坏还直接影响到酒店接待客人的数量和营业收入，因此，每一名合格的前厅部员工同时还应该是销售人员。

### （四）前厅部决定着客人的第一印象和最后印象

前厅部是客人抵店后首先接触的部门，因此，它是给客人留下第一印象的地方。从心理学上讲，第一印象非常重要，客人总是带着这种第一印象来评价一个酒店的服务质量。如果第一印象好，那么即使在住宿期间遇到不如意的情况，也会认为这是偶尔发生的，可以原谅；如果第一印象不好，就会认为这家酒店出现这类服务质量差的事是必然的，酒店在他心目中的不良形象就很难改变。此外，客人离开酒店时也是从前厅部离开的，因此，这里也是给客人留下最后印象的地方，而最后印象在客人脑海里停留的时间最长。最后印象的好坏，在很大程度上取决于前厅部服务员的礼貌礼节和服务质量，如果服务员态度不好，办事效率不高，就会给客人留下不良的最后印象，使其在客人住店期间为客人提供的良好服务“前功尽弃”，如果用一个公式表示就是99+1=0（前面99件事做好了，最后一件事没做好，最后还是失败），即最后印象决定着顾客对酒店的最终印象。所以，前厅部员工应当充分认识到自身在酒店服务工作中所处的重要地位，提高对客服务质量和管理水平，塑造良好的服务形象。

### （五）前厅部具有一定的协调作用

前厅部犹如酒店的大脑，在很大程度上控制和协调着整个酒店的经营活动。首先，前厅部通过酒店产品的销售带动酒店其他各部门的经营活动；其次，前厅部还要及时将客源、客情、客人需求及投诉各种信息通报有关部门，共同协调整个酒店的对客服务工作，以确保服务工作的效率和质量。所以，前厅部通常被酒店视为酒店的“神经中枢”（Nerve Center），是整个酒店承上启下、联系内外、疏通左右的枢纽，而前厅部员工的素质和水平，则直接影响到酒店其他部门对客人的服务质量。

### （六）前厅部是建立良好宾客关系的重要环节

在市场经济条件下，顾客就是“上帝”，酒店是为客人提供饮食、住宿、娱乐等综合服务的行业，酒店服务质量好坏最终是由客人做出评价的，评价的标准就是客人的“满意程度”，建立良好的宾客关系有利于提高客人的满意度，争取更多的回头客，从而提高酒店的经济效益，因此，世界各国的酒店都非常重视改善宾客关系。

前厅是客人与酒店联系的纽带，与酒店其他部门相比，前厅部是酒店中的一线部门，前厅部员工就是一线员工，直接为客人提供各种服务，并且前厅服务贯穿于顾客在店活动的整个周期中，因此，作为与客人接触最多的前厅部是建立良好宾客关系的重要环节。

## 七、前厅部的机构组成及主要职能

### （一）客房预订处

客房预订、销售是酒店前厅的一项主要业务。随着酒店业竞争的加剧和市场开拓力度的加大，客房预订的职能逐渐从前厅部分离出来，转而归属市场销售部，这是现代酒店预订处运营职能提高的具体表现之一。传统意义上，客房预订处的主要业务范围如下。

（1）受理并确认各种来源的预订，处理预订的更改、取消。

（2）密切与接待处的联系，提供最新的预订信息。

（3）及时提供 VIP（贵宾）、团队、会议抵店信息，参与客情预测。

（4）确保预订系统的准确性，完善预订记录和档案程序。

（5）制作（每月、半月、一周和次日）预订报表，参与制作全年客房预订计划。

（6）参与前厅部对外预订业务谈判及签订合同。

### （二）接待处

接待处又称“开房处”，主要负责：接待抵店住宿的客人，包括团体客人、散客、常住客、预订客人以及无预订客人；分配房间，办理宾客住店手续；与预订处、客房部保持联系，及时准确地掌握房态；制作客房销售情况报表，掌握住店客人动态及信息资料，协调对客服务等；为住店客人提供贵重物品的寄存和保管服务。

### （三）问讯处

问讯处的主要职责如下所示。

（1）接待访客。

（2）掌握住客动态及信息资料，解答宾客问讯。

（3）协调对客服务。

（4）处理宾客邮件、留言。

（5）积极参与饭店各项促销活动。

### （四）前厅收银处

收银处亦称结账处，受理入住客人住房预付金；建立客账；办理离店客人的结账手续；同饭店各营业部门的收银员和服务员联系，催收、核实账单；及时催收客人拖欠的账款；夜间统计审核全饭店的营业收入及财务情况，制作报表；提供外币兑换。

### （五）礼宾服务处

礼宾服务处一般由礼宾服务主管、领班、驻机场代表、迎宾员、行李员、委托代办员等组成（在一些大型豪华型饭店设有“金钥匙”），其主要职责如下所示。

（1）分送客用报纸、宾客信件与留言。

（2）回答宾客问题，并为宾客指引方向。

（3）负责宾客的行李运送与寄存，并确保行李安全。

（4）引领宾客进房并介绍服务设施、服务特色。

（5）在门厅或机场、车站迎送宾客。

（6）代客召唤出租车，协助管理和指挥门厅入口处的车辆停靠，确保饭店门厅入口处的道路畅通和安全。

（7）负责宾客的其他委托办理事项。

（8）传递饭店有关通知单。

### （六）电话总机

电话总机的主要职责如下所示。

（1）提供叫醒服务。

（2）转接电话。

（3）受理电话投诉。

（4）提供“请勿打扰（DND）”电话服务。

（5）传递或消除紧急通知或说明。

（6）播放背景音乐，保守通信机密。

（7）回答电话问讯、电话找人，受理电话留言。

（8）办理长途电话事项。

### （七）商务中心

商务中心的主要业务范围如下所示。

（1）提供会客洽谈服务（配有专门的洽谈室）。

（2）提供计算机或笔记本电脑的租用服务。

（3）提供文字处理、文件整理、装订、复印服务，长途电话、传真及国际快运服务。

（4）提供手机电池充电服务。

（5）提供秘书、翻译服务。

（6）提供网络商务服务。

### （八）车队

一些大型饭店在其前厅部设立车队，接受前厅部的调派，其主要职责如下所示。

（1）为宾客提供出租车及包车服务。

（2）负责接送 VIP 宾客、预订宾客接送服务。

（3）为旅行社提供订车服务等。

### （九）大堂副理 / 值班经理

在我国，三星级以上的饭店一般都设有大堂副理或值班经理。对大堂副理的管理模式通常有三种：一是大堂副理隶属于前厅部，属主管级；二是大堂副理由总经理办公室直接管理，大堂副理向总经理办公室主任或直接向总经理汇报，属部门副经理级；三是有的饭店将大堂副理划归饭店质检部管理，直接处理出现在各个部门的服务质量问题和宾客投诉问题，以增强其权威性。其具体设置应视饭店自身的情况来确定。大堂副理的主要工作职责与工作内容如下所示。

（1）征求宾客意见，沟通饭店与宾客间的情感，维护饭店的声誉。

（2）解答宾客的一切询问，并提供必要的协助和服务。

（3）巡视和检查饭店公共区域，以消除隐患、确保安全。

（4）代表总经理做好日常的贵宾接待工作，完成总经理临时委托的各项任务。

（5）代表总经理受理宾客对饭店各部门的投诉，并且进行高效率处理。

（6）负责检查大堂区域的清洁卫生及各项设施设备的完好情况。

（7）联络和协调饭店各有关部门的对客服务。

（8）处理各类突发事件。

（9）协助前厅部员工处理好日常接待中出现的问题（如超额预订处理，宾客丢失保险箱钥匙和签账超额而无法付款的问题，逃账事件及其他账务等方面的问题）。

（10）确保饭店重大活动的正常接待。

（11）负责协调处理宾客的疾病和死亡事故。

（12）定期检查饭店各部门的清洁及维修保养水准。

（13）出席饭店的各种例会，对加强管理、改进服务、增加收入等提出建议。

（14）检查员工着装、仪表仪容及守纪、履行岗位职责等情况。

（15）协助保安部处理异常事件。

（16）详细记录值班时间内所发生和处理的任何事项，将一些特殊的、重要的及具有普遍性的内容整理成文，交前厅部经理审阅后呈交总经理批示，并整理存档。

## 八、前厅部的工作任务

前厅部的基本工作任务是最大限度地推销客房及其他饭店产品，协调饭店各部门向客人提供优质满意的服务，使饭店获得理想的经济收益和社会效益。前厅部的工作任务主要包括以下几项内容。

### （一）销售客房

销售客房商品是前厅部的首要任务。客房作为酒店提供给客人的主要产品，其收入也是酒店收入的主要来源，占酒店总收入的 50%~70%。同时，客房商品具有不可储存性的特征，是一种“极易腐烂”的商品，因此，前厅部员工必须具有强烈的营销意识和推销能力，通过各种手段吸引客源，提高客房出租率，增加酒店经济收入。除了销售客房商品之外，前厅部还要积极销售酒店的其他商品，如餐饮产品、康体娱乐项目等。

### （二）提供信息

前厅部是与客人接触最多的部门，作为饭店的信息中心，应随时准备向客人提供其所需要和感兴趣的店内外信息。例如，饭店服务项目、营业时间、服务价格、近期举办的各项活动；饭店所在地、所在国的商务、旅游、交通等信息。同时，前厅部作为饭店的神经中枢，还要及时准确地收集饭店经营的外部市场信息和内部管理信息，分析处理后传递给饭店管理机构和其他相关部门，作为饭店经营决策的参考依据。

### （三）提供前厅系列服务

前厅部是酒店中的一线部门，直接为客人提供各种相关服务，前厅服务的范围涉及预订服务、机场和车站接送服务、门童行李服务、入住登记服务、离店结账服务，还涉及换房服务、退房服务、问询服务、票务代办服务、邮件报刊（函件）服务、电话通信服务、商务文秘服务等。

### （四）协调对客服务

现代饭店是个有机整体，对客服务需要各个部门之间协调合作，任何一个部门或环节出现差错，都会影响饭店服务质量。前厅部承担着调度饭店业务和对客服务的协调工作。前厅部应当及时将获得的客人需求和投诉的信息传递给有关部门，使各个方面能有效运转，充分发挥作用，为客人提供满意的服务。

在完成前厅各项服务过程中，前厅服务应与酒店其他服务，诸如客房服务、餐饮服务、安全服务等方面共同构成酒店的整体服务，强调服务到位，使客人对酒店产生满意、深刻的印象。

### （五）显示、掌握客房状况

前厅部一方面要配合销售部协调客房销售，另一方面要协助客房部进行客房管理，这两方面工作的展开有赖于正确、及时的客房状态。协调客房的销售工作是指前厅部应准确、及时地向营销部提供客房的状态信息，避免有房未卖或不正常的逾额预订给酒店带来的耗费。协助客房的管理工作是指前厅部应及时向客房部提供准确的销售情况，便于客房部调整工作部署。准确、有效的房态控制有利于提高客房利用率以及对顾客的服务质量。要正确反映并掌握客房状况，除了实现控制系统电脑化和配置先进的通信联络设备等设施之外，还必须建立和健全完善的、行之有效的管理规章制度，以保障前厅与相关部门之间的有效沟通及合作。

### （六）客账控制

顾客入住后，酒店应及时为客人建立消费账户，核算和管理顾客在店期间的消费状况，根据规定及时回收账款，保证酒店的营业收入，避免出现“逃账”“漏账”现象。同时负责编制各种会计报表，及时反映酒店的经营状况。

### （七）建立客史档案，整理和保存业务资料

前厅部一般要为住店客人建立资料档案，记录客人在饭店逗留期间的主要情况和有关信息，掌握客人动态。客史档案的建立，一方面可以为客人提供周到、细致、有针对性的服务，另一方面也可以为饭店研究、分析客源市场、调整经营策略提供重要的依据，提高饭店的管理水平。同时，前厅部还应随时整理、记录、统计、分析、保存各项业务资料，为饭店的经营管理提供依据。前厅部还要收集有关客源市场、产品销售、营业收入、客人意见等信息，并对这些信息进行加工、整理，并将其传递给酒店决策管理机构，并与有关部门协调沟通。

## 九、客房预订的方式

### （一）电话订房

电话订房是能够迅速传递信息的订房方式，前厅人员能否当场确认客人的订房要求，不仅快捷、方便，而且能够使双方达到迅速有效的沟通。因此，电话订房的方式在客房预订中应用最为广泛，尤其为散客喜爱。电话预订的方式有受付电话（Collect Call）和专线电话预订，如800免费预订热线、400市话预订热线等，既省时、快捷，又减少了消费者的费用，方便客人进行预订。

### （二）网络订房

随着互联网的普及，网络订房是现代酒店最为广泛使用的一种预订方式，也是当前国际上最先进的订房方式。通过网络进行预订既快捷又方便，还可以将自己的网页与国内外著名旅游网友情链接，如谷歌、百度、携程等，使客人方便接触酒店信息和订房。另外，酒店也可以通过计算机网络订房系统，将连锁酒店的订房系统和航空公司、各大

旅行社等机构联网，资源共享。

### （三）传真订房

传真订房方式具备现代化通信特点，传递信息迅速、准确，而且有书面凭据，操作方便，不容易出现订房纠纷。因而商务会议主办者和旅行社一般乐于采用这种订房方式，成为仅次于电话的使用频率最高的订房通信方式。

### （四）信函订房

信函订房是极为传统的一种订房方式，订房人以明信片或信函的方式预订客房，由于信函传递的时间较长，因此比较适用于提前预订时间较长和要求预订相当数量客房的客户。信函订房的优点是：信息可靠，客人可以写明特殊要求，作为书面的预订协议，对酒店和客人均起到约束作用。

### （五）口头订房

口头订房即客人亲自到酒店与酒店预订人员洽谈订房事宜。这种订房方式可以使预订员有机会运用推销技巧妙推销酒店客房产品，必要时，可以请客人参观客房以供客人选择。

### （六）合同订房

合同订房指酒店与旅行社、中间商或其他企业签订商务合同，未来的一段时间内，以合同中规定的房价、房间数等为客户提供客房，这种订房方式效果非常好，具有较强的法律效力。

## 十、客房预订的种类

### （一）临时类预订

临时类预订是指客人在即将抵达酒店前很短的时间内或在到达的当天联系订房。酒店一般没有足够的时间给宾客以书面确认，只能予以口头确认。

### （二）确认类预订

确认类预订指酒店通过书面形式答应为预订的宾客保留房间至晚上 6 点或某一事先声明的规定时间，但如果到了这一规定时间（即留房截止日期，Shutoff Date），宾客仍未抵店，也无任何声明，则在用房紧张时期，酒店可将所保留的客房出租给等候类宾客或其他有需要的宾客。酒店依然可以事先声明为客人保留客房至某一具体时间，过了规定时间，客人如未抵店，也未与酒店联系，则酒店有权将客房出租给其他客人。

## （三）保证类预订

保证类预订指宾客通过预付定金或订立合同等方式来保证自己的订房要求，或者在旺季时酒店为了避免因预订客人临时取消订房或擅自不来而引起的损失，要求客人预付定金加以保证。这类预订称为保证类预订，否则双方都将承担相应的责任。

### 1. 保证订房的形式

（1）预付定金保证。

对于酒店来说，最理想的保证订房的方法就是要求客人预付订金，如现金、支票、汇款等酒店认可的形式。预付金可以由预订处收取后交财务部，也可由财务部收取后通知预订处。酒店收到定金后，必须为客人保留所需房间到规定时间。如果客人不来住宿，则酒店有权视具体情况没收定金的全部或部分来补偿酒店可能出现的空房损失。

①预付定金的金额。定金的金额应该是客人所定客房数一日的房费，有些酒店根据需要与可能，会预收两天甚至客人所有订房天数全额的房费作定金，但这一现象并不多见。定金通常只在客房供不应求时才可能收到，同时客人也才愿意交。

②预付定金的形式。定金可以是现金，也可以是汇款，酒店有时也接受支票。

③收取定金的期限。散客的定金一般应在客人预计到达酒店时间之前的 24 小时前让酒店收到，以便酒店完成保证订房的手续。团体的定金应视酒店的具体规定及团体订房单位和酒店的关系在每次签订协议或合同时商定定金的金额、形式和期限，一般情况下团体定金的全部或一部分至少应在客人到店前一周支付。

④收取定金的前提。对于要求预定的客人，在订房时事先声明要收取定金。

定金的收取涉及酒店和客人双方的利益，同时牵涉不同的具体情况，因此，酒店不是对所有客人都收取定金，只有在以下情况下，酒店才视具体情况收取定金：旺季客房供不应求，一般应该收取定金，避免出现空房损失，这时客人一般也愿意预付定金；淡季客源不足，收取定金会限制客人订房，所以要少收定金或尽量免收定金；客人为得到保证订房，主动要求预付定金，这种情况下应收取定金；对于团体客人一般应收取定金，由于团体客人订房数量大，如果取消会给酒店造成巨大的经济损失，因此对团体客人一般应收取定金，而且定金的金额、期限和形式应比散客更严格。

⑤收取定金的手续。客人电话订房时，在电话中告诉客人定金的金额、形式、期限以及取消时定金处理的办法；客人以书面方式订房时，预订员应发书面的预收定金通知单给客人，上面注明定金的金额、形式、期限以及取消或更改时定金的处理办法。

（2）商务合同保证。

商务合同保证是指酒店与有关旅行社及其他企业签订住房保证合同，内容包括双方单位的地址、账号及同意为未按期抵店又未事先取消的订房承担付款责任的声明。这种保证方式具有较强的法律约束效力，效果好。

（3）信用卡保证。

信用卡保证是指在订房时，酒店预订员取得顾客所持信用卡的预授权，如果客人既未取消预订又未按期抵店，酒店可以根据订房客人的信用卡号码、姓名及预订未到记录等情况向客人所持信用卡公司或授权机构收取相关费用作为补偿。

由于各地区、各酒店的实际情况不同，保证的方法也不尽相同。有些酒店将其认可的个人名誉担保视为订房保证；有些酒店目前尚无法接受以信用卡作为订房保证，故采取何种有效的订房保证，应视情况而定。

**2. 保证类订房酒店的义务**

在向客人收取了定金后，酒店应把客房保留到客人预计抵店日次日中午 12 时，也就是把客人看作是已付了一天房费且预住一天（即使客人不到）；如果客人未事先取消，酒店也应把客房保留到上述时间，同时没收定金的全部或部分来补偿酒店可能出现的空房损失；如果客人事先取消订房，则视酒店的规定及客人提前通知酒店取消的时间的长短来处理。

**3. 保证类订房客人的权利**

当客人通过预付定金或其他方式保证了预订后，他至少获得了从声明入住日到次日中午 12 时对一间预订客房的使用权，即使他未按时到达酒店也应留房，直至规定的期限；如果酒店已把该客房另外做了安排，则客人有权要求酒店另外替他做出妥善安排。客人的义务是预付定金或用其他方式保证不到店时酒店也能得到补偿，这也是酒店的权利，除非在规定的时间之前客人取消了订房。

### （四）等候类预订

在客房预订已满的情况下，再将一定数量的订房客人列入等候名单（Waiting List），对这类订房客人，酒店应事先向客人声明，如果有人取消预订，或有人提前离店，酒店就会给予优先安排，通知等候类客人来店。

## 十一、客房预订服务程序与标准

为了确保客房预订工作的高效运行，前厅部必须建立健全客房预订程序。通常，客房预订的程序可概括成下列 7 个阶段：通信联系→明确客人要求→受理预订或婉拒预订→确认预订→核对预订→预订资料储存、修改和取消→抵店准备。

### （一）通信联系

顾客常常通过电话、面谈、传真、互联网、信函等方式向酒店前厅部客房预订处提出订房要求。

### （二）明确客人要求

预订员应主动向顾客询问，以获悉顾客的住宿要求。通过查看预订总表或计算机终端，以判断宾客的预订要求是否与酒店的实际接待能力相吻合。其因素包括以下四点：抵店日期、客房种类、用房数量、住店夜次。

### （三）受理预订或婉拒预订

#### 1. 受理预订

如果酒店有符合客人要求的房间就要受理客人的预订，将其所需预订信息填入客房预订单，包括宾客姓名、人数、国籍、抵离店日期、时间、车次或航班，所需客房种类、数量、房租、付款方式、特殊要求以及预订人姓名（或单位）及地址、电话号码等信息。

#### 2. 婉拒预订

婉拒预订，即因客满而婉言拒绝宾客的预订要求，婉拒预订并非意味着终止对客服务。如征求宾客调换另一类型的客房，可做如下建议："……实在遗憾，×× 先生，您所需的套房我们已订满了。不过，在您抵店那天，我们可以为您提供一间客房，其面积与套房一样，而且朝向庭院……"另外，也可将宾客的预订要求、电话号码等记录在"等候名单"上，随后每天检查落实，一旦拥有客房，立即通知宾客。

总之，当酒店没有符合客人要求的房间时，用建议代替简单的拒绝是很重要的，它不但可以促进酒店客房的销售，而且可以在顾客中树立酒店良好的形象，此时酒店可做如下建议：

（1）建议客人改变来店日期、房间类型、房价。

（2）征询客人的意见是否愿意接受等待类订房。

（3）征询客人的意见是否愿意接受为他代订其他酒店的客房。

婉拒之后，订房部通常为了更好地树立酒店形象，要为客人寄送一份预订致歉信（Regret Card）和传真。酒店常使用的婉拒预订的书信句型有：

……我店为没能满足您的要求深表歉意，希望下次能有机会为您提供服务。

顺致崇高敬礼！

英文表述为：

We regret that we have been unable to be of service to you. However, we hope to be in a position to accommodate you at a future date.

Yours Faithfully.

### （四）确认预订

确认预订不但使酒店进一步明确客人的预订要求，而且在酒店与客人之间就房价、付款方式、取消条款等声明达成了正式的协议。

确认预订的方式通常有两种，即口头确认（包括电话确认）和书面确认。如果条件允许，酒店一般应采用书面确认的方式，向客人寄发确认函。

### （五）核对预订

为了提高预订的准确性和酒店的开房率，并做好接待准备，在客人到店前（尤其是在旅游旺季），预订人员要通过书信或电话等方式与客人进行多次核对（即再确认），问清客人是否能够如期抵店，住宿人数、时间和要求等是否有变化。

核对工作通常要进行三次。第一次是在客人预订抵店前一个月进行，预订员要与客人进行订房核对。核对的主要内容是抵离日期、预住天数、客房类型和数量等。第二次是在客人预订抵店前一个周进行，预订员要与客人进行订房核对。核对的主要内容是抵店时间、乘坐的航班或车次等。第三次是在客人抵店前一天进行，由于次日客人要住店，涉及客人入住前的准备工作，因而第三次核对尤为重要。核对的主要内容包括更改预订的情况、客人的特殊要求、VIP 的详细资料等。

### （六）预订资料的储存、修改和取消

#### 1. 预订资料的储存

当预订确认书发出后，预订资料必须及时、正确地予以记录和储存，以防疏漏。预订资料一般包括客房预订单、确认书、预付订金收据、预订变更单、预订取消单、客史档案卡及宾客原始预订凭证等。有关同一宾客的预订资料装订在一起，将最新的资料存放在最上面，依次顺推，以利于查阅。预订资料的记录储存可采用以下两种方式：

（1）按宾客所订抵店日期顺序储存。按照宾客所预订的抵店日期顺序，将预订单归档储存，以便随时掌握未来每天的宾客抵店情况。通常，将预订资料放在一个大的卡片箱或抽屉里。

（2）按顾客姓氏字母顺序储存。按照顾客姓氏第一个字母的顺序，将预订单归档储存，以便随时查找出顾客的预订资料。同时，前厅部问讯处和电话总机也可通过贵客姓氏字母顺序快捷、有效地查找相关资料。

#### 2. 预订资料的修改和取消

预订客人在实际抵店前，由于种种原因可能对其原有预订进行更改或取消，在处理预订更改和取消时，预订员应耐心、高效地对宾客服务。不论是变更、取消还是婉拒预订，都有宾客方面或酒店方面的客观原因，预订员既要灵活地面对现实，又应表现出极大的热情并提供有效的帮助。尤其是接受预订取消时，不能在电话里表露出不愉快，而应使客人明白，他（她）今后随时都可光临本酒店，并受到欢迎。正确处理订房的取消，对于酒店巩固自己的客源市场具有重要意义。

### （七）抵店准备

宾客抵店前的准备工作大致分成以下 3 个阶段：

**1. 提前一周或数周**

将酒店主要客情，如重点宾客（VIP）、大型团队、会议接待等信息通知各部门。其方法可采取分发各类预报表，如“十天客情预测表”“重点宾客（VIP）呈报表”“重点宾客（VIP）接待规格呈报表”等，也可召开由运转总经理主持的协调会。

**2. 宾客抵店前夕**

将客情及具体的接待安排以书面形式通知相关部门，做好准备工作。酒店在这方面常使用的表格有：“次日抵店宾客一览表”“鲜花水果篮通知单”“特殊要求通知单”等。

**3. 宾客抵店的当天**

前厅接待员应根据宾客预订的具体要求提前排房，并将有关接待细节（变更或补充）通知相关部门，共同完成宾客抵店前的各项准备工作。

## 十二、散客预订服务程序

### （一）电话预订的受理

（1）客人打电话来。

（2）预订员在 3 次铃响内适时拿起话筒，有礼貌地向对方问好，尊称对方，自报酒店、部门，提出帮助对方。

（3）客人提出订房要求，预订员立即查看订房控制总表或电脑，如果有房间，问清客人的详细资料。如果没有空房，则询问客人是否愿意改变订房的类型和间数或改变订房的日期或天数，如果客人不愿意改变，则询问客人是否愿意进入酒店的等候名单，如果客人仍然不愿意，则婉拒客人，对酒店不能满足客人的要求表示歉意，向客人表达非常希望再次为客人服务的愿望，最后向客人道别，并待对方挂断电话后再挂断电话。

（4）把客人的详细资料记录在预订单上。

（5）复述订房要求，请客人听你的记录是否准确。

（6）明确答复对方有无订房，并说明酒店的具体规定，如留房期限和定金的规定等，必要时通知客人付定金并办妥相应的手续。

### （二）口头预订的受理

如果客人到前台当面口头订房（有时是住客在离店前预订下次返回同一地点的订房，即返回预订），预订员应请客人填写一式两份的预订单或由预订员根据客人的口述填写，请客人签字，预订员再签字。第一联由订房处留底，第二联给客人作为已订过房的书面凭证，在客人抵达酒店时向接待员出示。订房员在预订员表上的签字即为酒店接受订房的凭证。

### （三）其他预订方式订房的受理

当客人通过信件、网络、传真订房时，预订员应根据信件、传真等订房原始凭证和订房控制表上显示的有或无客房信息接收或婉拒客人预订（尽量以同等方式）。酒店的书面答复同样要说明酒店留房期限等规定。

## 十三、团体预订服务程序

### （一）旅游团体预订的受理

（1）旅游团体通常由公关销售部提前半年左右与旅行社签订合同或协议，由公关销售部有足够的时间下达团体接待计划给订房处。

（2）订房组按照团体接待计划的内容填写团体预订单。

（3）将旅游团体预订单输入电脑，由电脑完成预订单编号。

（4）订房处应与销售部核对次日将到的团体的资料，查看是否有变更或取消，也可依据酒店的订房核对的规定，定期主动与团体订房单位核对团体订房资料。

（5）按酒店政策控制好团体订房的比例。

（6）团体订房资料应提前一天或更多天交接待处，以便其合理地分房。

### （二）会议团体预订的受理

会议团体的订房程序与旅游团体大致相当，也是由公关销售部提前一段时间与会议举办单位签订合同或协议，然后下达接待计划给订房处，订房处根据此填写专用的会议订房表，传递给接待处等有关部门以便做好接待的准备工作。

## 十四、预订中失误的预防

预订工作中的疏忽或失误将损害酒店的形象，使酒店蒙受经济损失。为此，必须采取相应的措施，尽量减少或杜绝失误。

### （一）培训预订员

（1）严格对预订员进行专业技能的培训，使其熟悉工作流程。

（2）向客人解释酒店的政策和惯例，解释酒店专用术语的确切含义。

### （二）反复审阅

（1）在客人办理完预订手续后一定要进行复述，与客人进行有关预订的核对和确认。

（2）管理人员应对客房预订工作中使用的表格进行审查，看是否能满足酒店经营变化的需要，并反复审阅预订存档。

### （三）密切联系

（1）预订处应与酒店的市场营销部、接待处密切联系，及时准确地掌握可售房信息。

（2）建立相应的审查制度，在预订资料输入电脑、存档以前，应交当值领班或主管审查，确认无误后方可进行下一步的工作。

## 十五、预订中常见问题处理

### （一）客人预订时指定房号

通常来说，一般酒店不接受指定房号的预订，但会答应客人尽量按客人要求的房号安排；如果遇到 VIP 客人或常客，客人要求又强烈，预订员应视具体情况而定。

（1）预订员应根据客人的预订日期，查看电脑预订情况而判断是否接受客人的指定性预订。

（2）若有空房，则应立即办理预订手续，把需要的房号预留起来并输入电脑；若没有空房，则应向客人说明情况后推销其他房间，或建议其他入住方案（如先请客人入住其他类型的房间后再更换等）。

（3）最后向客人说明如果出现不能满足要求的情况，则请客人谅解并做换房处理。

### （二）客人在预订房间时嫌房价太高

（1）预订员应妥善运用推销语言技巧。先肯定房价高，后向客人详细介绍本酒店的客房结构及配套设施、设备等。

（2）若客人还未下结论，则不妨采用对比法，将客人所预订的房间与其他酒店进行比较，建议客人先入住尝试，并为客人办理预订手续。

（3）若客人仍觉房价太高，则淡季时可在权限服务内为客人提供折扣优惠，如果客人要求更大折扣或常客等入住时，可向主管或经理申请。

### （三）订房员遇到酒店内部订房情况

（1）仔细审查订房单是否完整、正确，是否有负责人的亲笔签名，核实所给予的优惠幅度是否在该负责人的权限范围内。

（2）如预订房价的优惠幅度超越权限或协议范围，或者订单不完整，订房员应拒绝接受并报告主管。

### （四）客人的抵店时间已经超过规定的留房时间

如果当天预订的客人没有按照既定时间到达，导致其留房时间已经超过酒店规定的留房期限，或者是未按原定的航班、车次抵达，事先又未与酒店联系，造成酒店无法为其提供原本客房的，可向客人稍作解释，并向客人推荐其他房型。

## 十六、前厅人员应具备的素质

### （一）形象——具有良好的外部形象

这一要求是与前厅员工所担负的酒店外交职能和公关职能相联系的。前厅是客人集散的地方，前厅员工则是代表整个酒店接待每位客人的。高大的身材、良好的外部形象，能使客人的心理得到某种愉悦的感受，给客人留下美好的印象。这里的外部形象既包括外貌、仪容，也包括仪表、仪态、举止等。英国哲学家培根有句名言："相貌的美高于色泽的美，而秀雅合适的动作美又高于相貌的美，这才是美的精华。"举止是展示自己才华和修养的重要的外在形态，恰到好处的举止，能帮助一个人走向成功。

**1. 端庄大方的仪容仪表**

（1）男员工发型：前不过眉、侧不遮耳、后不盖领、鬓角不过中耳线、头发整齐、清洁、不染色、不留怪异发型。

（2）女员工发型：长发盘起、额前不得留刘海儿、头饰颜色与发色反差小、整齐、清洁、不染色，不留怪异发型。

（3）不染有色指甲油（总台除外）、指甲不得过长、双手清洁。

（4）男员工不得留长胡须，耳朵内外干净，鼻毛不外露。

（5）女员工面部整洁、化妆达标、及时补妆。

（6）男员工衬衣衣领不得外翻。

（7）男员工衬衣需束在裤内。

（8）不得佩戴耳环、手链、脚链等饰物。

（9）着酒店配发的工作服、鞋、帽。

（10）口腔、身体无异味。

（11）佩戴酒店配发的工号牌，不得佩戴他人的工号牌、饰品、腰带等。

（12）按规定佩戴领带、领结，佩戴按要求不得或高或低或歪或不干净、无破损。

（13）应戴口罩的岗点需佩戴口罩，口罩保持干净。

（14）鞋底不得钉金属鞋掌、带声响的铁钉。

（15）工作服平整、无褶皱、无破损，清洁、无异味。

（16）着装系扣、扣子需统一。

（17）皮鞋无破损、光亮、清洁，布鞋无破损、清洁，女员工鞋跟不得高于 6 厘米。

（18）着酒店规定的袜子，袜子无破损、脱丝；男员工着深色袜子，无破损。

（19）不挽裤腿、不卷袖子。

（20）不得佩戴较夸张的手表，不允许佩戴耳环，佩戴耳钉直径不得超过 1 厘米。

（21）身上无文身。

（22）不得戴变色、异型眼镜或有色隐形眼镜。

（23）佩戴酒店配发的手套，手套保持干净。

**2. 优雅得体的仪态举止**

（1）坐姿标准。

①入座时要轻要稳。走到座位前，转身后，轻稳地坐下。

②女子入座时，若着裙装应用手将裙摆稍稍拧一下，不要坐下后再站起来整理衣物。

③坐下后身体上半身稍微前倾，背部勿靠在椅背上，手要端正地放在腿上，鞋跟要靠拢。

④如果是面对面谈话，身体要稍倾斜而坐，双膝自然并拢，双腿正放或侧放，双腿并拢或交叠。

（2）蹲姿标准。

①男女蹲姿应落落大方、有礼有节。

②捡东西时，假想人较多的那个方向是观众方，可以用自己的侧面（而不是正面或是背面）对着人多的一边。

③双腿和膝盖应并在一起。

④左手轻挡前胸，避免走光，右手稍捋裙摆。

⑤静静地蹲下去，并保持上身直立。

⑥轻起身，双手奉还物主。

（3）走姿标准。

①走的时候，头要抬起，目光平视前方。

②双臂自然下垂，手掌心向内，手臂以身体为中心前后摆动，手臂与身体夹角一般在 10°~15°。

③上身挺拔，腿部伸直，腰部放松，脚步要轻并富有弹性和节奏感，步幅与腿的长度相适宜，跨步要均匀。

（4）行走时超越客人标准。

①尽量靠右行，不走中间。

②与上级、宾客相遇时，要点头示礼致意。

③与上级、宾客同行至门前时，应主动开门让领导、宾馆先行，不能自己抢先而行。

④与上级、宾客上下电梯时应主动开门，让领导、宾客先上或先下。

⑤引导时让客人、上级在自己的左侧。

⑥上楼时客人在前，下楼时客人在后；3 人同时行进，中间为上宾；在人行道上让女士走在内侧，以便使他们有安全感。

⑦客人迎面走来或上下楼梯时，要主动为客人让路。

（5）站姿标准。

①男员工：双手自然下垂，中指贴裤缝处，也可双手背在身后或交叉在身体前面，两脚略分开、与肩同宽，身体不可东倒西歪。

②女员工：双手交叉叠于小腹前，左手在下，右手在上，双腿并拢站直，脚呈V形或T字步，挺胸收腹，目光凝视前方，双膝和脚后跟要靠紧。特别值得注意的是，前厅员工站立时不要过于随便，不要探脖，塌腰，耸肩，双腿弯曲或不停地颤抖。在庄重场合，双手不可放在衣兜里或插在腰间，这些站姿会给人留下不好的印象。在非正式场合下，如果累了可以稍微调整一下姿态，如可以将一条腿向前跨半步或向后撤半步，身体中心轮流放在两条腿上，如果这些姿态掌握得好，则既可以防止疲劳，又不失风度美。

### （二）沟通能力——有较强的人际关系能力

酒店是服务业的一部分，是直接与人打交道的行业，尤其是作为前厅部的员工，几乎每时每刻都要与各种各样的客人打交道，处理各种各样的突发事件，因此，必须有较强的人际关系能力。

### （三）应变能力——要机智灵活

前厅部是酒店的神经中枢，事务复杂，每天接触到的各种各样的人和事，都必须予以妥善的处理。因此，要求前厅部员工必须机智灵活，有较强的应变能力。

### （四）语言能力——“能说”“会道”

前厅员工必须“能说”“会道”，有过硬的语言能力。

“能说”，即能够用客人使用的语言与客人交流。由于酒店的客人来自世界各地，因此，在我国，除了普通话之外，总台员工必须会讲外语，英语为必备语种；否则，必将影响接待工作和对客人的服务质量。前厅员工不仅要“能说”，还要“会道”，即讲究语言的艺术性。语言是人际关系的润滑剂。总台员工在接待客人的过程中，与客人交流的机会很多，如果不掌握语言艺术，会在不知不觉中得罪客人，甚至是“刺伤”客人，更谈不上使客人满意。比如，应该说：“您运气真好，我们恰好还有一间漂亮的单人房！”而不能说：“单人房就剩一间了，您要不要？”

### （五）推销能力——有推销员的素质

在前厅工作的员工，就是在销售酒店的产品，因此，必须具备推销员的素质，工作积极主动，掌握销售技巧。当然，这就要求员工对于本酒店的产品和服务能够清楚地了解和准确地描述，做到这一点是不容易的。但是如果做得到，将会增加客人的信任感。

有些客人虽然已经做了预订，但预订的房间价格较为低廉，当这类客人来到酒店登记入住时，前台接待员存在对他们进行二次销售的机会。即告诉客人，只要在原价格基础上稍微提高一些，便可获得好处和优惠。比如，“您只要多付 50 元，就可享受包价优惠，除房费外，还包括早餐和午餐。”此时，客人通常会听从服务员的建议。结果，不仅使酒店增加了收入，还使客人享受到了更多的优惠和在酒店更愉快的经历。

## 十七、前厅服务技能

### （一）引领入住标准

**1. 标准**

言语礼貌、动作迅速、服务周到、举止大方、仪表端庄、态度热情。

**2. 实施步骤**

（1）如遇宾客进店，应主动上前帮忙提运行李，并询问客人是否住店或用餐。

（2）引领宾客至服务总台登记，双手背后站立于客人右前方 1.5 米处，帮助客人看管行李。

（3）客人办完入住手续后，应立刻引领客人至电梯口。

（4）若遇电梯比较忙碌，应让客人稍等一下（先生 / 小姐，电梯马上下来，请您稍等一下），同时向宾客解释并报以微笑。

（5）电梯到达后，一手挡好电梯门，并让客人先进电梯（先生 / 小姐，您先请进）。自己最后进入电梯，并站立在右侧的电梯口，及时按下电梯号。

（6）在电梯中与客人适当交流（先生 / 小姐，人多时可称“各位”，与客人介绍酒店餐厅时间等）。

（7）待到达目的地楼层时，自己先出电梯，左手扶好电梯门，请客人先出（先生 / 小姐，× 楼层到了，您先请）。

（8）客人全部出电梯后，马上追到客人的侧前方，进行引领，一边走一边要说：您这边请！并配以指引的手势。

（9）到达房间门口后，先放下手中的行李，问客人取房卡（先生 / 小姐，我能用一下您的房卡吗？我来帮您开门）。房门打开后，马上将房卡进行取电，将房门推好固定，自己退至门口，以手势请客人进房（先生 / 小姐。您请）。

（10）将行李送入房间，并告知客人共送了几件行李，询问是否放在行李架上（先生 / 小姐，一共是 × 件行李，帮您放在这里好吗）。注意：行李摆放的方向是客人最方便取物的方向，特别是箱包之类的行李，开口必须朝外。有易碎品的行李还要注意小心轻放和“向上”放置。

（11）放置好行李后，要询问客人是否还有其他需要（先生 / 小姐，请问还有其他需要吗）。确认宾客无其他需要时，应说：好的，先生 / 小姐，如果您还有其他需要的话，您可以拨打 ××××，我是礼宾 ××，我将竭诚为您服务，祝您过得愉快！

（12）如果客人对酒店设施和情况不太了解，应及时给客人做出准确的解释。

①客人提出对房内设施介绍，应由里向外首先介绍自动窗帘，告知客人开关在床头柜上。

②介绍电视柜下的小冰箱，告知有偿消费。

③介绍房间数字电视的开关方法，并介绍节目单。

④带客人到小酒吧介绍各种酒水和零食，告知烧水壶和冰桶的使用。

⑤然后介绍办公桌，指出服务指南和房内用餐单的位置，介绍办公桌上的插座功能，告知酒店覆盖网络情况及网络密码。

⑥打开更衣柜，向客人介绍并演示保险箱的使用方法，告知洗衣服务的程序和洗衣袋和洗衣单的使用，并告诉客人需要洗衣服务时须打开门口的洗衣灯。

⑦带领客人到卫生间，告知客人一次性洗漱用品和吹风机的放置位置，并告知客人110V 低压电源的位置。

⑧客人若无其他需求，告别离开客人房间。

## （二）来宾行李搬运服务规范

### 1. 标准

言行礼貌、动作迅速、服务周到、举止大方、仪表端庄、态度热情。

### 2. 实施步骤

（1）接行李入住。

①行李员迅速、准确、轻拿轻放，与客人确认件数后，引领客人到总台办理入住登记。

②客人登记完毕，行李员走在客人身后方 1~2 米距离处。

③进入房间后与客人确认完毕行李件数。

④适当介绍客房设备及操作方法，向客人表示入住愉快。

⑤后退三步后，询问客人是否需要关门后离去。

（2）收取行李服务。

①复述客人要求，确认房号、行李件数、收取时间。

②用语要清晰，简明扼要。

③进房前先敲门，自报家门，问清客人需要收拾哪些行李。

④请客人在一式两联的行李牌上签名，给客人一联，提醒客人保留好，至行李台取行李。

⑤将客人行礼搬上车，为宾客打开车门，向客人道别，目送客人离开。

（3）行李寄存。

①了解客人寄存要求，询问是否有贵重物品或需特殊处理物品，如有应建议客人做特殊处理。

②收寄客人行李，应对行李外观做检查，如有破损应立即向客人说明。

③清点件数，并报客人确认。

④填写行李寄存卡，注明寄存人姓名、房号、行李件数、行李特征，在寄存卡上写上日期、时间等。

⑤请客人确认寄存卡上填写的内容是否正确，并请客人签字，最后签上行李员的姓名。

⑥将行李卡提取联交给客人，将寄存联系在行李上，并将行李存放在行李架上。

⑦如寄存易碎物品，应放上“小心轻放”字样，对集中存放的寄存行李应用绳子系好。

⑧如客人要求长期寄存行李（指寄存时间超过 24 小时），则应单独存放。

⑨如客人提出寄存物品由他人代领时，要请客人将代领人的姓名、单位或地址写清楚，并且写上“委托提取”的字样。

⑩填写“行李存放情况”报告。

（4）行李提取。

①客人提取行李，须凭寄存行李的提取联。

②根据提取联核对寄存联，并注意检查寄存联上有无记载其他注意事项（如客人结账后又产生费用或客人有留言、信件等），然后将行李交付客人，并请客人签字。

③在行李寄存卡上写上日期、时间并签上经手人姓名。

④若是代领客人寄存物品者，须请来人出示证据，并核实客人所留姓名。

⑤如客人丢失行李寄存卡，则要求客人说出姓名、房间号码、行李件数和特征，如与所要取的行李及行李卡联的记录无误，再请客人拿出身份证件——如护照或身份证等，并要求客人在相关单据上签字，然后才把行李交给客人。

⑥经手人签名、写上日期后，应将行李单上联和“复印件”装订在一起留存。

⑦“行李存放情况报告”上注明提取日期、时间以及受理者姓名。

### （三）送客行李搬运服务规范

（1）礼貌地接听电话。

（2）仔细听清客人要求，并将房号、行李数和客人姓名记下。

（3）重复信息。

（4）告知客房部该房客人准备结账离店。

（5）在三分钟内到达客人房间，到达房间时按门铃或敲门表明身份。

（6）待客人开门后，向客人问候，和客人一起确认行李件数，并帮助客人检查是否有遗留物品，如发现直接还给客人。

（7）小心搬运行李，乘坐电梯下楼。

（8）如陪同客人一起到前台，途中可询问客人是否满意。

（9）如不陪同客人一起下楼，则告知客人会将他们的行李保管好，直至他们离店。

（10）确认客人已付清全部房费，办理完手续后将行李搬到车上，在搬上车前与客人核实行李件数。

（11）为客人打开车门，请客人上车。

（12）有礼貌地谢谢他们并祝旅途愉快，需要时应与宾客招手“再见”。

### （四）开关车门规范

#### 1. 开车门规范

（1）客人到达前，提前在门口等候。

（2）车辆到达时，及时走近车门边，按照先主宾后陪同、先女士后男士的原则，为其打开车门。

（3）开门时，应站于前后两车门之间，左手拉开车门，右手护住车顶，将车门打开约 60°，并向客人礼貌问好。

（4）待客人下车后，关好车门，并提醒客人不要遗留随身物品。

#### 2. 关车门规范

（1）当客人将要离店、车已停在酒店门口时，礼宾员应及时站在车前等候。

（2）先打开贵宾位车门，右手护顶，请客人上车；待客人上车后，适度用力关好车门，注意不要夹着客人和客人的物品。

（3）然后，再为其他客人打开对应车门，并和客人挥手道别。

### （五）登记入住标准

（1）宾客走近服务台时，工作人员应立即礼貌问候，并与宾客保持目光交流、微笑。

（2）未预订客房宾客，登记入住手续三分钟内办好；已预订客房宾客，登记入住手续一分钟内办理完成。

（3）如果宾客曾住过酒店，可查询相关资料与宾客直接确认，确认后认可宾客是回头客。

（4）确认、核实宾客姓名拼写、房型、床型、房价和离店日期，特别确认吸烟（无烟）房。如可能应确定退房时间。为保护宾客隐私，应小声与宾客交流。

（5）如需宾客较长时间等候客房，应安排宾客到舒适的地方，提供免费饮料，并为宾客保管行李和外衣。一旦房间好了，应立刻通知宾客（或事先告知等候时间，请宾客休息后直接上楼）。

（6）VIP 宾客由客户关系主任陪送进房间。

（7）TOP VIP（最少 V2 级、V3 级的宾客）应在房间内办理登记手续。

（8）在登记入住时应提醒宾客离店服务相关信息。

（9）如没有行李员送宾客进房，或没有房锁使用说明，前台人员告知部分设施使用说明。

（10）提供行李服务。

（11）如果宾客没有由行李员送到房间，前台人员应告诉宾客清晰的房间位置及酒店的有关概况。

（12）办理登记入住时，应最少称呼宾客姓名一次。

### （六）离店结账服务标准

（1）结账过程中应最少称呼宾客姓名一次。

（2）员工应微笑着与宾客保持目光交流，称呼宾客姓名而不只是房号。

（3）结账时询问宾客是否用过小酒吧。

（4）呈交宾客账单，请宾客核查后再结算。

（5）询问宾客住店是否愉快，感谢宾客下榻本酒店，同时期盼宾客很快再次光临。

（6）接待员应在 5 分钟内办完结账手续；如结账宾客较多需等候，GRO 应帮助进行宾客疏导分流，同时征求宾客意见，缓解宾客等候时的焦虑心情。

（7）必要时提示一下宾客机场税。

（8）询问宾客是否需做返回预订。

### （七）贵重物品寄存操作程序

（1）当宾客办理入住登记时，前台接待应礼貌地提醒宾客将贵重物品放入客房保险箱或前台贵重物品寄存室内。

（2）遇有宾客至前台提出要寄存贵重物品时，前台接待应陪同宾客当面检查寄存物品的内容与数量，并在贵重物品寄存单上填写清楚。

（3）宾客在贵重物品寄存单上签名确认后，前台接待陪同宾客将物品锁入贵重物品保险箱内，并将钥匙交与宾客。

（4）如遇有宾客不愿透露贵重物品的具体情况，则须让宾客填写寄存证明书并亲笔签名以示认可。

（5）当宾客需要提取寄存的贵重物品时，应先核对宾客身份并请宾客出示房卡和钥匙，然后由前台当班接待陪同开启保险箱，并与宾客当面点清物品，请宾客在贵重物品寄存单上签名确认。

（6）当遇有宾客丢失保险箱钥匙，应立即通知大堂副理和保安部，由他们陪同宾客共同检查宾客的贵重物品寄存单，核对无误后通知工程部当面打开宾客保险箱，并请宾客当面点清物品后在贵重物品寄存单上签名确认；最后，委婉地向宾客提出对丢失保险箱钥匙进行赔偿，并在物品赔偿单上签名确认。

### （八）电梯服务规范

（1）在得知客人要使用电梯时，应主动、及时将客人引领到电梯前。

（2）按下电梯后，判断将要打开的电梯；如电梯暂时繁忙，应向客人表示歉意，并请客人稍等。

（3）电梯打开后，应以手挡住电梯门，请客人先行。

（4）如需进电梯引领客人时，而电梯内客人超过两人，应询问客人能否同乘电梯；如客人行李有大件、多件，或者同行有行李车的情况下，应请客人先上楼，并告知客人行李随后送到房间。

（5）如与客人同乘电梯，应在电梯内保持与客人做适当交流。

（6）电梯到达相应楼层时，应告知客人楼层已到达，并以手挡住电梯门，请客人先出电梯。

### （九）委托代办服务规范

**1. 标准**

言行礼貌、动作迅速、服务周到、举止大方、仪表端庄、态度热情。

**2. 实施步骤**

（1）仔细接听电话并做记录，如有疑问马上提出，并向客人复述一遍。

（2）遵循“先店内、后店外”的原则，凡酒店内备有的物品一律在店内购买。

（3）若确需外出，必须向领班或大堂副理汇报，由其安排人员外出办理。

（4）服务应做到诚信、守时、快去快回，不得向客人漫天要价，一经发现有虚报价格者，酒店将以索要小费对有关服务人员进行处理。

### （十）行李寄存规范

**1. 标准**

言行礼貌、动作迅速、服务周到、举止大方、仪表端庄、态度热情。

**2. 实施步骤**

（1）请客人到行李台处办理相关手续（如有特殊要求可到房间为其办理）。

（2）询问有无易碎、易燃、易爆物品，并根据情况先向客人做出解释。

（3）检查物件有无破损，并核对行李件数，如遇破损应向客人说明，并在行李寄存卡上注明。

（4）在行李寄存卡上填写日期、经手人、行李件数、客人房号、提取日期等，并在备注破损栏内注明有关情况。

（5）撕下下联并请客人妥善保存，到时须凭卡取物。

（6）将行李寄存卡上联挂于行李显眼处，两件及两件以上行李须拴在一起，并一起存放于行李房内。

（7）将存放时间、行李件数、经手人等登记在行李寄存登记簿上。

## 【徒弟记忆】

1. 前厅部的概念及性质；
2. 前厅部的工作任务；
3. 前厅部从业人员的基本要求。

## 【拓展提高】

**案例一：**

案例陈述：4月6日下午3点左右，某公司团队客人陆续到店，接待方单主任在前台陪同客人办理登记手续。客人希望将房卡全部领取后由会务组分发给客人，由于此要求不符合宾馆相关规定，前台当班员工将宾馆管理规定告知单主任，并向其解释房卡已经准备好，不会耽误太多时间。单主任在非常不情愿的情况下陪同客人在前台办理登记手续。因单主任想尽快办理完入住手续，客人聚集在前台加上单主任不断催促，致使当班员工产生不耐烦情绪，当其接到上海客人的驾驶证后，并未给客人办理登记手续就扭头走进总台内部操作间。当下午班员工与当班员工交接班询问接待的这批客人有无办理完毕时，当班员工在操作间里回答："不知道，什么都不知道。"语气较为生硬，在场客人均听到她的回答，客人对营销经理表达了不满，说"你们前台服务人员态度需要提高"，并表示要到其他酒店入住。经过单主任的劝解，客人最终同意继续入住。

案例评析：前厅经理得知这一情况后，立即向单主任道歉并对此事进行调查，并在部门例会上将此事件作为典型案例加以分析讲评，要求各班组员工不管在什么情况下，都要努力控制住自己的情绪，牢记"客人永远是对的，要把对让给客人"。此案例也提示我们，服务中在服从宾馆规定的前提下，尽可能灵活操作，满足宾客的要求。类似整批客人进店，可满足客人的要求，让客人先进房间，然后由单主任统一收取身份证件，由前台委派专人为其补办登记，既满足宾客要求，又不违反规定。此外，班组管理人员要加强现场管理，认真吸取教训，有效控制员工对客服务的情绪。

**案例二：**

案例陈述：今天小王上早班，刚上班不久客房部的电话就响了起来，话筒中710房的李先生大声喊道："你们搞什么鬼啊，一大早7点多就吵死人，你们有病啊……"小王连忙向客人道歉："先生，真是不好意思，我得先查明原因，稍后给您一个答复好吗？"客人由于一大早被吵醒，所以态度很恶劣，小王话音还没落，他就把电话挂了。小王不敢有丝毫怠慢，立刻打电话到七楼问是怎么一回事，但对方懒洋洋地说："不知道，又不关我的事，你问八楼好了。"小王又给八楼去了电话，楼层服务员告诉小王是工程部的人在维修810房间的卫生间，所以比较吵。小王说："可以请工程部的人迟一点开工吗？客人这个时候正在休息，会引起客人不满的，而且因此事已经有客人打电话投诉了，会影响酒店声誉的。”楼层服务员回答：“这我可管不了，领班或经理才有权说的，你去找他们吧，我做不了主。”“那你可以帮我找一下他们吗？”小王着急地说。对方的回答却是楼层领班及主管要 8 点才上班。

小王放下电话，怎么办？周日前台经理休息，领班又去开会了。这时电话铃响了，小王还没来得及问好，就被对方臭骂了一顿。这时小王反应过来了，还是刚才投诉的李先生，小王只能再次道歉，把原因告诉他，请他原谅，并表示会尽快让工程部的人先把工作停下来……或许因为小王诚恳的道歉，又或许是李先生骂得没意思了，他又重重地把电话挂了。正在小王不知道怎么办才好时，电话铃声又响了，小王的心又如重重一击，“不会是李先生又来骂人吧？”小王连忙接听电话。原来是主管。小王马上把事情的缘由向主管说了一下，主管意识到事情的严重性，告诉小王：“你不用担心，我这就去解决。”可是 710 房的李先生已经向总经办投诉了这件事。为了弥补这次过错，客房部主管带上水果篮向李先生再次道歉，并给予房费低折扣承诺，这件事才最后平息下来。

案例评析：此案例得出的结论：第一，怎样理解酒店的权限与规范。专业规范与知识要求工作时必须服从酒店管理的要求。但有时规范又限制了我们的权限，不能满足所有客人。一方面是客人的需求有时比较特殊，一般规范难以包罗万象；另一方面是规范自身有一个适应性的问题，让员工执行完善的规范，而且不给员工灵活执行的权力，那样的管理理念很有改进的必要。第二，酒店业务的特点是需要良好的团队精神。美国酒店管理专家认为，酒店管理理论是机器理论，即酒店好似一台机器，需要各零部件都处于良好的状态，才能正常运转，某一个零部件的不佳都会使机器不能正常运行。这说明酒店业务需要所有员工精诚合作才能实现其预定目标。酒店各部门的服务员都应该设身处地地为其他部门或服务员着想，做好配合工作，并且能在出现问题时及时弥补其他部门工作的不足，体现出良好的服务意识和团队精神。在一家酒店里工作，任何个人或部门都不可能不借助别人或别的部门而单独完成对客人的服务。酒店各级领导应责无旁贷地做好下一级个人或部门之间的协调工作，并利用协调使部门间的配合工作取得预期的效果。会前应该与各方有关人员交流意见，帮助化解矛盾，并要求各方以高姿态参加会议，切实提高酒店各部门的服务质量。

资料来源：云台宾馆自编案例集

# 任务二　客房部与餐饮部的联系

## 【师傅讲授】

### 一、餐饮部概述

现代酒店的餐饮业务管理已成为酒店企业管理的重要组成部分，现代化酒店的规模越大，管理工作专业化的程度就越高。现代化酒店的餐厅已经不仅是供应餐饮产品的场所，而是具有休闲、宴会、交际等多重功能的场所。餐饮产品是由满足客人某种需要或得到某种享受的物质形态的实体和非物质形态的服务构成。餐饮产品的物质实体称为有形产品，如餐厅的外观、餐饮产品的生产与服务设施、菜肴与酒水的外观及颜色式样等；餐饮产品的非物质形态称为无形产品，是客人对产品内涵的感受，如餐厅的声誉、特色、气氛、位置、等级等。餐饮产品的有形部分与无形部分具有同样的地位，不可相互替代，组成完整的餐饮产品，其核心是可食性。

### 二、餐饮部工作概述

（1）合理组织人力，提高劳动生产效率，合理地组织调配人力，制订部门人员培训计划，充分调动各级人员积极性，确保饮食产品质量和服务质量，满足客人的各项合理的消费需求。

（2）根据酒店经营方针及年度目标计划，制订并组织落实部门工作计划，完成酒店经营考核指标。

（3）开发餐饮新品种，创造经营特色。酒店餐饮服务要具有吸引宾客并与其他酒店、地方餐馆竞争的能力，就必须具有自己的特色。酒店的风味餐厅或主题餐厅之所以比一般餐厅更受宾客欢迎，全在于风味餐厅或主题餐厅的独特风味或独特情调。所以，酒店餐饮应该努力挖掘潜力，积极继承传统，研究开发新品种、新项目，独树一帜从而形成自己的经营特色。

（4）掌握市场需求，合理制定菜单。要满足宾客对于餐饮服务的各种需求，必须首先了解本店目标市场宾客的消费特点，掌握宾客的餐饮要求和餐饮习惯以及餐饮时尚、口味变化等餐饮市场发展趋势，在此基础上制定出能够迎合广大宾客的菜单，作为确定餐厅种类和规格、餐饮内容和特色、选购设备、配备人员的依据和指南。

（5）参与做好酒店组织的其他各类活动，做好餐饮服务及完成相关接待任务。

（6）确保食品卫生和饮食安全。餐饮卫生和安全是酒店餐饮服务质量的重要指标。酒店餐饮设施是为广大宾客服务的公共场所，负有相当的社会责任，因而餐饮卫生和安全是否符合标准可直接影响酒店的声誉和经济利益。因此，必须加强食品卫生和饮食安全管理，强化预防措施，确保食品卫生、环境卫生和职工个人卫生都符合标准要求，以杜绝食品污染、食物中毒等事故发生。

## 三、餐饮部服务人员服务标准规范

### （一）餐前待位标准

（1）服务员分别在中午 11：00 和下午 5：00 准时站立于各自厅房门口右边侍位，不允许交头接耳聊天。

（2）站立时需面带微笑，按正确站姿自然站立。

（3）客人经过厅房门口时，需鞠躬问好。

（4）厅房客人到达时，帮客人开门且问候客人，将客人引入厅房。

### （二）茶水服务标准

（1）服务员应该在客人点单后，2 分钟内将客人所点茶水送至客人面前。

（2）在备餐间泡茶水时，必须保证冬天水温在 80℃以上，夏天提供温开水。

（3）冲泡茶水前需将茶叶清洗一下，以保证茶水泡出的质量。

（4）按照女士优先、长者优先、儿童优先的顺序提供服务。

（5）服务茶水时，左手托盘应保持在客人的侧后方，以不妨碍客人的行为为准。

（6）上茶水前需明确茶水服务对象，避免在台面反复与客人核对。

（7）提供第一杯茶水必须七成满。

（8）将茶杯放在筷架的正上方 3 厘米处。

（9）服务员应在客人进入包厢第一时间将茶水上给客人，客人坐在休息区域时服务员应采用蹲式服务将茶水上给客人。

（10）服务员随时观察客人需求，及时为客人服务。

### （三）酒水服务标准

（1）开瓶时，要把冰镇时产生的水擦去，开盖后要擦净瓶口，若瓶口开破不要拿给客人。

（2）开启瓶盖时，瓶口不能对着客人。

（3）汽、酒类开瓶前不要摇晃或倒提。

（4）名贵的酒在开启前要用左手把住瓶底，右手的食指、中指压住盖顶，把商标给客人看并说出酒名（产地），客人认可方可开启。

（5）斟酒要讲究礼节，一般从第一主宾开始，按顺时针方向，绕台依次斟酒，如有两个服务员分别从主宾及主宾的右侧开始斟。

（6）姿势要讲究优美自然，站在客人右侧，左手用托盘托酒水（或持餐巾）；右手持瓶，身体向左微转，上身向右前方微倾，尽量使商标朝向客人斟酒。

### （四）毛巾服务标准

（1）使用专用的毛巾盆倒入适量的金纺湿毛巾，确保无异味、无油渍。

（2）湿毛巾的金纺与水的比例标准。

①毛巾多的情况下，水位在毛巾盆的凹槽线位，滴入 1 滴金纺。

②毛巾少的情况下，水位在毛巾盆一半位置，滴入半滴金纺。

③放入毛巾前，金纺与水必须完全融合后再将毛巾放进毛巾盆中。

④叠毛巾时将毛巾拧干且无水滴，按叠被子的方法折叠。

⑤毛巾上给客人使用时温度保持在 70℃。

⑥从客人左侧为客人服务毛巾，必须使用服务敬语从主宾位开始，如“打扰一下，帮您上一下毛巾”。

⑦一餐中必须为客人更换三道毛巾。

⑧客人用过的毛巾不能与干净毛巾放在一起。

### （五）上菜服务标准

（1）上菜要掌握好时机，当客人正在讲话或正在互相敬酒时，应稍微停一会儿，等客人讲完话后再上，不要打扰客人的进餐气氛。上、撤菜时不能越过客人头顶。

（2）上菜时应用右手操作，并用“对不起，打扰一下”提醒客人注意。将菜放到转台上（放菜时要轻）并顺时针转动转台，将桌上的菜，转至主宾面前，退后一步，报菜名“宫保鸡丁，请品尝”，并伸手示意，要声音洪亮，委婉动听，上每道菜时都要报菜名，并视情况做适当介绍。

（3）在上菜过程中如有新菜需上而转盘无空间时，应巡视台面情况：菜点剩得较少时可征询客人的意见：“先生（小姐）这菜可以给您换一个小盘吗？”同类菜品征询客人的意见：“这菜可以给您合盘吗？”已所剩无几的菜可征询客人的意见是否可以撤掉，客人同意后说谢谢；菜已经凉了的情况下征询客人的意见：“这菜可以给您加热一下吗？”

（4）菜上齐后应用礼貌用语，“您的菜已经上齐了”。

（5）上特色菜时，应用礼貌用语：“各位来宾，这是特色菜 ×××，请您品尝并多提宝贵意见。”此间视情况对特色菜品给予适当介绍。

（6）上菜时先上调味品，再将菜端上；每上一道新菜都要转向主宾前面，以示尊重。

（7）上菜要注意核对台号、品名，避免上错菜；上菜的过程中要不推、不拉、不摞、不压盘子，随时撤去空菜盘，保持餐桌清洁、美观。

（8）上整鸡、整鸭、整鱼时，应注意“鸡不献头，鸭不献掌，鱼不献脊”，并要主动为客人用刀划开、剔骨。

（9）上菜前注意观察菜肴色泽、新鲜程度，注意有无异常气味，检查菜肴有无杂物、飞虫等不洁之物；在检查菜肴卫生时，严禁用手翻动或用嘴吹除，必须翻动时，要用消过毒的器具；将卫生达不到质量要求的菜及时退回厨房。

### （六）分菜服务标准

菜须征得客人同意，按照客人人数将菜分为若干份，并保证菜肴分量一样；然后根据先宾后主和女士优先的原则，从客人右侧开始服务。

#### 1. 桌面分菜

（1）分菜时要站在分菜位置，用分菜勺和筷子进行分菜。

（2）分菜前要先目测一下菜量，然后均匀地将菜肴分到每个骨碟里。

（3）为客人上菜时将分好菜的骨碟分别放在每位客人面前。

（4）撤空菜盘。

（5）从分菜位置将分完的空菜盘连同分菜勺、筷子一同撤下。

（6）准备分下道菜的餐具。

#### 2. 边桌分菜

（1）征得客人同意后，将菜端至备餐台。

（2）按照客人人数将每道菜分成若干份，要求餐盘中菜要摆放美观，菜量均匀。

（3）根据先宾后主、女士优先的原则，从客人右侧开始为客人服务。

（4）上菜前发现骨碟中有鱼骨等，及时更换骨碟；如有剩物，询问客人是否需要并更换骨碟。

（5）客人用完以后，及时撤掉空盘。

### （七）点烟服务标准

服务员眼风要好，若看到客人取出香烟，服务员要主动上前为客人点烟。

（1）使用打火机前需调整好火苗大小，左手遮住火焰为客人点烟，注意距离。

（2）在为客人点烟时，必须告知客人，以防吓到客人或烫到客人。

（3）使用火柴时，需将火柴划向自己一侧，待火柴全部燃烧时左手遮住火焰，再为客人服务。

（4）熄灭火柴时，用右手将火柴甩灭，勿用嘴吹。

### （八）托托盘标准

（1）左手臂自然弯成90° 角，手肘离腰部约5厘米。

（2）掌心向上，五指分开，用五指和掌根部位托住盘底。

（3）手指随时根据托盘的轻重变化而做相应的调整，以保持托盘平稳。

（4）手掌自然形成凹形，掌心不与盘底接触，平托于胸前，距胸部 15 厘米为宜。

（5）手托托盘要灵活，左臂可行动自如，不得将右臂紧靠身体。

（6）托托盘时，动作、表情要轻松自如，上身保持正直，行走自如。

（7）托托盘行走时，头要正，肩要平，身体要直，脚步要轻而稳。

### （九）蹲式服务标准

（1）下蹲时服务员右手整理裙摆。

（2）上茶时右腿先下蹲，右腿低于左腿。

（3）服务员采用左手托托盘，右手拿茶杯给客人上茶。

（4）采用蹲式服务时动作要优雅、大方。

（5）提供第一杯茶水必须七成满。

### （十）收尾工作标准

（1）客人离席后，首先检查是否有遗留物品，台布是否有烫伤，餐具是否有丢失。

（2）关闭电视机、空调和多余的灯光，有窗户的厅房将窗户打开通风，无窗户的厅房将空调开着换气，备餐间门口地毯上铺好小地毯。

（3）收台时先将小毛巾、口布收下，放到布草车上或规定的点。

（4）接着用托盘收取玻璃器皿并送到洗碗间指定地点，玻璃杯应按种类摆放，切忌大杯套小杯。

（5）按类分别撤银器、不锈钢器皿、瓷器，撤餐具时要求动作要轻、稳，防止餐具碰出响声。

（6）撤台时必须按要求拿取餐具，手不能伸进盘内、碗内或杯内，撤玻璃杯必须手持杯脚或杯子的下半部。

（7）撤台时应该将骨头、壳等残余物倒在规定的桶内，然后再将餐具合理叠放，注意不要大盘压在小盘上或大碗压在小碗上，造成不必要的损坏，禁止当着客人的面刮盘。

（8）移送脏餐具时，动作要轻、稳，不要将剩菜或汤汁洒在地上或餐椅上。

（9）最后将脏台布撤下，并换上干净台布，撤换台布时注意动作要轻。

### （十一）服务员卫生标准

接触食品员工每年必须进行全面的健康检查，新参加工作和临时参加工作的服务员必须进行全面的健康检查，取得健康证件，方可参加工作。

凡患有伤寒、病毒性肝炎、消化道传染病（包括病毒携带者）、活动性肺腑结核、化脓性或渗透性皮肤病以及其他有碍食品卫生的疾病，不得参加或接触直接入口食品的工作。

凡接触食品员工，必须严格遵守卫生法则，如个人卫生三定位、二分开、四分离、四不做、五勤等，对违反食品卫生法则的员工，将按酒店规定纪律处分。

**1. 三定位**

（1）工具定位。

（2）用具定位。

（3）包装纸定位。

**2. 二分开**

（1）货、款分开

（2）生、熟分开。

**3. 三分离**

（1）生制成品与熟制成品分离。

（2）食物与药物分离。

（3）食物与废物分离。

**4. 四不做**

（1）不售卖变坏、混有异物或其他感官性状异常，对人身体健康有害的食品。

（2）不使用超过保存期的食品、罐头、汁、生果等原料。

（3）不违反国家食品卫生法的有关规定和酒店食品卫生管理制度。

（4）不参与制作霉变、污秽不洁、含有毒素的食品及对人体健康有害的食品。

**5. 五勤**

（1）勤剪指甲。

（2）勤洗澡。

（3）勤洗手。

（4）勤洗头发。

（5）勤换工作服。

### （十二）餐厅服务员法则

（1）如发现食物有问题时应马上向领班或经理汇报；掉在地上的食物不得给客人进食。餐巾不得作清洁用途；不洁台布、餐巾必须放入指定箱内，不得随意乱放。烟灰缸如有一至两个烟头必须马上更换，换时需用清洁烟灰缸盖在已有烟头的烟灰缸上才撤走，以避免烟灰掉落台上或客人食物上。

（2）晚间晚餐结束后，台上一切餐具必须用台布盖好，或全部清理干净，达到卫生要求。处理不洁台布、餐巾等必须扎好才交给布草房，取清洁台布、餐巾后亦放在指定的布草柜内。客人用餐完毕后，台上餐具须马上撤走，将不洁餐具搬到洗涤间；各食物在上台时必须用盖盖好。各汁酱、配料瓶必须每天清洁。

（3）如发现老鼠、蟑螂、苍蝇等，需立即处理并通知上级领导。

（4）每位员工都必须知道防止寄生虫滋生的方法，发觉卫生环境欠佳，应及时向上级反映。

### （十三）换烟缸服务规范

（1）烟缸内有 3 个烟头时，必须更换烟缸。

（2）将干净、无破损、无水迹的烟缸放在托盘内。

（3）换烟缸时必须将干净烟缸盖在脏烟缸上，一起轻轻拿起放于托盘内。

（4）放干净烟缸时，右手食指抵住烟缸底，拇指和其他三指用力，将干净烟缸放在桌面。

### （十四）餐具擦拭规范

#### 1. 瓷器

（1）先将洗好的各类瓷器分类。

（2）一只手用净布将瓷器表面覆盖住，另一只手用净布按顺时针方向擦拭瓷器。

（3）将瓷器表面的水迹、污迹擦拭干净。

（4）擦拭时，避免力度过大损坏瓷器。

（5）确保擦拭干净后，用餐车将各类瓷器运送到指定地点并归类摆放整齐。

#### 2. 不锈钢

（1）先将洗好的不锈钢餐具分类放于垫有餐垫的托盘内。

（2）一只手用净布将餐具包裹住，另一只手用净布来回擦拭餐具，直至将餐具表面的污迹水迹擦拭干净（注：不得用嘴在餐具表面哈气进行擦拭）。

（3）用净布擦不锈钢餐具时力度不应过大以免划伤餐具，以保持餐具的光亮度。

（4）确保擦拭干净后，将各类不锈钢餐具整齐放入工作柜内。

#### 3. 玻璃器皿

（1）先将洗好的各类玻璃器皿分类。

（2）用净布一端将玻璃器皿底部包裹住，净布另一端塞入杯身以顺时针方向擦拭玻璃器皿。

（3）将玻璃器皿表面的水迹、污迹擦拭干净。

（4）擦拭时，应避免力度过大损坏玻璃器皿。

（5）确保擦拭干净后，用餐车将各类玻璃器皿运送到指定地点并归类摆放整齐。

### （十五）布草使用规范

（1）禁止布草混用，禁止使用客用布草打扫卫生。

（2）蓝条布用于擦杯子，紫色毛巾及报损蓝条毛巾擦瓷器，报损紫条毛巾擦转心及玻璃镜面，粉巾用于打扫家具及地脚线的卫生。

（3）客人使用过的口布或毛巾应放于指定位置，与做卫生的布草分开，切忌随意扔放在地上。

（4）收脏台布时，需将里面的垃圾清理干净，防止垃圾二次污染布草。

（5）干净的布草应点好数量，按标准整齐地存放在布草柜中，禁止乱放。

## 四、餐饮部工作的重要性

### （一）餐饮服务是酒店服务的必要组成部分

食、住、行是人们外出旅行的必备条件，而住和食尤为重要。酒店、餐馆应旅游的产生而产生，随旅游的发展而发展。英国早期的不成文法就规定，旅馆必须承担为住店旅客提供住宿、餐饮和安全的义务。我国史书也有记载，当时餐饮之道多设在各种不同的馆舍，为往来旅人提供住宿和饮食服务。可见，酒店存在的前提乃是旅游者的住宿和餐饮需求。因此，餐饮服务是酒店服务的必要组成部分，餐饮部是酒店必不可少的业务部门。只不过由于酒店的类型、规模、等级、地理位置不同，餐饮服务的经营规模和特点也有所不同。

### （二）餐饮服务水平是酒店服务水平的客观标志

餐饮服务水平由多种因素决定，但都牵涉到餐饮部的各个业务环节，从宾客的角度来分析，则主要由厨房烹调和餐厅服务两大因素决定。厨房烹调技术影响餐饮产品实物部分的水平，餐厅服务水平则影响着宾客购买、接受该产品时的精神和心理状态。餐厅服务水平除了指服务员的态度和技术外，还包括餐厅的环境氛围、风格情调、餐饮器皿等的质量水平，而这一切又都决定于酒店的经营管理水平。世界各地因餐饮服务出色而声誉鹊起并经久不衰的酒店为数甚众，如美国纽约的华尔道夫酒店屋顶星光餐厅、法国的利兹酒店公司、美国的马里奥特酒店就以注重餐饮服务著称，在酒店业界久享盛誉。

### （三）餐饮收入是酒店营业收入的主要来源之一

酒店餐饮部是酒店的重要赢利部门之一。在欧美国家，酒店餐饮收入一般可占酒店营业总收入的35%，仅次于客房收入。我国的酒店中餐饮收入一般也可占酒店营业总收入的1/3左右，与客房收入、商场收入一起被称为酒店营业收入的三大支柱。近年来，我国酒店接待散客（与团体宾客相对）的比例持续上升，餐饮收入的比例有所下降。因为散客对大多数酒店的餐饮来说，是非控制型宾客，他们可以自由选择其他餐饮场所，酒店无法强制他们在酒店餐厅就餐。目前这已成为一种趋势，所以要求酒店将餐饮服务办得更具特色和魅力，具有与社会餐饮企业竞争的能力。

## 五、与餐饮部的业务协调

（1）客房部负责餐厅所有的地面清洁（厨房除外）、餐巾清洗、员工制服更换清洗及式样设计。如果客房部负责打扫餐厅，则一定会与餐厅服务员产生联系，餐厅人员可能会抱怨客房部员工工作不到位，这时客房部管理人员就必须与餐厅部管理人员进行协调，解决问题，处理好部门之间的关系。

（2）做好餐饮服务与推销工作，节省清洁设备及用品的分散配置等。餐饮场所的清洁保养工作，最好由客房部统一负责。为了避免因这种做法而造成的餐饮部工作人员清洁保养责任心不强等负面影响，酒店应制定内部结算和费用包干等制度。即餐饮部应承担清洁保养费用，并将费用控制在预算之内。如果超过预算，超出部分则由餐饮部承担，在相关负责人工资或奖金中扣除。

（3）客房部为餐饮部洗涤、修补布草及员工制服。餐饮部在运营中，需要大量的布草和员工制服。这些布草通常都由客房部的洗衣房、布草房负责洗烫、修补保管与收发。如果清洁质量不合格，则会影响餐厅部员工甚至酒店的整体形象。对于餐饮部员工的制服，有些工种需要频繁洗涤，如厨房员工的制服，所以需要两个部门做好沟通。

（4）两部门配合做好一些大型活动的接待服务工作。酒店的一些重要接待任务和大型活动须由多个部门共同参与并密切配合才能完成。其中，餐饮部和客房部常常作为主要部门承担大型接待服务工作。因此，两部门须密切配合，在事前、事中、事后全过程相互支持，出现问题应该协调解决，不能相互埋怨及推卸责任。

（5）两部门配合做好客房小酒吧的管理、贵宾房的布置、房内送餐服务等工作。目前，国内大多数酒店的客房小酒吧由客房部负责管理。这是从方便工作的角度来考虑的，当然也是为了提高酒店的收入。其实，小酒吧经营应属餐饮部的业务范畴。如果纯粹从专业化的角度考虑，客房小酒吧也应由餐饮部经营，这种做法在国外酒店就很普遍。不过，客房小酒吧无论由哪个部门来经营管理，客房部与餐饮部两个部门都须相互配合。一般由客房部负责管理，而一些即将过期的饮料、食品，须由餐饮部负责调换，或通知餐饮部进行促销处理。这样才不至于造成饮料、食品的浪费。如果由餐饮部管理客房小酒吧，那么客房部则须为有关人员检查和补充小酒吧提供方便和帮助。

（6）贵宾房的布置。按酒店的普遍做法，贵宾房大多配有水果，有的还会配一些点心。这些水果、点心通常由餐饮部负责提供，并按一定的标准在客房内布置摆放。因此，凡有这些要求的贵宾房，都须由餐饮部参与布置。但这样的管理方式可能会给客房部造成管理和清洁上的不便，需要客房部员工的理解和支持。

（7）房内送餐服务。房内送餐服务由餐饮部负责，但客房部也要做些协助配合工作。

## 六、客房部加强与餐饮部联系的重要性

客房部不仅负责客房楼层、公共场所的清洁，同时还负责各餐厅，宴会厅的清洁和维护工作，因此，上至客房部主管、宴会部及餐厅经理，下至公共区域卫生清洁工和餐厅服务员都要互相理解，互相配合，通力合作。

作为客房部管理人员，应及时与各餐厅及宴会部经理取得联系，了解各餐厅的用餐情况和时间，宴会的规模及布置，保障各餐厅棉织品的供应及餐后清洁工作。特殊会议对棉织品、花卉、装饰等的特殊要求，都要与宴会厅经理提前协商，必须阅读各项宴会单以做到心中有数。例如，冬季召开大型宴会，就要考虑来宾存衣问题，存衣室是否能够存放足够的衣物，衣架是否够，标号是否齐全，如何排号，人员如何安排等，都要事先做好准备。客房部管理人员还应根据每月棉织品盘点情况与餐饮部召开协调会，指出棉织品使用中的问题，尽量减少不必要的浪费，节约开支。餐饮部也应根据运营情况对各餐厅的清洁卫生和棉织品发放中的问题、员工工服问题等与客房部协商，使问题尽快得到解决。只有两部门的通力合作才能使各项活动进行得井井有条，才能提供优质、高效的服务。

## 【徒弟记忆】

1. 餐饮部的工作内容；
2. 餐饮部服务规范标准；
3. 餐饮部与客房部的联系；
4. 餐饮部工作的重要性。

## 【徒弟操作】

1. 作为客房部人员与餐饮部合作；
2. 作为餐饮部人员与客房部合作。

## 【拓展提高】

**案例一：**

案例陈述：12 月 12 日，前厅经理当值期间接到常客李总的电话，想为她的夫人庆祝生日，要求次日预订一个宴会包间。前厅经理立刻意识到，这是给客人创造一个满意加惊喜的最佳服务时机。如果能让李总的夫人和家人拥有一场难忘的生日晚宴，那么宾馆的服务一定会深深打动他们，给他们留下更加深刻的印象。于是他提前预订了鲜花

和生日蛋糕，并提前和餐饮部沟通，做好了一切准备工作。当天晚上，参加晚宴的嘉宾到齐后，前厅部经理与餐饮部配合为客人斟好酒水，安排服务人员提前将灯关闭，点燃生日蜡烛，在温馨的生日歌中，服务员推着蛋糕车，前厅经理手捧鲜花缓缓进入宴会包间，令在场的嘉宾惊喜万分。在歌声中李总为他的夫人端上生日蛋糕，并邀请夫人许愿吹蜡烛，整个现场弥漫着温馨的祝福。李夫人接过李总手中鲜花与祝福时激动万分。

案例评析：因为员工的精心安排令客人以及家人，非常开心地度过了一个难忘的生日晚宴。在看见客人感动的同时也让参与服务的每位员工明白了宾馆“关注细节、追求卓越、用心极致、满意加惊喜”的服务宗旨的内涵。只要我们善于发现和挖掘客人的隐形的服务需求，然后付诸行动，就能给身边的客人提供多一点的满意，令他们在平淡的生活中偶遇惊喜，我们就会在他们的惊喜中找到自己富有的人生。

资料来源：云台宾馆自编案例集

**案例二：**

案例陈述：一天早上，我在客房当值，接到505房客人罗德曼的电话。他说由于身体欠佳，希望将早餐送到房间。我便给在三楼西餐厅当实习领班的同学阿昌去电反映情况。经了解，罗德曼的房费中包含一个早餐，但是必须在西餐厅享用。如果早餐送上房，按规定必须以Room Serice的标准收费，即罗德曼还得另付差价。但当时阿昌考虑到客人身体不适的实际情况，又是同学提出申请，便做了一个特例处理：不用付差价，将早餐送上房间。谁知，自此以后罗德曼每天都以身体不适为借口，要求将早餐送上房间，而且不付差价。

鉴于此，阿昌通知当值员工，如果接到罗德曼的要求，应婉言拒绝。翌日早晨，罗德曼又故技重演，阿昌委婉地拒绝了客人的要求，但罗德曼还不死心，半小时后又打电话过来。这时餐厅恰好比较繁忙，接电话的是一个新员工。罗德曼在电话里措辞激烈，而且重申以往早餐都是送上房的。新员工被他一吓，结果又同意了他的要求，很快将早餐送了上去。罗德曼得逞后，立即打电话到总经理处投诉西餐厅领班对客人态度差，并且欺骗他。

案例评析：首先，实习领班的阿昌为客人所着想，为客人争取权益，提供了免费的送餐服务，这种全心全意为客人着想的工作理念值得推崇和赞许。但是，当发现客人纯粹是以身体不适的借口享受额外的超常服务时，应当立即停止此项服务，并向上级领导汇报。汇报后要向客人做出相应的解释和说明，并表示可以继续送餐，但是要收取相应的费用。

资料来源：网络

# 任务三　客房部与工程部的联系

## 【师傅讲授】

### 一、工程部的工作内容

工程部工作要坚持“以市场为导向，以成本为中心，以质量为生命”的经营管理方针和“让客人完全满意”的服务宗旨，着重做好以下几个方面的工作。

（1）在总经理的指导下，切实执行总经理的工作指令和国家有关方针政策和规定，通过采用先进的技术和管理措施，为酒店提供优质而又经济的装备；

（2）对各种设备、设施进行科学管理，确保安全运行和经济运行；

（3）坚持日常性维修和预防性计划维修，定期做必要的装修、改造和更新；

（4）通过督促和指导各部门对设备、设施的正确使用和精心养护，以保证设备运作功能，延长使用寿命，节约维修费用；

（5）加强预算管理和成本核算，严格控制能源消耗，降低成本费用，使酒店各项经营活动建立在最佳的物质、技术基础上，并获得最好的经济效益和社会效益。

### 二、工程部的地位及作用

在酒店经营管理中，工程部是全酒店设备、设施、能源等综合管理的一个职能部门。酒店的设备设施的完好程度和良好运行管理状况，已成为酒店经营管理水平、服务质量和星级标准的重要标志之一。

现代酒店设备设施种类繁多，主要有房屋及各种建筑物、家具、交通工具等。酒店设备可分为三类：一是动能设备，主要有锅炉、制冷空调设备、变配电设备，以及风机、水泵等；二是机电设备，主要有电梯、起重设备、洗衣设备、清洁设备、各种维修机械设备、厨房机械设备、食品加工及储藏设备等；三是电子设备，主要有通信设备、影视设备、音响设备、闭路电视及接收系统等。上述设备、设施除部分划归到酒店相关部门在工程部指导下进行管理、使用、维护保养外，大多数设备、设施都规定由工程部负责实施监控、运转、维修、保养和使用。

因此，工程部在酒店中的作用主要表现在：

#### （一）提高服务质量

工程部直接运行和管理现代化的酒店设备，通过设施、设备为宾客提供服务，是保证宾客舒适、安全、方便，直接给客人留下服务形象的部门。工程部的工作，对提高酒店服务质量有至关重要的意义。

### （二）提高酒店的利润

完美的设备和功能可以提高销售价格，提高利润率，而工程设备运行、维护费用和能源消耗费用的节约，则直接使成本降低、利润增加。

### （三）保证酒店的安全

酒店的安全设备如保安电视、消防设施、防盗系统的正常运转，能使宾客获得满意的安全感。

### （四）影响销售价格

完美的设备和功能加上完美的服务，才能够推出高品质产品，以高价出售而获得效益。

### （五）影响酒店的声誉

如果设备运转不正常，将严重影响宾客的情绪，从而有损于酒店的声誉和形象。

### （六）提高工作效率

良好的设备管理可以提高工作效率和管理效率。

## 三、与工程部的业务协调

客房部与工程部的关系非常密切，部门之间的矛盾也较多。这两个部门能否很好地协调与配合，直接影响到客房部日常运转的效率和效果，也影响到酒店的日常运营工作。客房部与工程部之间的业务关系如下所示。

#### 1. 相互配合，共同做好客房维修保养工作

（1）客房部负责对其所辖区域设施、设备进行检查，发现工程维修问题及时报修。

（2）工程部接到客房部报告后，须及时安排维修，确保质量，严格控制费用。

（3）客房部员工协助配合工程维修人员维修，并对维修结果进行检查验收。

（4）工程部须对全酒店包括客房部所管辖的设施、设备进行常规的维修和保养，以保证其处于正常完好的状态。

（5）共同制定维修保养的制度和程序，明确双方的责任、权利和奖惩措施。

#### 2. 部门之间进行交叉培训

（1）工程部对客房部员工进行维修保养方面的专门培训，使他们能够正确使用有关设施、设备，检查设施、设备和进行简单的保养维修。

（2）客房部对工程部有关员工进行客房部业务的培训，使他们了解客房部的业务和运转情况，从而提高协作配合的自觉性和责任感。

**3. 共同审核有关维修保养的费用**

维修保养必然会产生费用，这些费用由谁承担、是否合理，相关部门须共同审核。

## 四、客人报修处理规范

（1）客房中心接到客人报修通知后，应问清客人房号、维修内容等情况，并立即通知服务员到达现场查看是否属于设备问题，语言规范如“对不起，由于我们工作的疏忽给您带来了不便，请问您住几号房间？我马上让服务员过来查看，请您稍等”。

（2）服务员按规范进入房间，并说：“您好，先生或小姐，您房间的 ×× 坏了，我可以进来查看一下吗？”待客人同意后方可进入房间。

（3）检查后若发现客人是未掌握使用方法而引起误报，应向客人道歉并做好解释，同时向其介绍使用方法。

（4）若是设备问题，应向客人表示道歉，立即通知工程部进行修理，同时注意语言规范：“×× 先生，实在对不起，您房间的 ×× 坏了，请稍等片刻，我马上通知维修工来修理。”征得客人同意后方可通知维修工进房维修。

（5）维修工进房修理设备，应由服务员陪同进入，并注意语言规范，如“您好，×× 先生，可以进来修理吗？”经客人同意后方可进入。

（6）修理完毕后，服务员应进行验收，然后跟客人说明，并礼貌告退，语言规范如“×× 已修好，对不起，打扰了，请问还有什么事需要帮忙吗？祝客人在酒店入住愉快，再见！”

（7）退出房间，轻轻关上房门。

## 【徒弟记忆】

1. 与工程部的协调；

2. 工程部的工作内容。

## 【拓展提高】

案例陈述：一日，工程部接到西餐厨房报修排烟系统不畅，屡次造成烟感报警。维修人员到达现场后，并没有看到油烟弥漫，更没有报警情况，便没有深入了解情况，延误了正常维修工作。直到第三天质检人员来到西餐厨房检查，发现厨房内油烟较大，将此事反馈给工程部，并对报修和维修情况进行深入跟踪时，这才引起工程部的重视，维修人员才再次进行检查。原来是因排烟管道的软连接帆布破损引起了前端漏气，造成排风量不足而形成油烟，维修后问题得到很好的解决。为了避免类似的情况再次发生，保证维修的及时性，部门安排人员对各点的风速进行了测量、记录，今后如果再次出现类似的问题时，可与正常情况下的风速记录进行对比来迅速判断故障原因。

案例评析：此案例中反映出的工程部工作优劣参半。当油烟机报警时，维修人员缺乏应有的常识和责任心，仅仅是走个过场，以当时没有报警为借口延误维修，甚至放弃维修，这是工作不负责任的表现。而质检人员进行跟踪后，部门能够高度重视，不仅对设备进行了彻底排查和维修，而且举一反三，防患于未然，通过技术手段将其他设备的类似故障提前防范，掌握今后维修的主动性。亡羊补牢，为时未晚，只有在工作中不断摸索、探究，并不断总结经验教训，今后才能更好地服务于各部门，使得宾馆硬件设施能正常运转。

资料来源：云台宾馆自编案例集

## 任务四　客房部与安全部的联系

### 【师傅讲授】

安全服务是维护酒店产品的基本保障，是酒店提供给客人的产品，是维系酒店品牌与客人忠诚度的纽带，酒店重视与客人每一次“产品”交易的结果，对增强客人的忠诚度、提升企业品牌有着重要的作用。

### 一、酒店安全的含义

酒店安全是指在酒店范围内所涉及的人、财、物、信息等方面的安全状态以及为酒店客人和员工创造的没有危险、不受任何威胁的生理的、心理的安全环境。具体而言，酒店安全包含了四个层面的内容：

#### （一）人身安全

主要是指酒店客人和员工的生命和身体在酒店范围内不受侵犯。

#### （二）财产安全

主要是指酒店客人、员工的财物和酒店的财产在酒店范围内不受侵犯。

#### （三）经营安全

主要是指酒店内部的服务与经营秩序、生产与工作秩序、公共场所秩序保持良好的安全状态，还包括消防安全、生产安全和食品卫生安全等。

### （四）权益安全

主要是指酒店客人和员工的隐私、酒店的商业信息、社会声誉、品牌等不受侵犯和诋毁。

## 二、安全保卫部工作内容

安全保卫部是酒店重要的职能部门之一，随着经济的不断发展、酒店涉外工作的不断深入，酒店安全保卫工作的重要性越显重要。因此，加强酒店各个环节的安全保卫工作就成了每个从事安全工作的朋友的重要职责。酒店的安全工作主要包括消防和治安两个方面的工作。

酒店安全工作的内容总结下来主要包括以下几个方面。

### （一）健全安全防范管理制度

近几年来，发生在酒店内的违法犯罪案件，特别是盗窃、人身伤害和治安案件逐年增多，这同宾馆、酒店的安全防范管理制度的不健全有着很大的关系。如门卫制度的不健全，对进入人员不控制、不检查，致使犯罪分子堂而皇之进入酒店作案。楼面管理不严，巡查不仔细，就会导致犯罪分子毫无顾忌地作案。因此，一定要建立一套行之有效的安全防范管理制度，不给犯罪分子以可乘之机。这些制度一般包括门卫制度、巡逻制度、客人住宿验证登记制度、房门钥匙管理制度、总台安全防范制度、财物保管制度、防火安全制度、访客制度、情况报告制度、交接班制度等。

落实安全防范管理制度的基础是积极推行安全保卫岗位责任制。实行安全保卫岗位责任制的大致做法包括以下几点。

（1）在对酒店内可能给客人、员工及酒店造成损害的各种因素进行全面研究的基础上，结合酒店服务工作及经营活动的特点与实际，制订酒店安全工作的计划。根据酒店安全管理的要求，明确酒店各项安全工作的整体目标。对酒店各项安全工作进行检查，对各部门、各岗位的安全工作进行考核。注意反馈信息，及时纠正错误。

（2）通过考核，把各自工作的完成情况同奖惩结合起来。这样做有利于调动员工的做好安全保卫工作的积极性，有利于增强保安人员的工作责任感和主动性，有利于安全防范措施和制度的落实。

（3）通过逐级承包、专业承包、专项承包等形式，把各项安全保卫工作目标落实到各级领导和每个员工的身上，使大家明确自己的任务和应负的责任。

### （二）提高员工对酒店安全工作的认识

随着社会经济的迅速发展和现代旅游业的兴起，客人对酒店安全保卫工作的要求越来越高，许多国家对客人和酒店的权利与义务关系用法律加以规定。客人对酒店安全保卫工作的失职行为，可以向法院起诉，要求赔偿损失。如果发生安全事故，酒店要遭受巨大的经济损失和负面的社会影响。因此，一定要经常开展安全和法制教育，使广大职工牢固树立“安全第一，预防为主”的观念，提高对安全保卫工作重要性的认识。

### （三）加强酒店内部的治安管理

安全保卫部在酒店内部治安管理中的主要职责是：在酒店总经理的领导下，在公安机关的治安部门或保卫部门的指导下，对酒店内部的治安管理工作进行管理、检查、督促，以维护酒店内部的治安秩序。其主要内容有如下所示。

（1）对有违规行为的酒店员工进行教育、帮助，严肃查处各种治安事件。

（2）加强对酒店的开业、作业，客人登记以及兼营舞厅、音乐茶座的管理工作。

（3）加强危险物品和枪支弹药的管理。当前被列入治安行政管理的危险物品有：枪支弹药、爆炸物品、放射性同位素、易燃易爆物品、剧毒腐蚀性化学物品和列管的部分工具。

（4）加强对酒吧、咖啡厅、商场、游乐场等酒店内部的公共场所的治安管理，维护内部治安秩序。

（5）配合有关部门做好消防、交通管理工作，防止火灾并与其他灾害性事故积极做斗争。

（6）协助公安机关查处治安案件和侦破一般刑事案件。

治安案件是指违反治安管理、依照《中华人民共和国治安管理处罚条例》的规定应予处罚的案件。内部治安案件，由单位的保卫组织负责调查取证，需要给予治安处罚的，按照治安管理处罚裁决权限的规定，报送公安机关裁决。对于发生在酒店内部的案件，安全保卫部有责任协助公安机关做好侦破工作。

### （四）确保酒店的重点和要害部门的安全

安全保卫工作中所称的“要害”部门，是指那些对国家安危、国际影响具有重大作用和影响的部门。重点与要害，既有联系又有区别，不能把两者混为一谈。一个酒店，一般既有重点部门，又有要害部门，重点部门如财务、银行和档案部门，要害部门如机房、油库和重点客人下榻的房间等。根据实际情况，采取切实可行的措施，确保要害部门的安全。

## 三、安全部工作特点

安全保卫工作因为分工不同，所以与酒店其他部门的工作要求和特点有着诸多不同，总结下来主要包括以下几点：

## （一）多样性、复杂性

酒店是一个综合型、多功能的经营服务场所，集住宿、餐饮、购物、健身、娱乐于一体，接待的宾客来自世界各地，宾客的情况在许多方面不尽相同，酒店为此所提供的服务项目、服务设施和服务方法等也应相应变化，这也决定了酒店的安全保卫工作的多样性。比如，客人下榻酒店，希望有人身安全的确切保证，还希望酒店提供一个舒适宽松的环境，如果酒店内戒备森严、如临大敌，保安员对每位客人或来访者都面带怀疑，客人没有行动自由，试想，还有哪位客人敢入住呢？因此，酒店的保安工作不能简单地等同于一般单位平常意义上的安保，还有其独特性和复杂性，需要“宽严”结合、“刚柔”并济、“表面与实际”互为依托。

## （二）政策性

酒店的安全保卫工作既是公安保卫体系的一个重要组成部分，又有其作为涉外企业的特殊性。为了适应具体环境的需要，酒店的保安工作有的是公开的，有的则是隐蔽的。既要强调服务，又要严格管理；既要维护宾客的合法权益，又要对个别违规人员进行适当处理。针对不同人员和不同问题的性质和情节，依照相关法律、法规和规章制度进行处理，这是酒店安全保卫工作政策性的具体体现。

## （三）时效性和突发性

危及酒店安全的因素是客观、长期存在的，这就决定了酒店安全保卫工作不能、也不会是短期的行为。如果仅仅满足于一段时间没有安全问题发生，将会酿成事故的隐患。同时，酒店许多工作是快节奏的，安全保卫工作也是如此。要真正做好酒店的安全保卫工作，就必须讲究速度和效率，无论是制定有关防范措施还是布置检查，都应在规定的时间内落实到位。由于酒店的特殊性，在平时看起来宁静、和谐、温馨的环境中，所发生的不安全情况和问题，往往带有突发性。作为酒店的安全保卫部门，应根据涉外酒店的实际情况，从突发性的事件中去寻找事物的规律性，结合自身工作的特点，制定防范措施和应付突发事件的运作方案，这样，一旦有突发事件时，就有争取主动权的可能性，从而在最短的时间内妥善处理突发事件。

## （四）服务性

酒店是以服务为宗旨的。同酒店其他部门一样，酒店安全保卫部在开展安全保卫工作时必须贯穿服务思想。没有优质服务，就很难得到宾客的理解与合作，也难以取得酒店其他部门的支持与配合，安全保卫工作也就无法顺利开展。由此可见，酒店的安全保卫工作是与全酒店开展优质服务活动密切相关的。当宾客和酒店员工受到外来侵扰或发生意外事件时，除及时采取必要的方式处置外，安全保卫部人员还要为其做好善后工作、消除不良影响、解除他们的后顾之忧，而这些大量的善后工作就是服务的体现。强调保安工作的服务性，也就是强调保安工作的文明性、科学性、严格性和必要性。

## 四、与安全部的业务协调

（1）安全部对客房部员工进行安全保卫的专门培训，增强客房部员工的安全保卫意识和做好安全保卫工作的能力。

（2）安全部指导帮助客房部制订安全计划和安全保卫工作制度。

（3）客房部积极参与和配合安全部组织的消防演习等活动。

（4）客房部和安全部相互配合做好客房安全事故的预防与处理工作。

### 【徒弟记忆】

1. 客房部与安全部的业务协调；
2. 安全部的工作特点；
3. 安全部的工作内容。

### 【拓展提高】

案例陈述：2011 年 7 月 1 日晚 8：30 左右，康乐中心员工小王在游泳池上班，有一位游泳客人需要毛巾，于是小王便去毛巾柜取来两条毛巾送给该客人。当小王返回游泳池巡查时，发现两个约 10 岁的小朋友在 1.6 米水深的区域潜水，出于工作的敏感性，小王驻足观察，突然间一位小朋友一手捂着鼻子，一手用力地扒着水，以游泳的基本常识，小王立即察觉这位小朋友呛水了，而且情况十分危急。他连衣服都没来得及脱，不假思索地跳入游泳池，迅速将小朋友托起，带回安全地带。由于受到惊吓，小朋友上岸后哭得十分厉害，经过小王和小朋友家长的悉心陪护与安抚，小朋友逐渐稳定了情绪。

事后，这位家长写给宾馆一封热情洋溢的感谢信，信中写道：“2011 年 7 月 1 日晚，我陪同孩子至您康乐中心学习游泳，20：30 左右在我孩子脱离了游泳圈练习潜水的过程中，不慎出现了呛水现象，当时整个人在水池中不能讲话和呼吸（水没过头顶），情况非常紧急。中心员工小王先生二话不说便跳下水池，托起孩子。孩子上岸后号啕大哭，作为家长的一颗心也落地了……是云台宾馆辛勤的培育，以及家长的教育有方，才有了小王先生奋不顾身的高尚品质！作为一名被救儿童的母亲，我在这里深深地致谢！好人一生平安！再一次对小王先生以及培养好员工的云台宾馆表示最衷心的感谢并致以最崇高的敬意！孩子全家，2011 年 7 月 2 日。”

案例评析：由于小王发现及时并果断采取有效措施，使得呛水儿童得以有效地脱险，避免了不幸事故的发生。此事件同时也引起宾馆的高度重视，夏季是家长带孩子游泳的旺季，也是危险的多发季节，作为康乐的员工要时刻保持警惕，加大游泳池的安全提示和安全检查力度，将危险扼杀在萌芽状态。

小王作为一名普普通通的员工，用心在自己平凡的岗位上做着并不平凡的事，给客人带去的是高兴、是惊喜、是感动，云台宾馆正是因为拥有这些平凡的员工，才矗立起一个宏伟的服务金杯，我们为有这样的员工感到骄傲和自豪。

资料来源：云台宾馆自编案例集

# 任务五　客房部与财务部的联系

## 【师傅讲授】

### 一、财务部的概述和意义

财务部是酒店部门组成中不可或缺的重要部门。财务部是负责酒店内所有经营计划及决算、财务管理、财产物资管理、采购管理等统一管理的职能部门，同时，财务部还是一个为顾客提供收银、出纳、兑换服务的业务服务部门。酒店财务部的主要任务是为酒店经营管理者及发展决策者提供财务、财产和物资管理等方面的指导、监督和整改建议，为酒店营业收入的增加、经济效益的提高、成本和费用的降低当好参谋。

酒店财务部在整个酒店的运营过程中起着至关重要的作用，财务部的重要作用主要体现在两个方面：一方面是为酒店管理层提供财务信息资料，帮助管理层做出更准确的抉择；另一方面是为提高酒店的经济效益出谋划策。

### 二、财务部的作用

#### （一）保证资金

资金是酒店经营的基础，财务部门为了保证酒店资金的充足，要详细了解、核定，积极筹措酒店所需要的各项资金，保证酒店的资金供应，促进酒店的有效经营。

#### （二）增收节支

酒店的财务管理，不仅仅是管理供应投入，还管理收入生产。酒店资金在投入前，财务管理要根据相关的市场信息和各项财务信息，通过分析和预测来决定资金的投向、分配。酒店希望把资金投入到产生直接或间接效益并且效益显著的项目上去。资金投入后，财务管理会通过会计的监督和核算来控制投入资金的使用情况和使用效果，以此来不断地增加酒店的收入。在此期间，会计在核算的过程中，按照计划控制成本和费用，使得支出压缩到合理的程度。财务管理能够促进增收节支，提高酒店的经济效益。

### （三）提高水平

财务管理并不是人们认为的被动地反映酒店经济活动，而是通过决策和控制来促进业务的发展。财务管理不仅能够综合地反映酒店的经营状况，还可以具体地反映酒店各个部门和各个经营活动过程中的情况。财务管理反映出的信息比较灵敏而且迅速，酒店可以利用财务信息及时了解酒店的各个部门、各项业务的具体情况，便于对具体情况做出具体分析并制定正确的决策，来指挥和控制业务的进行。与此同时，通过财务计划和会计的核算，使得利润和收入达到目标，降低成本费用。完成财务计划的重点是提高各部门的管理水平，使用科学的、系统的管理方法来实现目标。酒店财务在分配上也要促进管理水平的提高，便于合理地将利益分配给各个部门和职工，将科学分配看作是一种管理手段，促使各个部门增强科学管理，获得更多的利益。此外，还要提高管理水平，完善原始记录和信息系统，为科学分配提供依据。

## 三、财务部的工作内容

财务部的工作内容主要体现在做好财务决策工作、实现财务决策目标和保证财务监督作用等方面。

### （一）做好财务决策工作

财务决策是酒店决策的核心内容。酒店的各种经营决策的根本目的是减少开支、扩大销售、增加收入、提高效益，这些都取决于资金决策的优劣，而财务部门决策的中心内容就是资金决策。资金决策主要有两个方面的内容，即筹措资金和投放资金。这也是财务管理的基本功能。

#### 1. 及时筹措资金

财务部主要是以经营活动为中心来及时筹措资金，以便于做好财务预算，保证业务经营活动。

财务部要以经营目标为中心，结合酒店的规模等级、接待能力等，提前预测一项经营活动需要的资金数量，以便及时筹措资金来满足经营活动的需要。由于不同的筹措资金的方式所带来的资金成本在组合上有很大差别，所以酒店不仅要在数量上控制资金的数目，也要从结构上保证资金的来源方式。酒店必须根据客流量的情况，做好财务预算和财务收支的计划，提高资金使用的效益，推动业务经营活动的正常进行。

#### 2. 合理配置资金

合理配置资金可以增加利润、降低成本，从而提高资金投放的效果，确保酒店将筹措到的资金合理地分配到各个部门形成各项资产。

为了保证合理资产的形成，必须明确各个部门应该具有的资产数量和成本消耗定额，从而挖掘潜力，达到充分利用现有的设施设备、提高资金的使用效率、加速资金的周转的目的。此外，酒店要建立一套完整严格的管理制度，减少人为的浪费，尽量用最少的资金占用来获取最大的经济利润。

### （二）实现财务决策目标

财务部门一定要搞好财务控制，通过采取各项管理措施对财务活动进行系统控制，从而实现财务决策所确定的最终目标。

酒店是一个经济组织，所以要保证资金投放能够获得更多的收入，以此来抵补耗费。通过加强经济核算，减少不必要的开支，增加利润，严格控制财务，保证实现财务决策的目标。但酒店在财务控制的实施上一定要符合国家有关的法律、法规，正确执行成本开支范围和费用开支范围，按时向国家缴纳税金，合理分配酒店利润，处理好酒店财务关系。

### （三）保证财务监督作用

财务监督是酒店财务管理的一个重要环节，主要实行方式是分析检查财务指标和控制财务收支。分析检查财务指标有利于监督各部门的资金使用情况和经营状况，若发现有不合理现象，及时纠正。酒店所有的经营活动的状况都会反映在财务收支上，合理地控制财务收支，可以避免不合理的财务行为，保证财务收支的合理性。而这些财务指标是从财务核算中获得的，因此，必须建立健全财务核算制度，保证其发挥财务监督的作用。

## 四、财务部的管理要点

酒店财务管理的方法和原则与其他企业的财务管理既有共同性，又存在差别。酒店财务部管理要抓住以下几个要点。

### （一）时间性

酒店满足顾客需求的方式是提供服务或劳务，因此，只有顾客在酒店消费的时候，酒店的服务和设施结合才能表现为商品。酒店中的客房也是商品，其销售有着强烈的时间性，这就要求财务部门要积极从资金方面支持营销部门大力开展对外宣传和促销活动，吸引各个层次的顾客来入住，从而扩大客房的销售，增加酒店的销售收入。

### （二）风险性

酒店在建成开业以前，存在很大的风险性，如整个旅游业和酒店业发展处于低迷状态，市场形势不好等都会带来一定的负面影响。因此，酒店的巨额投资需要在建成开业以后，经过长期的营销活动，逐步收回。此外，即使在酒店建成后，也存在一定的风险。建成后的酒店已经固定了，不能更改了，一旦出现投资失误，损失严重，也没办法改变酒店的地址了。因此，酒店财务管理要特别重视酒店的投资，酒店的建设规模、星级标准等，在投资前要做一定的调研，综合各个方面的因素，制订严谨周密的规划，尽量将投资风险降到最低。

### （三）即时性

酒店设有对外接待，主要对象是华侨、港澳台同胞和外国友人，为了顾客能够更加方便快速地结账，应在顾客离开酒店时一次性结清账款。这时就需要酒店财务部日夜轮流值班，及时为顾客提供结算、外币兑换服务。不管顾客什么时候离开酒店，都要立即办理结账手续，防止出现逃账、漏账和错账的现象。由此可见，酒店财务部对宾客结算账款在时间方面有严格的要求，具有即时性。

### （四）季节性

酒店是旅游爱好者住所的最佳选择。旅游有旺季和淡季之分，旺季游客多，酒店入住顾客相对增加，酒店的经济效益也随之增加；而旅游淡季游客少，酒店客房入住的顾客减少，酒店的经济效益也变得不景气。

针对这一特点，酒店财务部应积极配合营业部门，在旅游旺季多发展旅游项目，实行多项优惠政策，吸引游客的光顾。此外，财务部还要配合设备管理部门利用旅游淡季，对所有设备进行检查和维修，尽量为酒店获得更多的收益。

### （五）紧迫性

酒店的所有物品都带有浓厚的商品气息，尤其是客房，既是出租商品，又是固定资产。因为酒店这些物品的商品性，它们的新颖与否，关系到酒店的营业状况。另外，酒店是以服务为主的，大多数设备是为顾客服务的，这就增加了酒店固定资产的磨损程度。要想解决这个问题，就要缩短资产设备的更新周期，保持酒店的全新面貌，吸引更多的顾客前来光顾。这就需要酒店财务部密切注意各种设备的使用期限和管理方法，积极寻找最佳的更新时机和维修保养的方法，以取得更大的收益。

## 五、与财务部的业务协调

（1）财务部指导和帮助客房部做预算，并监控客房部预算的执行情况。

（2）财务部指导、协助并监督客房部做好物资管理工作。

（3）客房部协助财务部做好账单核对、客人结账服务和员工薪金支付等工作。

具体操作如下：

（1）客房部应于每月最后一天下午，将其库存的和楼层库存的（含房内）宾客用品，填制“财产盘点表”，于每月固定的一个日期（每家酒店视情况而定）前交财务部。

（2）若宾客损坏或拿取客房内物品的，客房部应填制“赔偿通知单”，其中写明房号、姓名、物品名称、金额，并请宾客签字后送到前厅收银处。

（3）各种盘存表由财务部提供。

（4）发薪之日，客房部领班到财务部计薪员处领取工资单，并为财务部提供必要的协助。

## 【徒弟记忆】

1. 财务部的工作内容；
2. 财务部的作用；
3. 财务部管理的要点；
4. 客房部与财务部的联系。

## 【拓展提高】

**案例一：**

案例陈述：一位住店客人在总台退房结账时投诉，说他连续 2 天要求餐厅送香烟到他房间，但是同样品牌的一包香烟，第一天收费 65 元，第二天收费 75 元，同一件商品竟然存在这样的价格悬殊。总台服务人员立即将此情况反馈到财务部，财务部对此事进行了调查，发现第一天的餐饮收银员是一名老员工，她未收取这包香烟的服务费；第二天是另一名新员工，在结账操作时，她未将系统自动加收的服务费取消，所以加收了该包香烟 15% 的服务费，导致两天的收费价格存在 10 元的服务费差价。

案例评析：由于住店客人的香烟一般由客房中心配送到客人房间，所以会加收服务费。由客人在咖啡厅单点送香烟的情况以前还从未发生过，所以财务收银培训中没有着重强调单点香烟服务不收取服务费的要求。通过此案例，财务前场对餐饮收银员工进行了统一培训要求，客人单点烟酒到房间不会加收服务费，对系统口收服务费的账单要调整，避免再出现客人投诉的类似情况。

**案例二：**

案例陈述：每天早上是收货、验货最繁忙的时间段，4 月 22 日早上，供应商海洋水产送来梭子蟹，负责水产收货的小眉正在忙着称其他货，便让收货员小马先帮着记一下账。但小眉忙完后就忘记了此事，她突然想起蟹子还没记账，就自己又记了一遍，结果将账记重了。成本部主管在稍后每日的对账检查中发现了这一情况，在与餐饮部核实后，确认此单是收货员开重单了。部门给予小眉甲类过失处理，并对员工加强了工作责任心的教育。

案例评析：财务部各点的日常工作涉及宾馆其他部门，作为后勤保障部门，一定要严格按制度办事，确保工作无差错。成本部员工由于工作责任心不强，没有严按照操作程序办理收货，一时疏忽致使原料单开重，险些给宾馆造成损失。

资料来源：云台宾馆自编案例集

# 项目二　酒店客房经营管理的发展趋势

## 【企业标准】

在本项目中，要求学徒能够对酒店的未来趋势有所预测，要求学徒了解绿色客房的概念，要求学徒掌握绿色酒店的标准。

## 【师傅要求】

1. 学徒能够对酒店客房经营管理发展趋势进行预测；
2. 学徒能够对绿色客房有所了解。

## 任务一　未来酒店客房经营管理的趋势

## 【师傅讲授】

### 一、酒店客房经营管理的趋势

#### （一）服务和管理的高科技化

21 世纪以来，高科技在酒店客房服务与管理中将得到广泛的应用。

（1）客房内将为客人提供免费 Wi-Fi 服务。免费 Wi-Fi 已不成问题，而宽带和上网速度将成为酒店竞争的焦点。

（2）客房管理将完全实现电脑化、自动化。“入住酒店的客人在打开电视时，首先映入眼帘的是写有其名字的真诚、热情的欢迎词，可以看到酒店特制的开机欢迎画面，酒店服务、设施和信息化服务内容可一览无遗。”客人所需要的一切服务，只要在电脑或电视屏幕上按键选择即可（如点播电影，查询留言、账单等），更可坐在屏幕前与异地商家进行可视的面对面会议或洽谈，从而可真正使客人“运筹帷幄之中，决胜千里之外”；房内拥有可视电话，电动按摩床、椅，可使客人真正体会到方便和舒适。客房内的设施设备也将完全由电脑控制，出现智能型客房：客人在客房内可以随心所欲地变换四季景色，也可以将“窗户”按照自己的意愿通过遥控器转变为美丽的沙滩、绿色的草原；客房叫醒钟将由叫醒光代替；甚至连席梦思床垫也可以由客人遥控弹性和硬度。

（3）客房空调将由总台控制。当客人办好入住手续后，总台可通过电子遥控开启客房内的空调，以方便客人入住，为客人带来舒适的入住体验。

（4）酒店客房将采用智能门锁。就门锁系统而言，将发生很多革命性的变化，“会说话的门锁”、视网膜门锁等很多新概念门锁将相继面市。我国一家公司推出了一种“会说话的门锁”，不仅完全保留了传统 IC 卡门锁所有的保安和管理功能，而且增加了服务的功能，可以针对不同的情形用中英文进行提示和问候：当客人初次开门时，会向客人表示“欢迎光临”；当客人插卡方向错误时，提示“您插入卡片的方向错误”；当客人在晚上 7：00~12：00 开锁进房，会提示“请您反锁房门”；当房门虚掩时，提示“请关好门”。

（5）客房内将安装电子识别器，并在服务台安装电子屏幕，当客人外出时，个人信息可及时传达至服务台电子屏幕上。如何判断客人是否在客房，以便能在不打扰客人的情况下提供客房清扫服务，一直是困扰很多酒店的难题。未来，越来越多的酒店将在客房内安装电子识别器，并在服务台安装电子屏幕。这样，当客人外出时，信息可及时传达至服务台电子屏幕上，从而大大方便服务员的整理打扫，同时也避免了打扰客人休息的情况。客房清扫员不用去推敲客人是否出门，现在打扫是否合适，也不用因进入时间不当而受到客人的埋怨，让客人在不知不觉中体会到酒店无微不至的服务。除了自动显示客人进出客房之外，酒店还可运用这套系统通过与住宿单的对比，控制排房错误情况的发生。

（6）房间音响个性化。能够将客人自带的手机等电子设备与房内音响系统相连，为客人提供个性化的音响娱乐体验服务。

### （二）更加突出人情味和个性化

客人的需求是千差万别的，既有共性的部分又有个性化的部分，因此要想服务质量上一个台阶，不仅要为客人提供标准化服务、满足客人的共性需求，还须为客人提供个性化服务，满足客人的个性化需求。如果说服务的标准化、规范化是保障酒店服务质量的基础，那么，个性化服务就是服务质量的灵魂，是服务质量的最高境界。而管家式服务是个性化服务的极致，是未来酒店服务的发展趋势。不论是从东京到纽约，还是从北京到上海，采用管家服务的顶级酒店都呈现上升趋势，酒店培训机构也正在为酒店培训出越来越多的优秀管家，管家的服务内容也更加全面，包括商务型专职管家服务、生活型专职管家服务等。

### （三）客房的设计经营和服务将走向无障碍化

人类已进入人口老龄化社会。日本超过 65 岁的公民已占全国总人口的 20%；美国超过 65 岁以上的老年人已占总人口的一半以上。中国是世界上老龄化人口最多的国家，60 岁以上的老年人口已超过 1.4 亿，在总人口中的比例突破了 10%，按照联合国的划分标准，我国已进入老龄化社会。事实上，截至 2011 年年底，我国上海 60 岁及以上老年人口已占总人口的 24.5%。另据预测，到 21 世纪中叶，中国的老年人口将超过 4 亿，占全国总人口的 1/4 左右。因此，21 世纪的酒店客房在其建设、经营、管理和服务等方面必须考虑老年人的需求，除了为残疾人提供无障碍服务以外，还将充分考虑老年人的需求特点，向他们提供能够满足其特殊需要的服务设施和服务项目，同时调整客房部的服务内容和服务方式。

### （四）行政楼层将在未来酒店中大行其道

行政楼层也叫“商务楼层”，是专门接待酒店商务客人及公司高级行政管理人员，并为他们提供特殊服务的楼层。

一般来说，商务客人希望所住客房内的设施、物品等适合办公及洽谈。虽然各酒店都为商务客人设有商务中心，但是这些人为了有效利用时间，往往希望在离客房较近的地方办公。并且也很想避开那些混乱的观光旅游客，寻找幽静而舒适的环境，并且想从内心感觉一下自己与普通游客不一样的心理。为满足他们的要求，酒店要努力做好以下几方面的工作：第一，为商务客人提供与众不同的服务（如为客人提供受过专门训练的秘书服务、私人管家服务、委托代办服务以及免费早餐、下午茶、健身等）；第二，为他们提供更好、更便利的生活以及办公设施设备和物品等。

### （五）更加注重客人的人身安全和健康问题

充分考虑客人的这一需求，采取各种有效的措施和手段，防止恐怖活动、各类犯罪分子、艾滋病以及各种新旧类型传染病等对客人的袭击，确保客人在酒店住宿期间的安全与健康。为了确保楼层的安全，防止闲杂人员进入客房楼层，越来越多的酒店将采用电脑控制的客房电梯自动识别系统。只有持房卡的客人才能开启通往住客楼层的电梯。

### （六）客房的装修和布置将更加注重文化品位

21 世纪，世界范围内（包括中国在内）市场经济将日趋成熟，竞争也将更加激烈，同时竞争的层次也将不断提高，酒店的竞争将从低层次的价格竞争逐渐转向高层次的文化和品牌竞争。有文化品位、鲜明个性和特色的酒店将受到顾客的青睐。因此，酒店客房在装修、布置和服务方面，将注重文化、艺术品位，追求个性和特色。与此相适应，客房的结构、家具的设计和摆放、色彩和灯光的运用等将突破传统，更为大胆。那种千篇一律的、毫无个性和特色的酒店客房将被市场所淘汰。

### （七）“绿色客房”将更受推崇

“可持续发展”是未来人类所追求的自然、社会、经济、文化等的发展模式和发展目标，符合可持续发展思想的绿色酒店、绿色客房将受到酒店经营者及顾客的普遍推崇和欢迎。

### （八）客房市场将进一步走向细分化

未来，客人对酒店服务的要求将越来越高，这将迫使酒店市场细分化，最大限度地满足不同类型客人的不同需求。传统的一家饭店以一种模式接待所有客人的时代将一去不复返，酒店市场将被分割为商务酒店、旅游观光酒店、度假酒店、青年旅馆、经济型酒店、豪华酒店、精品酒店、特色酒店等多种类型。不仅如此，同一家酒店和客房还会被划分为商务楼层、行政楼层、女性楼层以及儿童楼层、长者楼层等。不仅客房的硬件会发生变化，服务的内容和方式也会发生重大变化。

### （九）客房越来越追求舒适感

为此，很多酒店开始在床上做文章，将毛毯改为棉被（这当然无可厚非），床也随之变得越来越宽（无疑给服务员做房增加了难度），床垫变得越来越厚、越来越松软（这样酒店的床看上去像只大面包），床上枕头的数量也变得越来越多，一些豪华酒店一张床上甚至放了多达 8 只枕头。床的厚度和松软度、床上摆放的枕头数量似乎已经成为当今豪华酒店和豪华客房的标志。其实，床并非越松软越好，这种床可能对欧美客人比较适用，但包括政府官员、领导以及企业老板在内的很多国内客人并不喜欢睡在这样的床上。此外，睡觉之前必须先把多余的枕头扔掉，还不知道往哪里扔！因此，酒店追求舒适感本无可厚非，但具体做法则要适可而止，那些华而不实的一时“时尚”，最终会被市场和消费者所淘汰，就像当年所有星级酒店要求用毛毯铺床被当今的棉被铺床所取代一样。

### （十）钟点客房将占据一定市场

钟点客房是一种按小时收费的饭店客房经营模式，以其灵活性和便利性受到客人的欢迎，这种经营模式适合于中低档饭店和位于机场、车站等流动人口较多地方的酒店。上海华东大酒店地处火车站附近，考虑到许多旅客缺少短暂停留的休息场所，便推出钟点客房，初试客房利用率高达 120% 以上，为此酒店专门开设了钟点客房专用楼层。另外，每年参加高考的城市考生也是钟点客房的一大市场，全国各地的饭店及时推出了“考生房”，为钟点房增加了新卖点。

### （十一）饭店客房将营造成为人们的“家外之家”

为提高收益，美国的饭店经营者们想出了许多方法来吸引住客，如提供望远镜、配备娱乐器具、安装休闲设施、赠送奶酪食品等，使客房越来越贴近顾客的生活需求，而不是除了“靠着枕头、躺在床上”外便无所事事的地方。针对越来越多的健身爱好者，Colarosi 公司为其所管理的饭店客房内配备了橡皮绳和伴奏用的 CD 音响，以供客人在房内做健身操用。而华盛顿特区 Rouge 饭店则推出了多种房型，供不同的顾客选择。该饭店原是个公寓，每个房间都有一个宽约 3 米，用作厨房的区域，经营者们即对此进行了改造：有的房间安装了自行车健身器；有的房间铺设了瑜伽练功毯，并配套了可调灯光系统和瑜伽音乐伴奏；有的房间则成了办公室，有宽大的办公桌、宽带接口和传真机；当然还有的房间保留了厨房，但更新了设备。尽管这类客房的价格较贵，但出租率却明显增长。

本着“家外之家”的想法，有一些饭店则加强了娱乐设施的配备，如在客房内增添了带闹钟的 CD 音响，古典音乐或爵士乐的 CD 等。电视机也有了变化。据 JVC 美国公司的调查，饭店对客房内电视机的要求已从 20 英寸提高到了 27 英寸，将来会达到 32 英寸。尽管价格高达 8000 美元，但 Boutique 饭店已经开始添置高清晰度的彩电。房间内供客人阅读的杂志也发生了明显变化。以往，客房桌子上放置的都是一些介绍饭店所在地的旅游宣传杂志，而现在都变成了像《时尚》《旅游与休闲》等引导社会潮流的时尚刊物。在中央公园的丽兹酒店（The Riz-Carlon），房间里配备的书籍和杂志可以铺满 4 个桌面。

### （十二）“时权经营”将对酒店客房服务和管理方式产生重大影响

时权经营又称时段所有权，是指以一定的价格将酒店或度假村的服务设施（如一定面积的房间等）在一定时间内的所有权出售给度假者的一种经营方式。这种经营方式对于酒店特别是度假村来说，既可以较快地收回投资，又可解决因旅游业的季节性所造成的设施闲置问题。

## 二、设计理念的发展趋势

### （一）人本化

人本化就是要从宾客角度出发，使客人在使用客房时感到方便，感到更加舒适。比如，传统的床头控制板正在退出历史舞台，取而代之的是“一钮控制”的方式，也就是说，客人晚上睡觉只需按一下按钮就可将室内所有需要关掉的电器、灯光关掉。饭店客房将电视机放在柜子中的做法也面临淘汰，美国里纳尔多国际室内装潢公司总经理里纳尔多指出：“那种把电视机和传真机隐藏在大柜子里的设计是不妥当的，我们的客人并不希望讲究到要开了‘门’才能看电视、发传真。”又如，客房中的连体组合型家具不但使用起来不方便，而且使得饭店客房“千店一面”；而分体式单件家具可以使客房独具特色，住宿时间稍长的宾客还可以按自己的爱好、生活习惯布置家“居”。

### （二）家居化

首先，客房空间加大，卫生间的面积也是如此。我国饭店星级评定将卫生间的面积定为4~6平方米，这与国际上三件套（洗盆、浴缸、恭桶）设施卫生间的面积相同，但对五件套（增加妇洗器和淋浴房）的卫生间来说，需8~10平方米。

其次，通过客用物品的材料、色调和种类来增加家居感。比如，多用棉织品、手工织品和天然纤维编织品，在客房放置电熨斗、熨衣板；越来越多的饭店使用电脑控制水温的带冲洗功能的恭桶，在客房卫生间设独立的淋浴房，且多为拼装结构，采用玻璃或有机玻璃箱体，将浴缸和淋浴房分开，这一趋势从很多豪华饭店的套间发展到普通饭店的普通房间。在一些热带国家和地区，还可能出现独立淋浴装置代替传统浴缸的趋势。卫生间在今后设计中，将更趋向于有连通外部空间的窗户和回归自然的氛围。

另外，度假区饭店更是注重提供家庭环境，客房能适应家庭度假、几代人度假、单身度假的需要，儿童有自己的卧室，电视机与电子游戏机相连接等。

## 三、现代化客房设施设备的发展趋势

现代饭店为适应客人日益增长的需求，设施设备更趋完善，目前有如下几个趋势。

### （一）房间

世界经济的加速发展使得市场竞争日趋激烈。但竞争的层次将不断提高，饭店的竞争将从低层次的价格竞争逐渐转向高层次的文化和品牌竞争。有文化品位、鲜明的个性和特色的饭店将受到客人的青睐。因此，饭店客房在装修、布置和服务方面，将注重文化、艺术品位，追求个性和特色。那种千篇一律的、毫无个性和特色的饭店客房将被市场所抛弃。

#### 1. 客房面积增大

为了尽可能为客人提供宽敞的活动空间，客房面积由原来的20多平方米向更大的面积发展，现在有不少高档饭店的商务单人客房的面积已达50平方米。有些饭店为客房设计了可伸缩的写字台；有的饭店将桌子制成有折板或抽屉夹层的式样，需要时可变成会议桌，亦可拉展成供亲朋聚餐的餐桌。另外的变化还有：减少抽屉的数量；取消客房中的梳妆台，这既可增大空间，也可与房内的商务气氛相协调；一些高星级饭店减小甚至取消大壁橱，把节约的面积还给客房，与之相适应的是客房中装置大挂钩，供客人挂行李袋，或是行李架台面增大，以便客人放置轮箱。

**2. 客房的绿色装修**

“绿色客房”不仅表现在客房的日常经营管理中，还体现在饭店客房的外装修方面。21 世纪的饭店在其建设和装修中，将有可能采用一种能够将太阳能转变为电能的能源生产型幕墙，即光电幕墙。众所周知，能源是人类社会得以生存和发展的基础，传统的能源是地球上的有限自然资源，消耗这些能源是以污染人类生存环境为代价的。如何找到一种既不无限消耗地球自然资源，又不会污染我们得以生存的自然环境的能源，一直是技术研究和科学发展的方向之一。太阳能是一种取之不尽、用之不竭的能源。所以，如何把太阳能无污染地转化成可利用能源，就成为包括建筑行业在内的各个行业追求的目标之一。

光电幕墙是一种能够将太阳能转变为电能的幕墙。这是因为在光电幕墙中使用了光电池、光电板技术。光电板是用特殊的透明度极高的树脂薄膜将光电池镶嵌在两片玻璃之间，组成光电模块，光电模块通过其背面的导线相连，组成光电板。在太阳的照射下，光电板将光能转化为电能。

与普通能源相比，光电幕墙产生的电能不会排放 $CO_2$ 等会产生温室效应的有害气体，不会产生污染，也不会过度消耗地球上有限的自然资源。因此，随着人们环保观念的增强，光电幕墙将在饭店业及其他建筑行业得到广泛的推广应用，出现越来越多的“绿色饭店”“绿色建筑”。

**3. 房间设施设备现代化**

（1）客房内摆放两组以上通信电缆、传真机、与电话连接的打印机、网络接入等都逐步实现。

（2）房间内的小冰箱向没有噪声的吸收式冰箱过渡。由于吸收式冰箱没有电动机之类的部件，因而工作起来没有震动及噪声。

（3）客房内消防设施设备更趋完善。防火疏散图用荧光涂料处理，即使发生火灾断电时，也不影响引导疏散。不少饭店的房间增配防烟防毒面具，供火灾发生时客人使用。

（4）客房内增加 CO 自动探测器，配合客房新风系统，以解决房间的空气质量问题。

（5）客房内增设私人保险柜、电热煲和电咖啡壶，以方便客人的使用。

（6）客房内采用电视计算机系统（交互式视频点播电视，VOD），客人可通过电视、计算机直接使用饭店的各种服务和了解自己消费的账单。

（7）客房的传统三连柜（行李架、梳妆兼写字台、电视柜）面临被淘汰的命运，新式家具布置正在向多样化发展。床头柜的开关设计正向简单化发展。

（8）房间内地面装饰也有改变为不满铺地毯的趋势。

## （二）卫生间

随着社会的进步，人们生活质量的提高，卫生间的功能开始走向多样化，已不仅是传统的满足人们生理需求的地方，而是日益成为人们化妆、健身和享受生活、追求美的场所。

（1）卫生间面积扩大，由原先的三大件（浴缸、脸盆、便器）向四大件（浴缸、脸盆、便器、净身盆）和五大件（浴缸、脸盆、便器、净身盆和淋浴）发展，并分室布置设计。其布局分为三个区域：

第一区是梳妆台和可容客人进入的壁橱；第二区是封闭的淋浴、浴缸和便器桶；第三区是洗脸池、大小镜子，并配以明亮的灯光。有的卫生间还把便器单独隔离，这样做既保护了隐私，又提高了卫生间的利用效率——一位客人在使用便器时，另一位可以洗澡、洗脸或化妆，互不干扰。这对标准间客房来说，更加实用。

（2）在卫生间内除有电话分机外，还增设了小电视和音响，方便客人随时可看到经济行情、重要新闻及体育比赛等。

（3）为降低噪声，撤除排气扇，采用管井集中排风。

（4）模糊控制自动冲洗小便器。在小便器上方安装微计算机芯片，通过感应器感知小便器使用频率和使用时间，自动冲洗和控制水量。

（5）家具小五金件更趋高级。

（6）喷淋头的水量可以从喷细雾到冲力按摩，客人通过计算机可自由调节其高度，而且计算机将“记忆”客人的任何选择。

（7）增加美发设备和称重装置。

（8）地面及墙面装饰向大理石装饰过渡，或改用大块单色调的瓷砖，以增强客人视觉的清洁感。为克服冰凉感、现有地面铺地毯的趋势。

（9）开始使用无触摸感应式自动洗浴盆，通过红外自动感应机构控制水龙头，既可防止交叉污染，又可节约水源。

（10）增加紧急呼叫按钮，防止客人发生意外。

## （三）新型睡床

睡床是饭店设备中变化最小的一种。近年来，随着科学技术的发展，开始把一些新的技术引进睡床的变革之中，使床的用途除了睡眠、休息之外，还具有消除疲劳、保健身体、促进睡眠，甚至治疗某些疾病的功能，使床这个人们每天要在上面度过 1/3 时间的重要家具发挥更广泛、更重要的作用。

### 1. 按摩床

在按摩床的内部，对应人体的背、腰、腿等部位装有自动按摩器。它模拟人工按摩的手法，对这些易于产生疲劳的部位进行自动按摩。通过控制盘，人们可以选择不同部位、不同手法、不同强度和不同时间的按摩，使人在床上休息的同时，得到很好的按摩治疗。按摩床除了模仿人工按摩手法之外，还可进行每秒数十次的高速震荡按摩，使用自动定时的微震动的高速震荡按摩具有较好的放松、催眠效果。

2. 磁疗床

磁疗床的床垫中安装有许多磁性体。它根据中国传统医学的理论，按人体经络分布和方向将若干磁性体按一定的规律和不同的极性排列分布。当人在床上休息时，磁性体所形成的磁场将对人体的各个部位产生一定的保健作用。实践证明，磁疗床还能针对某些人的某些疾病进行有效的治疗作用。磁疗床还可与磁疗被配合使用，以达到更好的治疗效果。

3. 远红外床

远红外床的床体中安装有红外线发生和辐射装置，可发出一定强度的远红外光谱。睡在这种床上会有微微发热的感觉。适当的远红外光可以治疗人体的某些疾病，如对皮肤病、血液循环疾病、关节炎、外科创伤、肌肉损伤等均有显著疗效。

4. 水床

水床是利用水的流动性，制成具有若干独立水室的床垫。人躺在这种床垫上时，由于水的流动性，使人体全身与床垫得到最充分的接触调整，床垫根据人体的形态和重量起到最好的支持作用，避免了在普通床上各部位受力不均的现象，使人体的肌肉得到充分的放松，而且在睡眠姿态调整时，床的支持面也随之调整，时刻保持最充分的支持面，使人得到较好的休息效果。

5. 摆床

摆床是通过床内的电动机和传动机构，带动床体做一定方向和一定强度的有规律的微微摆动。它在某种程度上模仿了摇篮的效果，以求达到放松和催眠的功效。摆动的方向、频率、强度可以控制，还可以有前后、左右、转圈等多种摆动方式。

6. 冷床

这种床具有局部降温散热装置，通过半导体制冷方式在人体的头部，腰背部和腿部形成一个温度低于周围环境的相对低温区，在短时间内使用可起到使人头脑清醒、神经松弛的作用。由于使用了半导体制冷方式，在工作时没有丝毫声音且体积非常小。

现代化客房设施设备的发展，取决于科学技术整体水平的提高。有的可以将现有的先进技术用于客房设施设备的创新，有的则有待于新技术的出现。重要的是客房装备的设施设备要符合社会的发展趋势，被饭店和客人所接受。

## 【徒弟记忆】

1. 酒店客房未来发展趋势；
2. 设计理念的发展；

3. 客房设备的发展趋势。

## 【拓展提高】

**案例一：**

案例陈述：4 月 19 日 13：00 左右，营销经理小周接到某银行庞主任的电话："预订 2 桌晚宴，要求放在一个包厢内。"当时庞主任没有具体说明宴请的主题，于是小周就给庞主任预留了平台水月厅的两桌晚宴。晚宴开席前，小周提前到达宴会厅检查准备情况，碰巧遇到该银行的其他工作人员，交流后了解到，晚宴的主题是庆生。得知此消息后，小周想："该为客人准备些什么礼物呢？"边走边想时发现餐饮部有两盆插得非常漂亮的鲜花，灵机一动，立刻与餐饮部联系，希望将这两盆鲜花作为礼品赠送给客人，得知此情况的餐饮部欣然同意并安排服务人员向客人表达了祝贺之情。

生日宴的主角一直以为桌上的鲜花是他的同事为他安排的，后来当庞主任告诉他鲜花是宾馆特意为他准备时，他感到非常惊喜，十分感谢宾馆能为客人考虑得这么周到，并给予营销经理高度的评价。

案例评析：

1. 个性化服务是当今世界旅游饭店业的整体发展趋势之一，只有不断地提升个性化服务水平，让客人真实地感受到满意加惊喜的服务，才是打造和提升一流酒店品牌的有效途径。营销经理的用心、细致的服务，让客人体会到家外之家的感觉。

2. 以最小的成本获取最大的效益。鲜花的二次利用，不仅为宾馆节约了成本，也赢得了客人的惊喜与满意。

**案例二：**

案例陈述：7 月，连云港地区热浪滚滚，暑气逼人。一天中午，前厅经理正在前厅当值，观察到一位身材魁梧的先生在大厅逗留了很长时间，不时地走动又不经意地看时间，前厅经理便主动上前与客人交流，原来是来自无锡的周先生，第一次来连云港出差入住我们宾馆，在等待他的来访客户。攀谈中得知周先生之前是军人，前厅经理便很热心地介绍了云台山风景区，但客人对这里的海景风光似乎不是很在意，还流露出一丝遗憾，原来周先生在部队时有位叫陈召管的战友，1995 年转业后与他失去联系，只记得他是连云港赣榆县黑林镇人，周先生这次有机会来连云港，特别想联系到这位战友。前厅经理得知这一情况后，便萌生了帮助他的想法。

前厅经理费尽周折联系到赣榆县黑林镇派出所的电话，真是不凑巧，那天是周末，派出所户籍员休息，得知下周一才能找到。这可不行，周先生在周末就要返回无锡，时间肯定来不及，必须另辟蹊径，为了掌握更多信息，前厅经理还向周先生了解了更多的相关信息。

通过前厅经理在派出所的一位朋友得知，派出所的户籍信息都是联网的，真是柳暗花明又一村，于是前厅经理马不停蹄地赶到新东派出所，将情况告知对方，要求紧急求援。对方被前厅经理的热情之心打动，破例启动查询程序，但是在赣榆县黑林镇没有陈召管先生的任何信息。据派出所朋友分析，现在城市人口流动频繁，也是很正常的事情，这位陈召管先生的籍贯是在黑林镇，也许还有亲友住在这里，假设有类似的准确信息，还是有办法联系上的。前厅经理立即与周先生联系，还真是无巧不成书，他居然还准确记得陈先生的弟弟的名字陈召福和大概年龄。有了这个信息，再次查找，没想到赣榆县居然找到有7个姓名相同的人，于是前厅经理将信息分别梳理，最后确认信息最接近的资料，并通过赣榆县公安局找到负责当地户籍的管理员，很顺利地找到了仍住在青口村的陈召福的联系方式。取得联系时对方还很茫然，当得知是云台宾馆的金钥匙在为寻找失去联系的战友情在牵线搭桥时，对方十分感动和感激，只是陈召管先生全家早年移居杭州，虽然两战友不能握手连云港，但毕竟取得了联系。

当前厅经理怀着喜悦的心情，把寻找到陈召管和陈召福兄弟的经过告知周先生后，令周先生非常感动，连声道谢。没想到这次出差连云港，是宾馆金钥匙让他的一线希望变成现实，这么快寻找到失去联系18年的战友。于是，周先生特地给酒店总经理留下感谢信，盛赞“云台宾馆总经理阁下：你单位前厅小孙同志，全心全意乐于助人，在百忙之中帮助我找到失去联系18年的连云港籍战友，在此向各位领导表示感谢，向优秀员工小孙同志表示真诚的谢意！希望你们永远保持这种良好的精神风貌，为构建和谐社会文明共同努力”。

案例评析：上述案例充分体现了宾馆金钥匙“用心极致，满意加惊喜”的服务理念，通过金钥匙竭尽所能地寻找和帮助最终满足了客人的心愿，使客人如愿以偿地找到了失去联系多年的战友，这份心意和服务让客人感受到了宾馆的服务理念。这次的住店经历，也许会让客人终生难忘，这就是酒店的成功之处。

资料来源：云台宾馆自编案例集

## 任务二　绿色客房管理

### 【师傅讲授】

### 一、绿色饭店产生的背景

人类的环境保护意识始于20世纪60年代末70年代初，到了20世纪80年代末才达到高潮。1992年6月，联合国在里约热内卢召开了“联合国环境与发展大会”，并通过了《21世纪议程》，标志着世界进入了“保护环境，崇尚自然，促进可持续发展”的一个崭新阶段。人们称 20 世纪 90 年代的世界进入了“环保时代”的绿色时代。绿色时代的到来对世界经济发展产生了巨大影响。当然，旅馆业也不例外。人们在生产和消费过程中，越来越关注资源与环境保护，环保时代的到来给旅馆业的发展提出了新的要求，为了旅馆业的可持续发展，1991 年，威尔士王子商业领导论坛（PWBLF）创建了一个名为“国际旅馆环境倡议”（IHEI）的机构。该机构是由世界上 11 个著名的旅馆集团组成的一个委员会，有雅高、希尔顿、假日国际集团、洲际旅馆公司、“Ommi”国际旅馆集团等，由英国查尔斯王子任主席。1993 年，英国查尔斯王子倡议召开了旅馆环境保护国际会议，通过了由上述 11 个国际旅馆集团签署的倡议，并出版了《旅馆环境管理》一书，旨在指导旅馆业实施环保计划，改进生态环境工作，加强国际合作，交流旅馆环保工作的经验及有关信息，促进政府、社区、行业以及从业人员对旅馆环境保护达成共识，付诸实践。

## 二、绿色饭店的含义

绿色客房是指无建筑、装修、噪声污染，室内环境符合人体健康要求的客房，客房内所有物品、用具及对它们的使用都符合环保要求。

如今，人们通常把与环境保护、防止污染相关的事物冠之以“绿色”称号。绿色产品、绿色产业、绿色科技、绿色职业纷纷涌现。譬如，就产品而言，已拓展到衣、食、住、行各个消费领域，如绿色时装、绿色食品、绿色住宅（指使用绿色建筑材料建造的住宅、节能住宅等）、绿色汽车等不胜枚举。“绿色饭店”这个概念也已经逐渐为人们所熟悉，但迄今为止，还没有一个明确的解释。“绿色”一词往往用来比喻“环境保护”“回归自然”等。当一个与绿色无关的名词被“绿色”所修饰时，就表示该事物与环境保护有关。“绿色饭店”可以简单地翻译为 green hotel，但国际上又把“绿色饭店”翻译为 economy efficient hotel，意为“生态效益型饭店”，economy 隐含着“经济效益”的含义，意思是充分发挥资源的经济效益。

近年来，“绿色管理”已风靡全球酒店业，犹如一股势不可当的世纪浪潮，席卷世界各地。国内外不少酒店纷纷实施绿色管理战略，成效显著。中国饭店协会也制定了一系列质量标准来划分绿色饭店。香港的 ISL 酒店制定了 100 多条酒店绿色管理条例，严格监管绿色管理操作程序，在亚太地区首家通过国际标准 ISO 14001；国际酒店与餐馆业协会将绿色管理列为 1999 年的热点议题；一批为酒店“绿色化”提供咨询服务的专业机构、专业刊物也应运而生。

## 三、创建绿色客房的意义

“绿色客房”是绿色饭店所提供的客房产品，它必须满足“绿色饭店”的一些基本要求，包括客房设备的运行对环境的影响最小，客房物资消耗降到最低，客房环境符合安全卫生的标准，提供给客人良好的自然空间。此外，政府为了保护环境，走可持续发展的道路，制定了一系列法规政策，限制了企业为单纯追求经济效益而忽视环境效益的种种做法，使得酒店必须调整管理战略、重视环境管理，实施能实现长期利润最大化的绿色管理战略。最后，绿色消费的兴起，使得旅游消费者对“绿色”情有独钟。消费者的绿色偏好对酒店来说，既是市场压力，又是市场卖点，酒店实施绿色战略既迎合了现代顾客的“绿色”需求，又可为酒店创造经济效益。因此，从环境成本和风险、政府法规、市场力量、公众压力等外部因素分析，酒店实施绿色管理战略势在必行。世界旅游组织“可持续发展委员会”已在全世界酒店行业推广“持久旅游证书”（又称“绿色图章”），规定“酒店必须在周围环境、硬件设施、服务质量等各方面都符合保护环境和生物多样化的要求之后才能获得这个证书。一旦获得此证书，酒店的等级和名望将得到更好的认可”。

简单来说，创建绿色客房具有以下意义。

### （一）节约能源，降低成本

据专家测算，全国创建 1 万家绿色饭店，将能节电 30 亿度，相当于目前三峡电站近一个月的发电量，167 万个城市家庭一年的用电量；节水 2 亿吨，相当于 20 个西湖的水量，185 万个城市家庭一年的用水量。客房是饭店的创利大户，也是能源与物品的消耗大户，创建绿色客房将为节约能源消耗、降低饭店的成本开支做出巨大贡献。

### （二）倡导绿色消费，树立良好形象

现在越来越多的顾客，特别是国外顾客开始关心环境问题。据调查，90% 的美国人在消费时更愿意购买绿色产品，66% 的美国人甚至愿意支付更高的价格购买绿色产品。在青少年消费群中，也有大多数的消费者更愿意购买绿色环保组织的企业产品。绿色客房倡导绿色消费，符合消费潮流的变革趋势，体现了企业具有较高的环境法制观念和环境道德观念，以及强烈的社会责任感，使顾客们感受到饭店在给他们提供优质服务的同时，也同样致力于保护环境和可持续发展。这将赢得消费者的尊敬与信赖，更赢得政府的支持，大大提高饭店的公众形象和知名度，给饭店创造巨大的无形资产和商业机会。

### （三）稳定有志员工，有利于环境保护

通过创建绿色客房，使员工清楚地意识到饭店经营除商业化外，还有社会责任和社会价值。这有利于提高员工工作的能动性和对饭店的信任，有利于员工队伍的稳定。有利于增强饭店员工的环保意识和责任感，从而促进全社会的环保运动。饭店对环境造成的污染有燃料燃烧时对大气的污染、排污水的污染，以及客房消耗物品所造成的固体废物污染等。创建绿色客房可以减少这些污染。

## 四、创建绿色客房的主要措施

客房作为饭店重要的产品之一，在创建绿色饭店中占有非常重要的地位。绿色客房活动涉及的内容相当丰富，被国内外专家高度提炼成为6R（Reducing，Reusing，Recyling，Replacing，Rilling，Repairing）原则。

### （一）减量化原则

（1）减少客用物品的不必要包装。如相对固定进货渠道，建议生产厂商将非必要的包装减到最少。绿色饭店客房卫生间墙上做告宾客“请节约用水”的宣传牌。

（2）减少不必要的客用品的供应量。如拖鞋、梳子、牙刷、剃须刀等并非每天一换，有些是根据客人要求决定是否提供。

（3）减少布件的洗涤实数。如床单、被套可以不是每天更换，而是做到不同客人使用各自清洁的床上卧具，可以减少水电消耗和减少排污量。

（4）降低洗澡用热水的温度（4SC），控制客房淋浴喷头、洗脸盆龙头每分钟的出水量，减少冲洗马桶的用水量等。如每个马桶的水箱里都放进一个装满水的雪碧瓶，这样每次冲水都比原来减少一雪碧瓶容积的水。根据科学测试，其冲刷效果是一样的。

（5）减少客房的整理次数。不加区分地一天多次整理客房，有时不仅不能体现“服务质量”，还会妨碍和影响客人的工作和休息，同时增加了服务成本和资源的使用。所以每天整理客房以一次为准，再视客人要求适当增加或减少整理客房次数是比较科学的。

减量化服务的开展要时刻注意客人的要求和反馈，以客人的需求为重，以客人的满意为先，故客房通常配有绿色服务提示卡。

### （二）废物利用原则

将废弃的床单改制成小床单、洗衣袋、枕套、抹布等，提高其利用率。

### （三）再生利用原则

注意回收旧报纸、易拉罐和玻璃瓶等，并将有机物垃圾专门堆放在一起，送往回收站，以便再生利用。

### （四）替代使用原则

将客房放置的洗衣袋从塑料制品改为纸制品，或以可以多次使用的竹篮或布袋等代替，用天然棉麻布件替代化学纤维含量较高的布件等。用节能灯替代一般照明灯。

### （五）添加使用原则

卫生间每天为客人配备的肥皂、罐装沐浴液、洗发液等卫生清洁用品，以前凡客人用剩的都扔掉，既浪费了资源，又污染了环境。绿色客房可将惯用的小罐子改成能添加的固定容器，以免浪费和污染。

### （六）维修再用原则

加强客房设备设施的维修保管，在饭店核定的折旧年限内，尽可能地延长使用寿命，对某些设施设备实行循环回收。对于某些饭店无法利用的废弃物，可分类投放，由专门的工厂重新处理后作为资源进行再利用。如玻璃、金属、纸包装、塑料包装和铁皮包装、旧电池、废弃灯管等物品。

## 五、绿色饭店的三个理念

### （一）安全

安全是绿色饭店的一个基本特征。

### （二）健康

健康是指给消费者提供有益于健康的服务和享受，具体来讲就是绿色客房和绿色餐饮。

### （三）环保

（1）减少浪费、实现资源利用的最大化。比如，在餐厅就餐，让消费者适量点菜，注意节约，提供剩菜打包、剩酒寄存服务。这些都是绿色饭店的内容。

（2）在饭店建设和运行过程中，对环境的影响和破坏降到最小。这些内容在饭店就很多了。比如，一次性消耗用品的过度使用导致污染；对没有使用完的用品不再添加；以前的饭店服务规范要求每天更换棉织品，绿色饭店要求可根据顾客的意见更换，这样既可以降低饭店成本，又可以减少对环境的污染。

（3）饭店的物资消耗和能源消耗降到最低。比如，在客房随手关灯，随手关空调，在国外都有绿色理念。

## 六、绿色客房对系统的要求

绿色客房对以下九个系统提出了具体要求。

### （一）能源系统

要求对电、燃气、煤等常规能源进行分析，采取优化方案。对客房的围护结构和供热、空调系统要进行节能设计，建筑节能至少要达到50%。有条件的地方鼓励采用新能源和绿色能源（太阳能、风能、地热及其他再生资源）。

### （二）气环境系统

居室内达到自然通风，卫生间具备通风换气设施，厨房设有烟气集中排放系统，使室内的空气质量达到规定标准。

### （三）水环境系统

水的使用要考虑水质和水量两个问题。水质主要应满足使用要求，质量标准过高或过低都不利于对水的利用。为了实现对水的循环使用，在室外系统中可设立排水、雨水等处理后重复利用的中水系统和雨水收集利用系统等，用于水景工程的景观用水系统要进行专门设计并将其纳入中水系统。客房的供水设施宜采用节水节能型，要强制淘汰耗水型室内用水器具，推行节水器具。客房内还可规划设计管道生饮水系统，满足客人饮水需要。

### （四）声环境系统

客房应创造良好的室内声环境，满足国家的标准，为此，客房应隔音良好，但最重要的是客房内设备设施的低噪声。

### （五）光环境系统

绿色客房要着重强调满足日照要求，室内要尽量采用自然光，还应注意防止光污染，在室外公共场地采用节能灯具，提倡使用新能源供电的绿色照明。

### （六）废弃物管理与处置系统

包括收集与处置两部分，收集应体现“谁污染谁治理，谁排放谁付费”的原则，处置应以“无害化、减量化、资源化”为原则。生活垃圾的收集要全部袋装，密闭容器存放，收集率应达到 100%。垃圾应实行分类收集，分为有害类、无机物、有机物三类，以减少污染，并使资源得到回用。

### （七）绿化系统

具备三个功能：一是生态环境功能，绿化能提供光合作用的绿色再生机制，它具有清洁空气、释放氧气、调节温湿度、保持生物多样性等功能；二是休闲活动功能，练地提供户外活动交往场所，要求卫生整洁、适用安全、景色优美、设施齐全；三是景观文化功能，通过园林空间、植物配置、小品雕塑等提供视觉景观享受和文化品位欣赏。

### （八）绿色建筑材料系统

在建设绿色客房中，对于材料、物品的选用强调两方面：一是提供使用 3R 材料

（可重复使用、可循环使用、可再生使用）；二是选用无毒、无害、不污染环境、有益人体健康的材料和产品，宜采用取得国家环境保护标志的材料、物品。

### （九）热环境系统

客房的热环境要满足客人的热舒适度要求、建筑节能要求以及环保要求等。客房围护结构的热工性能和保温隔热水平应提高，以保证室内热环境满足舒适性要求。客房应有温度标准，一般冬季供暖室内适宜温度为20~24℃；夏季空调室内适宜温度为22~27℃。客房采暖空调应该采用清洁能源，并因地制宜采用新能源和绿色能源。

上述系统在达到绿色客房标准中是相互影响的，因此，这些系统应统一起来综合考虑。

## 七、绿色饭店的评定标准

按照国际惯例，我们把绿色饭店分为五个等级，根据企业在提供绿色服务，保护环境等方面做出不同程度的努力，分为A级、AA级、AAA级、AAAA级、AAAAA级共五个等级。AAAAA级为最高级（详见《绿色饭店标准》）。

### 【徒弟记忆】

1. 创建绿色客房的意义；
2. 创建绿色客房的措施。

# 结　语

当今，我国酒店业不论在服务和管理上，还是在运营模式上都发生了较大的变化，这就使酒店的整体接待、服务和管理都将面临新的挑战。随着国家“十三五”规划的建设，高等职业教育已经发展到内涵建设的新阶段，培养职业能力和职业素养，已经成为今天高职教育的新趋势。客房部是酒店最核心的部门之一，本书根据酒店客房部日常经营工作，按照现代学徒制师徒的教学模式，将客房部工作统筹、客房清洁卫生、服务质量提升、成本管理、客房安全管理及客房服务用语等方面的教学内容，划分为五个教学模块。2021 年，教育部将高职高专酒店管理专业更名为酒店管理与数字化运营，这对于今后的酒店客房管理课程的教学提出了更高的要求。今后的教学内容的更新换代，势必更加迅速。在客房管理的教学方面，应该强化对于客房部数字化经营方面的教学，同时为应对现如今酒店业用工难、招工难的问题，教师、学校、行业企业应该多加树立行业典范，强化学生的职业认同感以及酒店情怀。酒店行业是一个创造愉快、幸福和温馨的行业，酒店业的前途一片光明，酒店管理的职业教育任重而道远。

# 参考文献

［1］吴梅菊，杨东静 . 校企合作背景下现代学徒制试点建设［J］. 石家庄职业技术学院学报，2018，30（5）：35–40.

［2］秦瑞鹏 . 酒店客房服务管理教学研究［J］. 旅游纵览（下半月），2018（10）：198–200.

［3］赵丹，王晓欢，吴莹，霍宏燕 .《客房服务与管理》课程校企合作成果小结［J］. 旅游纵览（下半月），2018（10）：208.

［4］巴赛 . 在巴塞罗那一路“惊喜”［J］. 成才与就业，2018（9）：46–48.

［5］肖莲珍 . 初探中职酒店管理教学中的角色扮演法［J］. 教育现代化，2018，5（34）：345–346.

［6］郭小东，张岳军 . 高职院校客房服务与管理课程双语教学探析［J］. 西部素质教育，2018，4（15）：197–199.

［7］肖玉双 . 基于岗位技能分析的酒店客房服务与管理课程的探索［J］. 旅游纵览（下半月），2018（7）：211.

［8］郝仪萱 . 南极旅行邮轮选择指南［J］. 现代商业银行，2018（14）：114–115.

［9］孙晓莉 . 酒店管理教学实践中情境教学法的应用分析［J］. 教育现代化，2018，5（29）：164–165.

［10］苟淑华 . 技能类培训项目开发的几点思考［J］. 江汉石油职工大学学报，2018，31（3）：109–110.

［11］苗璐璐 . 估时作业成本法在 T 酒店的应用研究［J］. 市场周刊（理论研究），2018（5）：77–78.

［12］杨俊 . 提升高档酒店客房服务质量的措施分析［J］. 现代交际，2018（9）：256–255.

［13］刘金栋 .《前厅客房服务与管理》课程教学方法改进探析［J］. 现代商贸工业，2018，39（13）：165–167.

［14］宋婷婷 . 客房服务与管理课程学生职业能力与意识培养探析——以三亚学院为例［J］. 现代商贸工业，2018，39（13）：175–176.

［15］徐兰兰 . 教学改革视阈下客房铺床教学模式探讨［J］. 农家参谋，2018（8）：196.

［16］毛安 . 未来的酒店客房——高科技唱主角［J］. 纳税，2018（8）：253.

［17］常宪平，崔宝荣，李洁，信振江．丰台区集中空调公共场所从业人员不良健康症状与免疫水平分析［J］．中国卫生检验杂志，2018，28（3）：345-349.

［18］刘慧贞，齐艳双．我国五星级酒店客房服务优化策略研究［J］．现代营销（下旬刊），2018（1）：80-81.

［19］潘力，张君梅，李小玉．基于网络评价内容分析的张家界高星级酒店前厅客房服务质量改进研究［J］．市场周刊（理论研究），2018（1）：34-36.

［20］李成杰．新形势下高星级酒店服务质量提升研究［J］．商场现代化，2017（24）：82-83.

［21］张云．专业教育对学生“工匠精神”的培育研究——以本校酒店管理专业为例［J］．安徽文学（下半月），2017（12）：129-130，133.

［22］王润．《客房服务与管理》课程项目化教学研究［J］．科技经济导刊，2017（35）：139-141.

［23］余杨．基于顾客体验的酒店智慧服务研究［J］．价值工程，2017，36（34）：38-39.

［24］朱美海，周奇凤．基于校内生产性实训的高职酒店管理专业实践教学课程体系构建——以重庆旅游职业学院为例［J］．旅游纵览（下半月），2017（11）：184.

［25］张朋丽．角色扮演法在中职客房课程中的应用——以《洗衣服务》一节课为例［J］．读与写（教育教学刊），2017，14（11）：241.

［26］段均葛．5S 管理模式在疗养院客房管理中的应用［J］．中外企业家，2017（29）：83，85.

［27］王则天．浅谈酒店客房管理节能的发展及前景［J］．中小企业管理与科技（上旬刊），2017（10）：9-11.

［28］廖鸣镝．一种具有节能管理功能的客房控制系统［J］．智能建筑与智慧城市，2017（9）：67-68，72.

［29］刘胡蓉，张立明．基于工作过程的课程体系构建研究——以高职旅游管理专业为例［J］．旅游纵览（下半月），2017（9）：192-194.

［30］吴蓉，易小力，郑天翔．经济型连锁酒店网站内容交付性评价研究——基于 Group AHP 和 Extended TOPSIS 方法［J］．旅游科学，2017，31（4）：32-48.

［31］刘仙芬．恋上我们的床——文化渗透式教学法在铺床中的运用［J］．旅游纵览（下半月），2017（8）：219.

［32］陈雪晴．浅谈《客房服务与管理》课程一体化教学［J］．广东蚕业，2017，51（8）：62-63.

［33］唐桂萍．情景教学法在酒店前厅与客房管理课堂教学中的有效应用［J］．中小企业管理与科技（中旬刊），2017（7）：57-58.

［34］鲁礼政．湖南中瀚假日国际大酒店客房运作管理改进研究［D］．长沙：湖南

大学，2017.

［35］李沛沛，单文君．基于内容分析法的杭州西湖景区周边民宿质量现状及提升策略研究［J］．现代商业，2017（18）：28–30.

［36］朱志敏．本科院校《客房服务与管理》教学改革初探［J］．旅游纵览（下半月），2017（6）：266.

［37］香嘉豪，张河清，王蕾蕾．我国智慧酒店建设研究——以杭州黄龙酒店为例［J］．经济论坛，2017（6）：121–123.

［38］罗雨晴．TDABC在酒店客房服务成本管理的应用研究［D］．湘潭：湘潭大学，2017.

［39］中国住宿业绿色发展白皮书 2016年［A］// 艾瑞咨询系列研究报告（2016年第11期）［C］．上海艾瑞市场咨询有限公司，2016：49.

［40］莫波．酒店客房智能控制系统的探讨［J］．建材与装饰，2016（43）：154–155.

［41］于婕．谈某酒店客房服务中心经营与管理［J］．旅游纵览（下半月），2015（9）：54.

［42］刘文慧，赵海洋．酒店客房空间中智能化系统的设计探讨［J］．现代装饰（理论），2015（9）：8.

［43］邓从健．使用WebRTC技术提升酒店客房服务水平［A］．IT时代周刊（论文专版）［C］．广州：广东省电子学会，2015：3.

［44］杨雪，尹柯丹，杨翠．成都市酒店客房服务人员区域性薪酬调查研究［J］．技术与市场，2015，22（6）：262–265.

［45］方静．基于岗位工作任务的高职“客房服务与管理”课程改革思考［J］．职教通讯，2014（36）：20–22.

［46］徐英杰．论酒店房务管理的发展趋势［J］．旅游纵览（下半月），2014（10）：107–108.

［47］周妍．基于岗位技能分析的酒店客房服务与管理课程的探索［J］．赤子（上中旬），2014（20）：202.

［48］何芸．慈溪雷迪森广场酒店客房部个性化服务策略研究［J］．旅游纵览（下半月），2014（8）：104，107.

［49］叶秀霜．论高职学生学习质量评价体系的构建——以酒店管理专业《客房服务与管理》课程为例［J］．吉林省教育学院学报（中旬），2014，30（6）：121–122.

［50］胡瑾．浅论如何打造中职教学改革新课堂——以前厅与客房服务课程为例［J］．职业，2014（15）：46–47.

［51］钟林枫．模块化酒店客房控制管理系统解决方案［J］．智能建筑，2013（11）：39–42.

［52］王琳．“教学做一体化”在《客房服务与管理》课程中的应用探究［J］．太原城市职业技术学院学报，2013（10）：78-80.

［53］谢丽梅．理论与实践一体化课程的开发——以高等职业院校《酒店客房实务》为例［J］．内蒙古电大学刊，2013（5）：109-111.

［54］程燕萍．浅析酒店客房服务管理中存在的问题及对策——以新兴旅游城市为视角［J］．商，2013（10）：199-200.

［55］程燕萍．人本化服务 现代化管理——浅析中国当代酒店客房服务管理方法［J］．湖北科技学院学报，2013，33（5）：190-191.

［56］苗淑萍．高职《酒店客房服务与管理》课程建设与改革实践［J］．成功（教育），2013（9）：198-199.

［57］谢丽梅．理实一体化的《酒店客房实务》课程改革的思考［J］．内蒙古教育（职教版），2013（4）：59-60.

［58］赵文亮．旅游专业客房服务课程教学方法探讨［J］．河南农业，2013（6）：23-24.

［59］郑海燕．基于就业导向的高职院校酒店管理专业教学法研究——以《客房服务与管理》课程为例［J］．经济师，2012（7）：110-111.

［60］郑秀娟．现代酒店客房服务中存在的问题及对策［J］．西安航空技术高等专科学校学报，2012，30（2）：33-35.

［61］佚名．移动技术改变酒店体验的 11 个方面［J］．饭店现代化，2012（2）：40-43.

［62］侯兴起．挖掘客房服务潜力的妙招［N］．中国旅游报，2012-02-01（007）.

［63］闫海荣，陶依东．畅享星级酒店温馨、舒适、时尚客房服务——施耐德电气酒店客房解决方案在酒店项目中的应用［J］．智能建筑与城市信息，2012（1）：30-32.

［64］陶维伟．论国内酒店的客房服务质量［J］．商业文化（上半月），2012（1）：244-245.

［65］李佳．浅谈推进国内酒店客房一次性用品改革的策略［J］．湖南工业职业技术学院学报，2011，11（6）：20-21，50.

［66］郭炳君．酒店客房管理探究［J］．咸宁学院学报，2011，31（12）：181-182，187.

［67］金丽．提高酒店客房服务质量的途径［J］．合作经济与科技，2011（15）：36-37.

［68］李钢．高校酒店客房服务管理中存在的问题及对策研究［J］．科技创业月刊，2011，24（7）：46-47.

［69］潘多．高职院校《客房服务与管理》教学改革初探［J］．教育教学论坛，

2010（21）：25.

［70］赵金国，刘鼎盛．智能控制系统在酒店客房中的应用［J］．黑龙江科技信息，2010（12）：233.

［71］汝勇健．实施项目课程，提高人才培养规格——高职酒店管理专业项目课程的实践和思考［J］．职业，2009（35）：103-104.

［72］王应霞．基于工作过程的《前厅客房服务与管理》课程开发探讨［J］．科技信息，2009（30）：593-595.

［73］李建春．浅议西式铺床实践中的问题与对策［J］．新课程研究（中旬刊），2009（3）：110-111.

［74］齐新征．关于客房服务中有效“创绿”的探讨［J］．黄山学院学报，2008，10（6）：38-40.

［75］修媛媛．浅谈现代酒店客房服务的个性化［J］．现代经济信息，2008（12）：124.

［76］周隽格．HRC 酒店客房控制系统在建筑节能中的应用［J］．智能建筑与城市信息，2008（3）：41-44.

［77］陈的非．高职酒店管理专业“工学结合”课程体系建设与教学模式改革［J］．职业技术教育，2007，28（32）：25-27.

［78］薛斐．高科技与设计艺术的对话［J］．饭店现代化，2006（6）：50-52.

［79］科技［J］．饭店现代化，2006（2）：50-51.

［80］杜瑞峰，胡春华．酒店客房智能化管理与控制系统的设计与实现［J］．电脑与信息技术，2005（6）：17-18，27.

# 附　件

## 绿色饭店评定标准

随着全球生态环境的日益恶化，保护环境、倡导绿色消费日益受到人们的关注。国务院制定的可持续发展战略以及国家经济贸易委员会推出的“三绿工程”都对我国饭店行业的可持续发展和环境管理工作提出了要求。同时，自我国加入了 WTO 和北京申奥成功后，国际交流日益频繁，绿色消费已逐渐成为今后消费的主流。为应这种形势和要求，规范和强化饭店行业的环境行为，引导企业在经营中更多地考虑消费者的环保、安全、健康等需求因素，特制定本标准。

本标准的制定参照国际惯例，借鉴了国外实施绿色饭店的先进经验，并结合我国饭店行业现阶段的经营状况和人们的消费水平，为企业创建绿色饭店、实施和加强环境管理工作提供了切实可行的指导意见。

绿色饭店的创建、实施与保持将是一个持续发展的过程。由于环境保护技术的发展、对环保认识的不断深入以及饭店综合管理水平的提高和环境绩效的改善，本标准将根据实际情况不断修订和完善。

### 绿色饭店管理规定

**1. 总则**

1.1 目的

本标准为申请“绿色饭店”评审的酒店、宾馆、度假村以及餐馆、酒家、饭庄等企业规定了应达到的要求。

1.1.1 证实其有能力稳定提供满足顾客和适用法规要求的绿色饭店服务内容。

1.1.2 通过持续改进提高顾客的消费满意程度和环境保护功能。

1.2 适用范围

本标准适用于中华人民共和国境内的酒店、宾馆、度假村以及餐馆、酒家、饭庄等企业。

**2. 引用标准**

下列标准所包含的条文，通过在本标准中引用而构成本标准的条文。本标准出版时，新示版本均为有效，所有标准都会被修订，使用本标准的各方应探讨使用下列标准最新版本的可能性。

GB/T 19001—2000 质量管理体系要求（ISO 9001：2000）

CB/T 24001—1996 环境管理体系要求（ISO 14001：1996）

**3. 定义**

本标准采用下列定义。

3.1 绿色饭店：运用环保、健康、安全理念，倡导绿色消费，保护生态和合理使用资源的饭店，其核心是为顾客提供舒适、安全、有利于人体健康要求的绿色客房和绿色餐饮，并且在生产经营过程中加强对环境的保护和资源的合理利用。

3.2 绿色消费：指人们在购买商品和消费时，关注商品在生产、使用和废弃后对环境的影响问题，并在消费过程中关注环境保护的问题。

3.3 绿色食品：指遵循可持续发展原则，按照规定的要求进行生产，经专业机构认定，许可使用绿色食品标志的无污染、安全、优质、营养的食品。

**4. 等级划分及标识**

绿色饭店分为五个等级，根据企业在提供绿色服务，保护环境等方面做出不同程度的努力，分为 A 级、AA 级、AAA 级、AAAA 级、AAAAA 级共五个等级。

AAAAA 级为最高级。

A 级：表示饭店符合国家环保、卫生、安全等方面的法律、法规，并已开始实施一些改进环境的措施，在关键的环境原则方面已做了时间上的承诺。

AA 级：表示饭店在为消费者提供绿色服务、减少企业运营对环境的影响方面已做出了一定的努力，并取得了初步的成效。

AAA 级：表示饭店通过持续不断的实践，在生态效益成果方面取得了卓有成效的进步，在本地区饭店行业处于领先地位。

AAAA 级：表示饭店的服务与设施在提高生态效益的实践中，获得了社会的高度认可，并不断提出新的创举，处于国内饭店行业的领先地位。

AAAAA 级：表示饭店的生态效益在世界饭店业处于领先地位。其不断改进的各项举措，为国内外酒店采纳和效仿。

**5. 等级划分的依据和评定方法**

5.1 等级划分的依据是绿色饭店标准。

5.2 评定方法

5.2.1 企业自愿向中国饭店协会及其委派机构报名，并组织相关人员参加培训。

5.2.2 企业参照绿色饭店标准及细则，开展实施活动。根据企业的需要，全国绿色饭店评定机构将派专家进行具体指导。

5.2.3 企业根据实施结果，填写有关评估材料报全国绿色饭店评定机构。

5.2.4 全国绿色饭店评定机构对材料进行书面审核后，委派审核组对现场进行检查评审，出具评审报告并确定等级。

5.2.5 一个企业评定一个等级，如果企业由若干分店组成，应按各店的实际情况分别评定等级。如果是连锁店，可以统一申报，一次评定。

**6. 等级评定和管理原则**

6.1 绿色饭店的评定采取企业自愿申请，评定为绿色饭店的企业实行强制管理制度。

6.2 经评定的绿色饭店授予相应等级的绿色饭店标志牌，对本企业生产的餐饮食品经专家委员会认定准许使用“绿色美食”标志并颁发证书。

6.3 绿色饭店标志牌由全国绿色饭店评定机构统一制作、颁发，任何单位或个人未经授权或认可，不得擅用。

6.4 经评定的绿色饭店，由全国绿色饭店评定机构每两年进行一次年度监督，四年进行一次复评。在此期间，应企业的申请，可安排进行晋级评定。同时，中国饭店协会还将做不定期暗访，在监督、暗访、复评人员出示审核员证及绿色饭店评定机构委托书后，饭店应积极配合开展相关工作。标志的有效期为 4 年（自颁发证书之日起计算）。

6.5 企业在使用标志期间，一经发现与标准不符或发生给消费者带来直接的、间接的利益损害的其他行为，将根据情节严重给予警告、降级、摘牌等处理。

**7. 审核员**

7.1 绿色饭店的等级评定工作实行审核员制度。审核员必须经专业培训与考核，合格者颁发审核员资格证书。

7.2 绿色饭店审核员资格分为初级、中级、高级三级实行注册制度。注册初级审核员有资格实施绿色饭店的企业内部审核，注册中级审核员有资格实施绿色饭店的外部审核，注册高级审核员有资格担任绿色饭店外部审核组组长。

7.3 审核员在四年内要定期接受再培训及验证，以确定其注册资格。

7.4 审核员按规定的审核程序进行审核，应严格执行有关纪律。

7.5 审核员只能在接受执行全国绿色饭店评定机构委派书后方能行使审核职责。

饭店绿色标准

A1. 前提条件

A1.1 严格遵守国家有关环保、节能、卫生、防疫、食品、消防、规划等法律、法规，各种证照齐全合格。

A1.2 饭店最高管理者必须任命专人（绿色代表）负责本企业的创建绿色饭店任务，饭店有绿色工作计划，明确目标和行动措施，健全有关公共安全、食品安全、节能降耗、环保的规章制度，并且不断更新和发展，饭店管理者定期检查目标的实现情况及规章制度的执行情况。

A1.3 饭店有关公共安全、食品安全环境保护的培训计划，全员参与，提高员工安全和环保意识；分管创建绿色饭店工作的负责人必须参加有关安全、环境问题的培训和教育。

A1.4 客人活动区域以告示、宣传牌等形式鼓励并引导顾客进行绿色消费，使顾客关心绿色行动。饭店被授予“绿色饭店”后，必须把牌匾置于醒目处。

A1.5 有建立绿色饭店的相关文件档案。

A2. 节约用水

A2.1 积极引入新型节水设备，采取多种节水措施，加强水资源的回收利用。

A2.2 饭店用水总量每月至少登记一次，厕所水箱每次的冲水量、水龙头每分钟的水流量、浴池水龙头的水流量、小便池的用水量、洗碗机的用水量等有明确的标准并执行。

A2.3 饭店的水消耗主要来源于客房、厨房清洁和餐具清洗。各主要部门要有用水的定额标准和责任制。

A2.4 饭店用水消耗每月至少监测一次，建立水计量系统，并对用水状况进行记录、分析。

A2.5 严格禁止水龙头漏水。

A3. 能源管理

A3.1 饭店要有能源管理体系报告，每年至少做一次电平衡监测，各主要部门有电、煤（油）能耗定额和责任制。

A3.2 通风、制冷和供暖设备应强化日常维护及清洁管理，并配有监控系统，每年都要对冷柜、窗户的密封情况进行检查，并写出检查报告。

A3.3 健全饭店的能源使用计量系统。

A3.4 积极采用节能新技术，有条件的企业应使用可再利用的能源（太阳能供热装置、地热等）系统。

A4. 环境保护

A4.1 饭店污水排污、锅炉烟尘排放、废热气排放、厨房大气污染物排放、噪声控制达到国家有关标准。

A4.2 洗浴与洗涤用品不能含磷，使用和用量正确，对于环境的影响降到最低。

A4.3 冰箱、空调、冷水机组等积极采用环保型设备用品。

A4.4 室内绿化与环境相协调，无装饰、装修污染，空气质量符合国家标准。

A4.5 室外可绿化地的绿化覆盖率达到 100%。

A5. 垃圾管理

A5.1 饭店要通过垃圾分类，回收利用和减少垃圾数量等方式进行控制和管理。

A5.2 饭店建立垃圾分类收集设备以便回收利用，员工能将垃圾按照细化的标准分类。

A5.3 对顾客做好分类处理垃圾的宣传。

A5.4 对废电池等危险废弃物有专用存放点。

A6. 绿色客房

A6.1 有无烟客房楼层（无烟小楼）。

A6.2 房间的牙刷、梳子、小香皂、拖鞋等一次性客用品和毛巾、枕套、床单、浴衣等客用棉织品，按顾客意愿更换，减少洗涤次数。

A6.3 改变（使用可降解的材料）、简化或取消客房内生活、卫浴用品用的包装。

A6.4 放置对人体有益的绿色植物。

A6.5 供应洁净的饮用水。

A6.6 客房采光充足，有良好的新风系统，封闭状态下室内无异味、无噪声，各项污染物及有害气体检测均符合国家标准。

A7. 绿色餐饮

A7.1 餐厅有无烟区，设有无烟标志。

A7.2 餐厅内有良好的通风系统，无油烟味。

A7.3 保证出售检疫合格的肉食品，严管蔬菜、果品等原材料的进货渠道，确保食品安全。在大厅显著位置设置外购原料告示牌，标明主要原料的品名、供应商、电话、质检状态、进货时间、保质期、原产地等内容。

A7.4 积极采用绿色食品、有机食品和无害蔬菜。

A7.5 不出售国家禁止销售的野生保护动物。

A7.6 制定绿色服务规范，倡导绿色消费，提供剩余食品打包、存酒等服务。

A7.7 不使用一次性发泡塑料餐具、一次性木质筷子，积极减少使用一次性毛巾。

A7.8 餐厅内有男女分用卫生间，洁净无异味，卫生间面积及厕位与餐厅面积成恰当比例，卫生间各项用品齐全并符合环保要求。

A8. 绿色管理

A8.1 饭店应建立有效的环境管理体系。

A8.2 饭店应建立积极有效的公共安全和食品安全的预防、管理体系。

A8.3 饭店应建立采购人员和供应商监控体系，尽量选用绿色食品和环保产品。

A8.4 饭店积极采用绿色设计。

A8.5 饭店的绿色行动受到社会的积极赞同，顾客对饭店的综合满意率达到80%以上。

具体实施细则和评估标准，参见《绿色饭店评估细则》，中国饭店协会将另行公布。

**项目策划：**段向民
**责任编辑：**段向民　武　洋
**责任印制：**孙颖慧
**封面设计：**武爱听

**图书在版编目（CIP）数据**

酒店客房管理实务教程 / 王文骏，刘胜勇主编．--北京 ：中国旅游出版社，2019.2（2023.1 重印）

（全国高等职业教育“十三五”现代学徒制规划教材丛书）

ISBN 978-7-5032-6251-7

Ⅰ．①酒… Ⅱ．①王… ②刘… Ⅲ．①饭店－客房－商业管理－高等职业教育－教材 Ⅳ．①F719.2

中国版本图书馆 CIP 数据核字（2019）第 084761 号

**书　　名：**酒店客房管理实务教程

**作　　者：**王文骏　刘胜勇
**出版发行：**中国旅游出版社
（北京静安东里6号　邮编：100028）
http://www.cttp.net.cn　E-mail:cttp@mct.gov.cn
营销中心电话：010-57377108，010-57377109
读者服务部电话：010-57377151
**排　　版：**北京旅教文化传播有限公司
**经　　销：**全国各地新华书店
**印　　刷：**北京工商事务印刷有限公司
**版　　次：**2019年2月第1版　2023年1月第3次印刷
**开　　本：**787毫米×1092毫米　1/16
**印　　张：**18.75
**字　　数：**392千
**定　　价：**45.80元
**I S B N**　978-7-5032-6251-7